REEDUQUER LE CERVEAU ?
Logopédie, psychologie, neurologie

PSYCHOLOGIE ET SCIENCES HUMAINES

ouvrage collectif sous la direction de
X. Seron et C. Laterre

rééduquer le cerveau

logopédie, psychologie, neurologie

2ᵉ édition

PIERRE MARDAGA, ÉDITEUR
2, GALERIE DES PRINCES, 1000 BRUXELLES

© Pierre Mardaga, éditeur
37, rue de la Province, 4020 Liège
2, Galerie des Princes, 1000 Bruxelles
D. 1986-0024-43

Avant-propos

Ce livre est le prolongement d'une réunion scientifique qui s'est tenue les 15 et 16 mai 1981 aux Cliniques Universitaires Saint-Luc de l'Université Catholique de Louvain (U.C.L.). Organisé à l'initiative du Centre de Revalidation Neuropsychologique et du Service de Neurologie, cette réunion a eu pour thème « La Restauration Fonctionnelle et la Rééducation Neuropsychologique ».

Le texte qui suit s'écarte néanmoins considérablement des exposés oraux de ce symposium. D'une part, l'ordre des chapitres du livre ne reproduit pas celui des conférences, l'ouvrage a en effet été scindé en quatre parties thématiques qui se succèdent en un ensemble cohérent. D'autre part, tous les participants à cette réunion ont accepté de revoir le texte de leur communication pour en faire véritablement le chapitre d'un ouvrage. Enfin, les quelques exposés faits en langue anglaise ont été traduits en français. Nous tenons à remercier ici vivement l'ensemble des conférenciers pour leur rapidité d'écriture. C'est elle qui nous permet de présenter dans d'aussi brefs délais cet ouvrage au public de langue française. La réalisation concrète du manuscrit doit beaucoup au travail de correction, de traduction et d'organisation de Raymond Bruyer et à la dactylographie minutieuse de Patricia Poppe.

L'occasion nous est donnée de remercier tous ceux et toutes celles qui, par leurs encouragements, leurs initiatives et leur dévouement ont permis d'organiser ce symposium. Les Professeurs Marc Richelle (Laboratoire de Psychologie Expérimentale de l'Université de Liège) et Jean Brihaye (Service de Neurochirurgie de l'Université de Bruxelles) l'ont patronné de leur compétence et de leur autorité. Les professeurs et chercheurs Pierre Messerli, François Michel et Jean-Louis Signoret y ont présidé les discussions scientifiques avec précision et gentillesse. Madame Claudine Magos du Service de Neurologie de l'UCL, ainsi que Mesdames Jacqueline Tulkens et Anne Mikolajczak des Services de Relations Extérieures de l'UCL ont assuré sur les plans technique, administratif et économique la parfaite tenue de cette réunion qui serait, sans leurs interventions aussi efficaces que discrètes, restée à l'état de projet.

Par ailleurs, la publication de cet ouvrage a été rendue possible par l'accueil favorable que lui ont réservé le Professeur Marc Richelle et Pierre Mardaga, directeur des Editions Solédi et grâce au soutien financier du Fonds National de la Recherche Scientifique, et de la Commission Française de la Culture de l'agglomération de Bruxelles. Qu'ils veuillent trouver ici l'expression de notre gratitude.

Nous espérons que le public francophone accueillera favorablement ce livre qui devrait intéresser tout ceux qui, de près ou de loin, sont en contact avec des patients atteints de lésions cérébralès. Apportant aux thérapeutes des éléments de réflexion pour accroître encore leur efficacité, il est susceptible de donner aux patients et à leurs proches des raisons d'espérer que leurs difficultés soient reconnues, acceptées et traitées. C'est le souhait qui a permis de rassembler tant d'énergie et c'est dans l'amélioration du devenir des patients que chacun de ceux qui nous ont aidés trouvera la justification réelle des efforts consentis.

Xavier SERON et Christian LATERRE

Liste des collaborateurs

BEAUVOIS Marie-France, Groupe de Recherche de Neuropsychologie, U 84 de l'INSERM, Paris (France).

BOEHRINGER Claude, Institut Joseph Lemaire, Centre de Revalidation neurologique et neurolinguistique, Tombeek (Belgique).

BOURLARD Anne, Institut Joseph Lemaire, Centre de Revalidation neurologique et neurolinguistique, Tombeek (Belgique).

BRUYER Raymond, Université de Louvain, Faculté de Médecine, Unité de Physiopathologie du Système Nerveux, Bruxelles (Belgique).

BUTTET Jocelyne, Centre Hospitalier Universitaire Vaudois, Centre de Neuropsychologie et de Pathologie du Langage, Lausanne (Suisse).

CAPON André, Hôpital Universitaire Brugmann, Service de Revalidation Neurologique, Unité de Neuropsychologie, Bruxelles (Belgique).

DELOCHE Gérard, Groupe de Recherche de Neuropsychologie, U 84 de l'INSERM, Paris (France).

DEMEURISSE Guy, Hôpital Universitaire Brugmann, Service de Revalidation Neurologique, Unité de Neuropsychologie, Bruxelles (Belgique).

DEROUESNÉ Jacqueline, Groupe de Recherche de Neuropsychologie, U 84 de l'INSERM, Paris (France).

DIETENS Erna, Cliniques Universitaires, Département de Neurologie, Section de Neuropsychologie, Gand (Belgique).

DILLER Léonard, University Medical Center, Institute of Rehabilitation Medicine, New York (Etats-Unis).

DOMS Marie-Claire, Institut Joseph Lemaire, Centre de Revalidation Neurologique et Neurolinguistique, Tombeek (Belgique).

HATFIELD F.M., Addenbrooke's Hospital, Department of Speech Therapy et M.R.C. applied psychology unit, Cambridge (Grande-Bretagne).

HIRSBRUNNER Thérèse, Centre Hospitalier Universitaire Vaudois, Centre de Neuropsychologie et de Pathologie du Langage, Lausanne (Suisse).

JEANNEROD Marc, Laboratoire de Neuropsychologie Expérimentale U 94 de l'INSERM, Bron (France).

LABOUREL Dominique, Hôpital Neurologique, Laboratoire de Neuropsychologie, Lyon (France).

LATERRE Christian, Cliniques Universitaires St-Luc, Service de Neurologie, Bruxelles (Belgique).

LEPOIVRE Henri, Cliniques Universitaires St-Luc, Service de Neurologie, Centre de Revalidation Neuropsychologique, Bruxelles (Belgique).

PILLON Bernard, Groupe de Recherche de Neuropsychologie, U 84 de l'INSERM, Paris (France).

RECTEM Dominique, Cliniques Universitaires St-Luc, Service de Neurologie, Centre de Revalidation Neuropsychologique, Bruxelles (Belgique).

SERON Xavier, Université de Louvain, Faculté de Médecine, Unité de Physiopathologie du Système Nerveux et Cliniques Universitaires St-Luc, Service de Neurologie, Centre de Revalidation Neuropsychologique, Bruxelles (Belgique).

SIGNORET Jean-Louis, Hôpital de la Salpêtrière, Centre de Neuropsychologie et du Langage, Paris (France).

THIERY Evert, Cliniques Universitaires, Département de Neurologie, Section de Neuropsychologie, Gand (Belgique).

VANDEREECKEN Henri, Cliniques Universitaires, Département de Neurologie, Section de Neuropsychologie, Gand (Belgique).

VAN EECKHOUT Philippe, Hôpital de la Salpêtrière, Centre de Neuropsychologie et du Langage, Paris (France).

VERHAS Michel, Hôpital Universitaire Brugmann, Service de Revalidation Neuropsychologique, Service des Radio-isotopes, Bruxelles (Belgique).

VIOLON Anita, Clinique Universitaire, Service de Neurochirurgie, Unité de Neuropsychologie, Bruxelles (Belgique) et Institut Joseph Lemaire, Centre de Revalidation neurologique et neurolinguistique, Tombeek (Belgique).

ZIHL Joseph, Max Planck Institut für Psychiatrie, Munich (République Fédérale Allemande).

Introduction

L'histoire de la neuropsychologie s'identifie à celle des corrélations anatomo-cliniques. Plus que dans n'importe quel domaine de la médecine, la démarche diagnostique fondamentale reste « anatomique » et il n'est pas d'apprentissage sérieux de cette science sans référence constante à la topographie des centres et des voies qui sous-tendent l'activité nerveuse. Cette notion essentielle n'est pas seulement historique, elle reste la toile de fond sur laquelle s'inscrit tout développement ultérieur, qu'il soit physiopathologique ou thérapeutique. Les méthodes ont évolué. Pour confronter une analyse clinique raffinée avec une lésion, nos prédécesseurs ne disposaient que du seul contrôle anatomo-pathologique. Or, les tableaux sémiologiques cérébraux les plus riches donnent rarement lieu à ce type de confrontation. L'évolution de la radiologie et en particulier, l'introduction de la tomodensitométrie a profondément modifié cette situation. Elle autorise, aujourd'hui déjà, d'une manière limitée, mais les perspectives qu'elle annonce permettent d'affirmer qu'elle autorisera demain des corrélations anatomo-fonctionnelles précises que seul jusqu'à présent le microtome du pathologiste pouvait offrir.

Ces techniques donnent en outre la possibilité de suivre l'évolution d'une lésion anatomique, parallèlement à l'évolution du symptôme clinique. Enfin, elles permettent, comme le scanner à émetteurs de positrons, d'explorer le métabolisme régional du tissu nerveux et son régime circulatoire au repos et dans des situations dynamiques, apportant une dimension supplémentaire aux indications fournies par les mesures de débit régional cérébral. Nous ne sommes pas dans le domaine de la science-fiction. Il suffit pour s'en convaincre de consulter les publications des 5 dernières années. Le lecteur y trouvera une efflorescence de travaux consacrés à ce nouveau type de corrélations anatomo-neuropsychologiques.

Constituant un support matériel plus solide, plus dynamique, contrôlable d'une manière constante et répétitive, ces nouveaux moyens d'investigation ont permis à la neuropsychologie des travaux d'ensemble plus étoffés, et l'ont orientée dans une nouvelle direction. N'ayant plus qu'une utilité relative comme moyen d'approche d'une topographie lésionnelle, la neuropsychologie s'est appliquée davantage à l'étude du mécanisme des troubles, et, en les comprenant mieux, à tenter de les corriger. De simplement descriptive d'une perturbation nerveuse, elle devient rééducative et trouve là un dynamisme nouveau. Ce livre, après d'autres, en témoigne, mais, cette science nouvelle, il faut le reconnaître avec humilité, n'en est qu'à ses débuts. Neuropsychologie rééducative, science en devenir, il ne faut pas s'illusionner, il y a loin de la coupe aux lèvres. En effet, l'attitude de beaucoup de « scientifiques » au sens large, ceux dont la formation a été axée sur le développement de la biologie, c'est le cas pour les médecins, est très équivoque. Ignorant tout ou presque tout de la chose, car la revalidation est une parente pauvre dans l'enseignement de la médecine, certains font confiance aux spécialistes de la question et considèrent que de toute façon, la revalidation constitue un support psychothérapeutique utile pour les malades handicapés. D'autres adoptent une attitude sceptique, méfiante, voire franchement agressive, faisant porter sur cette discipline l'opprobre dont ils couvrent la psychologie en général et Freud en particulier. Enfin, il y a ceux parmi lesquels nous nous rangeons, qui croient intuitivement à l'efficacité de la démarche thérapeutique et cherchent des arguments pour conforter leur foi.

Une des difficultés majeures avec laquelle se trouve confrontée la revalidation neuropsychologique résulte de l'évolution spontanément régressive d'un symptôme et de la lésion anatomique qui le sous-tend. Qu'il suffise de prendre un exemple concret, celui de l'infarcissement cérébral. Après une phase aiguë au cours de laquelle les troubles provoqués par l'ischémie sont majeurs, on voit réapparaître dans les jours et les semaines qui suivent l'accident initial diverses fonctions nerveuses transitoirement abolies ou fortement altérées. Certains déficits persistent plus longtemps, parfois définitivement.

Faut-il voir dans cette évolution la mise en jeu de suppléances homo- ou hétérolatérales, la création de circuits nouveaux se substituant au réseau détruit? L'expérience quotidienne et les contrôles effectués par les techniques dont nous disposons, sans pouvoir exclure ces possibilités, fournissent une explication plus simple, à savoir que l'œdème périlésionnel se résorbe progressivement et qu'en bordure du foyer central, peut-être irrémédiablement détruit, il existe un gradient dégressif de troubles vasomoteurs et d'altérations cellulaires partielles et réversibles.

Objectiver l'efficacité d'une rééducation neuropsychologique est donc une tâche difficile à surmonter. Où commence l'effet thérapeutique spécifique, où finit la phase de récupération spontanée au cours de laquelle le rééducateur n'est en fait que l'accompagnateur d'un processus qui s'égrène au rythme imposé par la nature des lésions? Nous pouvons espérer que nos moyens techniques nous permettrons un jour d'affirmer qu'une lésion est stable sur le plan anatomique. Théoriquement, c'est à partir de ce moment que pourraient être attribués à la technique rééducative les progrès ultérieurement accomplis par le malade. Il n'est cependant pas certain que cette affirmation soit tout à fait correcte, s'il semble prouvé que l'accompagnateur dont il vient d'être question a la possibilité d'imposer au rythme spontané une cadence plus ou moins rapide puisqu'il semble démontré qu'une prise en charge immédiate du malade accélère la récupération spontanée.

Les difficultés rencontrées dans l'appréciation objective de la rééducation ne sont pas limitées à cet aspect strictement corrélatif, anatomo-fonctionnel. Elles sont d'ordre à la fois pratique et éthique: Pratique d'abord, car la constitution de séries parallèles de patients rééduqués ou non et qui tient compte de la situation prélésionnelle, du niveau d'intelligence, de la culture, de la profession, des motivations postlésionnelles, de l'environnement familial, sans parler de la localisation de la lésion, de son étendue et de sa nature, nécessite un recrutement considérable à la portée d'un nombre très limité de centres.

Ethique, ensuite, et à ce niveau, réside peut-être le fond du problème, car si dans certaines conditions, nous nous croyons autorisés à utiliser un placebo chimique, en quoi consiste le placebo neuropsychologique et avons-nous le droit de priver certains malades d'un traitement que nous croyons efficace avec comme seul argument de justifier scientifiquement la véracité d'une hypothèse. Or, il ne faut pas s'en cacher, d'instinct, nous avons tendance à y croire, parce qu'il nous est impossible de ne pas établir un parallélisme entre la rééducation et l'apprentissage dont nous percevons l'efficacité chez l'enfant, et chez l'artisan qui affine sa technique. On peut dès lors se demander si la constitution de séries parallèles pour contrôler l'efficacité de la neuropsychologie rééducative est la meilleure méthode pour vérifier l'utilité du traitement. L'étude de cas isolés rigoureusement suivis au cours de leur évolution, de manière telle que la mesure de leurs performances successives soit évaluée en fonction de leur étalon personnel, peut être riche d'enseignement. Modulant au cours du temps l'intensité de l'action thérapeutique, il devient possible de départager le rôle de la rééducation et celui de récupération spontanée chez un individu pris isolément.

Il reste à apprécier dans la restauration fonctionnelle la part sans doute limitée qui revient à une restitution authentique par bourgeonnement axonal, par activation de synapses latentes ou par tout autre mécanisme et la part qui revient à une adaptation de l'individu à son déficit par la substitution de certaines fonctions par d'autres. Entre la réinnervation d'un muscle ou l'adaptation motrice à une transposition tendineuse et la restauration d'une communication verbale, un monde est à franchir. Si nous avons à nous soucier des mécanismes physiologiques intimes qui sous-tendent la restauration fonctionnelle, nos moyens actuels de les apprécier sont tellement dérisoires que pourrait s'insinuer en nous un sentiment de dévaluation de notre travail. Nous n'avons cependant pas à nous sentir culpabilisés d'un certain empirisme, on n'a pas attendu la purification de la vitamine B12 pour traiter efficacement l'anémie pernicieuse.

A toutes ces questions, nous espérons que le lecteur trouvera dans ce livre des éléments de réponse. Au travers de ces pages, il percevra en tout cas la volonté constante de les aborder avec la rigueur scientifique souhaitée.

C. LATERRE

PREMIERE PARTIE

DU COTE
DE LA NEUROPHYSIOLOGIE

Chapitre 1
Restauration fonctionnelle après lésion du système nerveux. Aspects neurophysiologiques

M. JEANNEROD

La restauration fonctionnelle est un phénomène ubiquitaire dès lors qu'on cherche à le mettre en évidence. Ce phénomène traduit la tendance de tout organisme à répondre de manière optimale aux besoins de l'adaptation au milieu, ou encore, à assurer sa fonction. Même si cette vision des choses est un peu téléologique, elle rend néanmoins compte du caractère multiforme du processus de restauration fonctionnelle, qu'elle se fasse par le biais de la restitution complète d'un organe ou d'une partie du corps (comme la régénérescence d'une patte sectionnée chez un amphibien), de la cicatrisation par régénérescence cellulaire et prolifération, ou de la substitution d'un mode de fonctionnement par un autre, mécanisme qui paraît être le mode privilégié de restauration fonctionnelle après lésion du système nerveux (voir Jeannerod et Hécaen, 1979).

Nous tenterons ici de montrer qu'il existe un continuum entre ces différents modes de restauration, et qu'il n'y a pas de rupture qualitative entre un processus de régénérescence et un processus substitutif. En d'autres termes, il pourrait exister, pour rendre compte de l'ensemble des phénomènes observés sous le terme de restauration fonctionnelle après lésion du système nerveux, une explication reposant sur une base neurobiologique unique.

Nous donnerons trois exemples de processus de restauration fonctionnelle, tirés de l'expérimentation neurophysiologique chez l'animal, illustrant chacun un des aspects principaux du processus neurobiologique sous-jacent.

I. Restauration de la symétrie posturale à la suite d'une lésion périphérique du système vestibulaire

Le maintien d'une posture symétrique chez un animal normal, nécessaire pour la marche, la station debout, l'orientation dans l'espace, dépend en grande partie de l'appareil vestibulaire. Chaque récepteur vestibulaire, situé dans l'oreille interne, engendre lorsque l'animal est au repos, une activité nerveuse soutenue et symétrique transmise à la musculature par la voie vestibulo-spinale. Lors d'une inclinaison latérale du corps, l'activité en provenance de chacun des deux labyrinthes se modifie, et la tête se redresse à la verticale, de manière à reconstituer un «tonus» symétrique dans les deux groupes de noyaux vestibulaires. C'est une des originalités du travail de Magnus, d'avoir montré que ce réflexe de redressement n'est pas uniquement d'origine vestibulaire, mais que la vision y contribue elle-même pour une part importante. En effet, un animal privé de ses labyrinthes présente toujours un certain degré de redressement de la tête lors d'une inclinaison du corps.

La destruction unilatérale d'un labyrinthe (hémilabyrinthectomie), du côté droit par exemple, produit immédiatement un syndrome postural intense : l'animal ne peut se tenir debout et tombe du côté de la lésion, et surtout sa tête s'incline de 45° environ du même côté. Ce syndrome, pour intense qu'il soit, tend à disparaître progressivement. Chez le chat, une quasi-symétrie posturale est restaurée en trois mois environ.

Dans le but de déterminer la contribution respective de la compensation vestibulaire proprement dite et des afférences visuelles dans cette récupération, nous avons procédé à une expérimentation où des chats, ayant subi une hémilabyrinthectomie droite, étaient soumis à diverses conditions environnementales après l'opération (Courjon *et al.*, 1977, Courjon et Jeannerod, 1979). Outre les animaux de contrôle, qui récupéraient des effets de leur lésion dans un environnement normal, certains animaux ont été placés dans l'obscurité immédiatement après l'intervention. Dans le dernier cas, on constate que l'inclinaison de la tête, loin de s'améliorer, a tendance à se maintenir à son niveau post-opératoire et même à s'aggraver. Toutefois, lorsque l'animal est remis dans des conditions d'éclairement normales, la compensation se produit très rapidement, en quelques heures ou quelques jours (Fig. 1). Cette expérience fait donc bien apparaître le rôle primordial des afférences visuelles pour compenser les effets de la lésion labyrinthique.

On peut de la sorte manipuler les afférences visuelles au cours du processus de compensation, soit en maintenant l'animal dans l'obscurité pendant une durée supérieure à la durée de récupération normale, soit au contraire en le laissant récupérer normalement puis en le soumettant à de brefs séjours dans l'obscurité au cours d'une phase ultérieure. Dans le premier cas, on constate qu'une privation

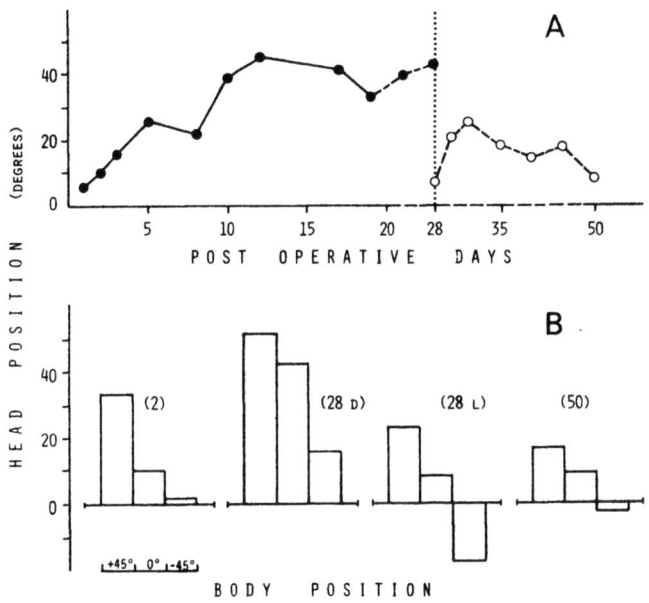

Figure 1. Evolution post-opératoire de la posture de la tête.
A. Les cercles noirs indiquent la position de la tête (en degrés) par rapport à l'horizontale chez un animal maintenu dans l'obscurité. Les cercles blancs, à partir du 28ᵉ jour, indiquent l'évolution de la position de la tête après remise de l'animal en condition éclairée (ligne pointillée).
B. Position de la tête en fonction de la position du corps. Le corps de l'animal est soit en position debout (0°) soit incliné de 45° à droite (+ 45°) ou à gauche (− 45°). Les chiffres entre parenthèses indiquent les jours post-opératoires. Notez au 28ᵉ jour, à la fin du séjour dans l'obscurité (28D) l'inclinaison spontanée de la tête à près de 40°, l'absence de réflexe de redressement lors de l'inclinaison du corps vers le côté lésé (+ 45°). Lors des mesures effectuées le même jour mais en environnement éclairé (28L) on note un aspect quasi-normal de la posture et du réflexe de redressement.
La mesure de la position de la tête est faite à partir de photographies (Courjon et al., 1977).

visuelle d'une durée de six mois suivant l'opération laisse persister un important déficit de l'inclinaison de la tête. Ce déficit est réversible, comme on peut le voir sur la figure 2A, puisque si, même à ce stade tardif, on remet l'animal en conditions normales, l'inclinaison de sa tête diminue rapidement. Dans le second cas, le fait de placer l'animal dans l'obscurité, même très longtemps (1 an) après l'hémilabyrinthectomie suivie d'une récupération en conditions normales, provoque une détérioration de la posture, marquée par une augmentation de l'inclinaison de la tête qui dure le temps que dure la période d'obscurité (Fig. 2B).

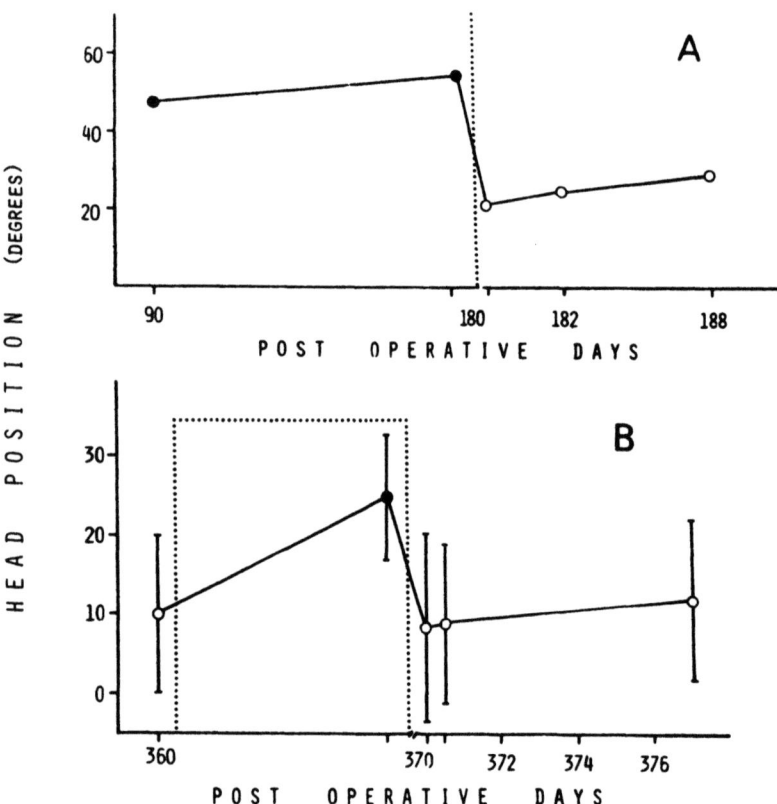

Figure 2. A. Persistance d'une inclinaison importante de la tête 6 mois (180 jours) après hémilabyrinthectomie. A ce stade, la restitution de la lumière produit une amélioration immédiate.
B. Réapparition d'un déficit postural chez des animaux (N = 4) replacés dans l'obscurité un an (360 jours) après hémilabyrinthectomie. Cette réapparition du déficit est immédiatement réversible, (Courjon et Jeannerod, 1979).

Ces expériences montrent bien que deux des paramètres essentiels de la restauration fonctionnelle après lésion vestibulaire sont en grande partie sous la dépendance de la vision. D'une part, l'acquisition de la compensation ne peut se faire que si les afférences visuelles sont présentes; d'autre part, la rétention de cette compensation ne peut avoir lieu que si les afférences visuelles sont maintenues. Au cours du fonctionnement normal de la régulation de la posture, les afférences visuelles constituent un mécanisme d'appoint. Elles permettent d'améliorer les performances du système vestibulaire, dépourvu du moyen de contrôler lui-même sa propre action sur la posture ou sur la motricité oculaire. Les afférences visuelles jouent donc essentiellement le rôle de réafférences fournissant au système vestibulaire le rétro-contrôle qui lui manque. Ce mécanisme d'optimalisation fonctionne normalement avec un «gain» relativement faible, les réflexes de redressement d'origine vestibulaire assurant environ 80 à 90 % de la régulation de la posture, et la vision assurant le complément.

Dans le cadre du processus de restauration fonctionnelle, on peut faire l'hypothèse que le rôle de la vision devient prépondérant, du fait d'une augmentation du gain des voies visuelles afférentant le système vestibulaire. Ces voies commencent maintenant à être connues: on sait en particulier qu'elles empruntent d'une part un trajet cérébelleux et d'autre part un trajet par le système optique accessoire avant de gagner les noyaux vestibulaires.

L'augmentation du gain d'une voie nerveuse, c'est-à-dire l'augmentation de sa capacité à transmettre de l'information, mécanisme que nous invoquons ici comme un premier moyen de réaliser une suppléance fonctionnelle, n'est pas un mécanisme inconnu. Au contraire, il repose sur la notion d'efficacité synaptique, notion qui dérive des modèles classiques de Hebb (1949) et de Eccles (1972). Selon ces modèles, l'exercice d'une fonction serait susceptible d'augmenter l'efficacité des synapses concernées, par le biais d'une augmentation de la surface de contact au niveau de ces synapses ou de l'augmentation du volume de transmetteur, ou des deux. Il s'agirait donc d'un phénomène très général qui peut être invoqué aussi bien pour expliquer l'apprentissage que pour expliquer la récupération fonctionnelle, et qui grâce à une restauration anatomique au sens limité, aboutirait à l'amélioration d'un mécanisme existant.

Il n'existe pas encore de démonstration directe de ce mécanisme au niveau du système vestibulaire. Il a été montré, chez la grenouille hémilabyrinthectomisée, que la stimulation du labyrinthe intact provoque dans les noyaux vestibulaires du côté lésé des réponses excitatrices bien plus importantes que chez l'animal normal. Cette augmentation des réponses excitatrices pourrait s'expliquer par une prolifération des synapses des fibres commissurales issues des noyaux vestibulaires du côté sain (Dieringer et Precht, 1977). Toutefois, cette explication ne peut encore s'étendre directement aux mammifères, chez qui la projection commissurale est non pas excitatrice, mais inhibitrice. De plus, cette prolifération n'expliquerait pas le rôle des afférences visuelles dans le processus de compensation.

La récupération d'une posture symétrique après hémilabyrinthectomie se produit dans un système que la lésion a laissé intact. En effet, les neurones des noyaux vestibulaires du côté lésé ne dégénèrent pas, puiqu'ils continuent à recevoir de nombreuses autres afférences. Le processus de réorganisation peut donc utiliser l'ensemble du potentiel neuronal contrôlant normalement la posture, en réalisant une nouvelle répartition de l'énergie disponible. Il suffit pour cela de modifier le poids respectif des afférences restantes sur les neurones vestibulaires du côté lésé pour rétablir une fonction normale. Ce n'est pas le cas lorsque la zone critique, responsable de la fonction, a été directement atteinte par la lésion.

II. Restauration du comportement de préhension à la suite d'une lésion du cortex pariétal chez le singe

Des aires du cortex pariétal postérieur (aires 5 et 7) ont été récemment identifiées comme étant en grande partie responsables du comportement de préhension d'un objet situé dans l'espace extrapersonnel proche. La préhension est un comportement qui s'exerce essentiellement sous contrôle visuel, mais dont la précision dépend également des afférences proprioceptives. En ce qui concerne le contrôle visuel de la préhension, plusieurs auteurs ont démontré dans l'aire 7 du singe l'existence de neurones activés de manière spécifique par la présentation d'un objet visuel, et par l'effort réalisé par l'animal pour prendre cet objet. La présentation de l'objet seul n'active pas le neurone, non plus que l'exécution d'un mouvement semblable mais sans but (Hyvarinen et Poranen, 1974; Mountcastle *et al.*, 1975).

Le comportement de préhension peut être aisément quantifié, même chez des singes non entraînés, et à qui on présente des morceaux de nourriture dans diverses parties du champ visuel. Le geste normal exécuté par l'animal est alors un geste rapide et précis comportant une projection du membre en direction de l'objet et une adaptation posturale de la main à la forme et à la taille de cet objet. Par ailleurs, on constate chez tous les animaux observés l'existence d'une préférence manuelle qui se manifeste par une utilisation plus fréquente d'une des deux mains pour la préhension d'objets dans le champ visuel. Dans la figure 3 par exemple, on constate que la main gauche est utilisée spontanément dans 60 % des cas alors que l'autre main n'exécute que 40 % des mouvements.

La lésion unilatérale de la région pariétale postérieure, centrée sur l'aire 7 a été réalisée chez le singe par Faugier-Grimaud et ses collaborateurs (Faugier-Grimaud et al., 1978). En règle générale, cette lésion était effectuée du côté controlatéral à la main préférée, telle qu'elle avait été déterminée lors des contrôles pré-opératoires. Le syndrome post-lésionel peut se décomposer en plusieurs éléments. D'une part, la main controlatérale à la lésion, bien que préférée avant l'opération, n'est plus utilisée spontanément. Seule la main ipsilatérale à la lésion est utilisée pour prendre la nourriture dans toutes les régions du champ visuel. D'autre part, lorsque chaque main est testée séparément, en gardant l'autre main attachée, on constate que la main controlatérale à la lésion exécute des mouvements hésitants, ralentis, et surtout mal dirigés : lors de l'essai de préhension d'un morceau de nourriture, la main atterrit à côté de son but, en général trop près de la ligne médiane de l'animal. Ce comportement de malpréhension est observé aussi bien dans le champ visuel du même côté de la main, c'est-à-dire controlatéral à la lésion, que dans les autres parties du champ visuel. Par contre, les mouvements exécutés par la main ipsilatérale à la lésion sont précis.

Ce syndrome s'améliore progressivement au cours du temps. Assez rapidement, on voit réapparaître des mouvements précis de la main controlatérale, une précision de 100 % étant rétablie au bout de 10 jours environ. Cependant, certains éléments du syndrome persistent plus longtemps : les mouvements de la main controlatérale à la lésion restent longtemps ralentis, l'adaptation posturale de cette main est défectueuse par rapport à la taille et à la forme de l'objet à saisir. Enfin, même à un stade post-opératoire tardif, la préférence manuelle reste inversée, et c'est toujours la main ipsilatérale à la lésion qui devient la main préférée (Fig. 3).

Dans une seconde phase de l'expérience, les mêmes animaux subissent, environ trois semaines après, une lésion symétrique du côté opposé. Dans ce cas, on observe un syndrome post-opératoire sem-

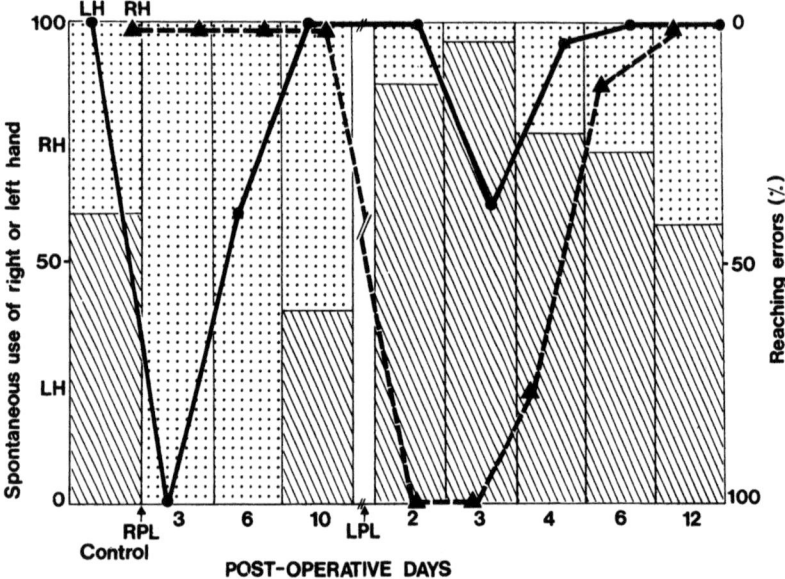

Figure 3. Evolution du comportement de préhension à la suite d'une lésion de l'aire 7 chez le singe. Chaque colonne représente un jour de test. La première colonne représente le contrôle pré-opératoire. A l'intérieur d'une colonne, le cercle noir représente le pourcentage d'erreurs (reaching errors) effectuées par la main gauche (LH), et le triangle noir, par la main droite (RH). La partie hachurée de chaque colonne représente le pourcentage de mouvements effectués spontanément par la main gauche; la partie pointillée, par la main droite (spontaneous use...).
RPL: lésion pariétale droite, dont les effets sont testés aux 3ᵉ, 6ᵉ et 10ᵉ jours post-opératoires.
LPC: lésion pariétale gauche. (d'après Faugier-Grimaud et al., 1978).

blable à celui observé à la suite de la première lésion, mais les symptômes en sont inversés. La main qui était devenue préférée à la suite de la première lésion n'est plus utilisée spontanément, et lorsqu'on force l'animal à l'utiliser, ses mouvements sont imprécis. De nouveau, cette imprécision s'améliore progressivement pour aboutir à une récupération totale en 10 jours environ. A ce stade, enfin, la préférence manuelle qui existait avant la première lésion se rétablit, puisque c'est la main ipsilatérale à la deuxième lésion qui cette fois devient la main préférée (Fig. 3).

Ainsi, la destruction bilatérale de l'aire 7 chez le singe, même si elle entraîne au début d'importants troubles de la préhension d'objets, est pourtant suivie d'une restauration fonctionnelle complète, puisque la préhension redevient possible de manière précise avec les deux mains. L'aire pariétale 7 mérite cependant bien d'être considérée comme la zone critique pour le contrôle des mouvements de préhension. En effet, les critères habituels de la zone critique sont réunis : l'aire 7 est le siège d'opérations neuronales spécifiques en rapport avec le comportement de préhension des objets visuels, et la destruction de cette zone supprime, au moins temporairement, ce comportement. Le problème est donc de déterminer comment la destruction d'une zone focale aussi spécifique peut être compensée de manière aussi rapide.

Cet exemple est typique du phénomène de vicariance, où d'autres zones cérébrales prennent en charge une fonction à la suite de la destruction de sa zone critique. Après lésion unilatérale, la nouvelle zone fonctionnelle pourrait être l'aire 7 du côté épargné qui contrôlerait alors la préhension par les deux mains; mais cette hypothèse n'est pas valide pour expliquer la récupération fonctionnelle après lésion bilatérale, où la zone vicariante se trouve nécessairement en dehors de l'aire 7. Quelle que soit la zone impliquée, on peut cependant se demander par quel mécanisme une zone cérébrale peut prendre en charge une nouvelle fonction. Une autre expérience (Faugier-Grimaud et al., 1978) réalisée chez les mêmes animaux permet de constater que ce mécanisme repose sur des bases « provisoires » ou en tout cas plus fragiles que le mécanisme original. En effet, l'injection à l'un de ces animaux d'une faible dose de kétamine (un neurodépresseur) à un stade post-opératoire tardif, provoque la réapparition transitoire des symptômes. Si la kétamine est injectée à la suite d'une lésion unilatérale, la main controlatérale à la lésion reperd tout ce qu'elle avait récupéré : elle n'est plus utilisée spontanément, et tous ses mouvements sont imprécis, comme au stade post-opératoire précoce. La main ipsilatérale à la lésion, par contre, n'est pas affectée. La kétamine s'élimine en quelques heures et l'état avant l'injection se restaure progressivement. Si la kétamine est injectée à un animal ayant subi une lésion bilatérale, ce sont les effets de la lésion la plus récente qui prédominent : la main controlatérale à la seconde lésion est la plus affectée par l'injection. Dans ce cas cependant, la main controlatérale à la première lésion est également affectée bien qu'à un moindre degré.

Ce dernier résultat indique que les synapses du système vicariant réalisent des connexions moins efficaces que celles du système original. C'est d'ailleurs une constatation courante en clinique humaine que les fonctions récupérées à la suite d'une lésion donnent lieu à des performances inférieures à la fonction normale et sont facilement dégradées par l'émotion, la baisse de vigilance ou la fatigue. Dans le cas qui nous intéresse ici on peut supposer qu'à la suite du processus de récupération, l'animal utilise pour contrôler son mouvement des indices relativement indirects, moins pertinents que les indices utilisés normalement, et donc moins sûrs. On peut supposer également que les voies assurant la transmission de ces indices au niveau des aires responsables de l'exécution du mouvement empruntent un nombre de synapses plus élevé que les voies normales, ce qui leur confère une capacité de transmission plus faible et un coefficient de sécurité moins bon.

Cette hypothèse, en accord avec la description clinique, correspond bien par ailleurs à ce qu'on peut attendre d'un système vicariant basé sur des voies néoformées. Ici, toutefois, le terme néoformé doit s'envisager au sens large. Il peut effectivement se produire à la suite de la lésion une réorganisation anatomique des systèmes épargnés au voisinage de la lésion, du fait d'une synaptogenèse réactionnelle. Ce phénomène, démontré chez des espèces moins évoluées que le singe, peut s'observer dans de très nombreuses structures nerveuses, y compris dans certaines parties du cortex. En ce qui concerne le singe (Lynch *et al.*, 1973; voir Jeannerod et Hécaen, 1979), il est sans doute plus prudent de parler d'une modification de l'efficacité synaptique, selon les mécanismes déjà invoqués au paragraphe précédent, qui représente un cas-limite de la formation d'une nouvelle voie. Comme nous l'avons déjà noté, ce mécanisme de modification de l'efficacité synaptique est relativement rapide et peut donc rendre compte d'une récupération à relativement court terme. En outre, c'est un phénomène sensible à l'entraînement, à l'exercice de la fonction par l'utilisation de stratégies substitutives.

L'opposition entre de tels processus de substitution et d'autres processus purement anatomiques de restitution ne vaut peut-être que sur le plan de l'observation superficielle de la récupération. Le mécanisme intime des deux processus pourrait en fait être le même. L'hypothèse de la mise en jeu de synapses latentes, présentée dès 1971 par Wall et Egger, pourrait représenter un compromis entre un processus purement anatomique et un processus purement fonctionnel. Selon ces auteurs, des neurones centraux désafférentés de leur entrée normale pourraient devenir sensibles à d'autres afférences. Ce fait ne serait pas dû à un bourgeonnement des axones sains vers la zone désafférentée, mais bien à la mise en jeu quasi instantanée de synapses présentes mais normalement réprimées et donc non fonctionnelles. Il y aurait ainsi dans le système nerveux des synapses en excès, entrant en jeu lors de la disparition d'autres synapses. Bien que ce phénomène n'ait été démontré que dans les systèmes sensoriels, y compris chez le singe (Eidelberg, 1974), on peut tenter d'en généraliser le principe à l'ensemble des processus de récupération. Il reste à déterminer ce que signifie la mise en jeu rapide des synapses latentes : s'agit-il d'une levée d'inhibition par la destruction d'une autre voie, ou s'agit-il d'un phénomène lié à une augmentation rapide de l'efficacité synaptique ?

III. Influence de la privation d'afférences visuelles sur le développement du cortex chez le singe. Contraintes temporelles pour la plasticité d'un système en cours de maturation

Les travaux sur le développement du cortex visuel chez le chat et plus particulièrement encore chez le singe fournissent un matériel de choix pour l'étude de la plasticité anatomique et fonctionnelle du système nerveux. Les performances du cortex visuel peuvent en effet être caractérisées par des expériences neurophysiologiques où sont enregistrées les réponses des neurones à la stimulation de l'un ou l'autre œil. Chez l'animal adulte, une très forte proportion des neurones du cortex visuel sont binoculaires, c'est-à-dire répondent plus ou moins nettement à la stimulation des deux yeux. Dans la plupart des cas la réponse est plus importante à la stimulation de l'un des deux yeux. On sait depuis Hubel et Wiesel (1960) que les neurones présentant une réponse dominée par un œil sont rangés dans le cortex en bandes plus ou moins parallèles, ou colonnes de dominance oculaire. Ces colonnes peuvent être observées par le neurophysiologiste, qui, traversant successivement plusieurs colonnes avec son électrode, rencontre des neurones alternativement dominés par l'un ou l'autre œil. Surtout, elles peuvent être visualisées directement par des techniques neuroanatomiques basées sur la migration au niveau des terminales géniculo-corticales d'un matériel protéique radioactif injecté dans un œil. On peut alors révéler au niveau du cortex l'existence de bandes alternées claires et sombres, correspondant les unes aux neurones dominés par l'œil qui a été injecté, les autres aux neurones dominés par l'autre œil.

La privation précoce d'afférences visuelles par l'occlusion d'un œil modifie radicalement la répartition de la dominance oculaire au sein du cortex visuel. Les résultats neurophysiologiques montrent que l'occlusion monoculaire réalisée au moment de la naissance et prolongée jusqu'à 10 semaines environ ne laisse persister pratiquement que des neurones dominés par l'œil laissé ouvert. De la même façon, l'aspect anatomique des colonnes de dominance est profondément altéré ; les terminales provenant de l'œil resté ouvert s'étalent sur de larges bandes, alors que les terminales venant de l'autre œil sont absentes ou réduites à de très minces colonnes (Hubel et al., 1977). Cet exemple montre bien la plasticité remarquable des terminales géniculo-corticales. Du fait de l'exercice de la fonction les terminales provenant de l'œil sain sont fonctionnelles et même exubérantes, puisqu'elles entrent en contact avec un nombre plus important de neurones que chez un animal normal. Par contre, les terminales venant de l'œil déprivé, souffrant d'un défaut d'exercice, sont peu efficaces et semblent en nombre réduit.

La privation précoce d'afférences a donc créé une lésion sélective du cortex visuel, en amoindrissant, voire même en supprimant complètement les colonnes correspondant à l'œil fermé. Bien qu'il s'agisse d'un processus visible anatomiquement, correspondant certainement à une altération de la morphologie synaptique, la preuve a cependant été apportée que les terminales provenant de l'œil fermé sont toujours présentes au niveau du cortex, mais que leur efficacité est considérablement réduite. En d'autres termes, la compétition entre les afférences provenant de chacun des deux yeux, qui normalement aboutit à leur égale répartition sur l'ensemble des neurones du cortex, a favorisé la connexion provenant de l'œil le plus actif. On peut toutefois faire réapparaître la réponse binoculaire d'un neurone rendu monoculaire par privation de vision d'un œil, en appliquant localement des drogues qui s'opposent à l'inhibition intracorticale médiatisée par le GABA (Tsumoto et Suda, 1978). Une autre façon d'obtenir ce résultat est de réaliser l'énucléation de l'œil resté ouvert, en laissant donc comme seule afférence au cortex les terminales venant de l'œil déprivé. Dans ce cas on observe une réversibilité immédiate des effets de la privation monoculaire dans une proportion de 40 % environ, comme si l'énucléation avait levé une inhibition exercée par les neurones normalement afférentés (Kratz et al., 1976). Ces exemples montrent bien les relations qui peuvent exister entre la modulation de l'efficacité synaptique, la mise en jeu de synapses latentes telle que nous l'avons envisagée à la section précédente et les phénomènes purement anatomiques de modification de la morphologie synaptique.

A ce titre, d'autres expériences réalisées chez le singe prennent toute leur importance. Les animaux subissent d'abord une privation monoculaire depuis la naissance jusqu'à 5 à 6 semaines. A ce stade,

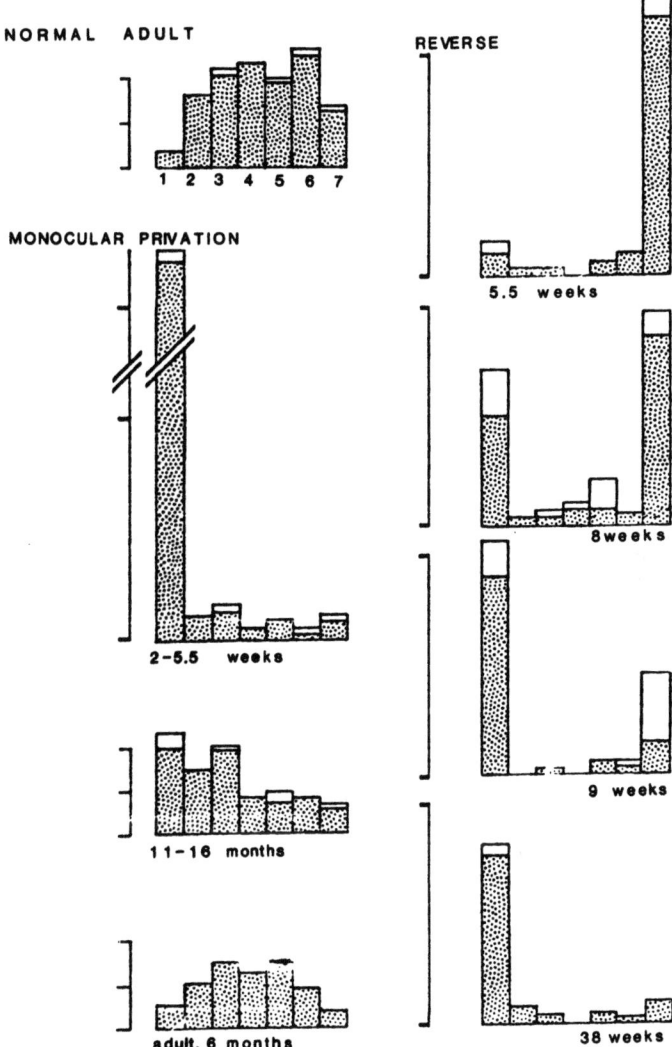

Figure 4. Répartition du type de dominance oculaire des neurones du cortex visuel (aire 17) chez le singe à la suite de l'occlusion d'un œil.
A. Singe adulte normal. Les neurones se répartissent en sept classes. Les neurones des classes extrêmes (1 et 7) sont activés exclusivement par l'œil ipsilatéral (1) ou controlatéral (7) au côté enregistré. Les neurones de la classe 4 sont activés également par les deux yeux. Les classes 2, 3, 5, 6 sont des classes intermédiaires.
B. Après occlusion de l'œil droit, de la deuxième à la cinquième semaine post-natale, les neurones sont pratiquement tous activés par l'œil resté ouvert (gauche). L'occlusion plus tardive (11-16 mois) est moins efficace, l'occlusion chez l'adulte est sans effet.
C. Le renversement de la suture (œil droit depuis la naissance, puis œil gauche à l'âge indiqué) provoque jusqu'à huit semaines une «recapture», totale ou partielle des neurones par l'œil réouvert. Cette recapture n'a plus lieu si le renversement de la suture est trop tardif.
Les colonnes noires représentent les neurones possédant une orientation préférée. Les cases blanches, ceux qui n'en possèdent pas (D'après Blakemore et al., 1978).

l'œil initialement déprivé est rouvert, alors que l'œil initialement ouvert est fermé. Lorsque l'état du cortex est analysé, quelques semaines plus tard, on constate que la plupart des neurones sont dominés par l'œil ouvert en second, c'est-à-dire par l'œil initialement déprivé (Fig. 4). Il faut donc admettre que les effets de la première privation, qui avait entraîné une augmentation de la dominance par un œil, ont été renversés par la seconde privation, qui a entraîné le transfert de la dominance au profit de l'autre œil. Cette réversibilité des effets d'une première privation n'est d'ailleurs possible que dans une certaine fourchette de temps, puisque si l'inversion de l'occlusion est réalisée trop tard (au-delà de la 9e semaine chez le singe), ce sont les effets de la première privation qui persistent indéfiniment. Si l'inversion de l'occlusion est réalisée pendant une période intermédiaire, autour de la 8e semaine par exemple, les effets de la première occlusion sont partiellement inversés: chez de tels animaux, tous les neurones sont monoculaires, mais dominés exclusivement soit par un œil, soit par l'autre (Blakemore *et al.*, 1978) (Fig. 5).

Plus récemment encore, un substratum anatomique à cette inversion des effets d'une première occlusion a pu être démontré, toujours chez le singe. L'expérience est la même que celle qui vient d'être décrite, et les résultats sont d'ailleurs les mêmes si l'on remplace les effets neurophysiologiques sur la dominance oculaire par des effets anatomiques sur la taille des colonnes. La figure 5 permet de comparer les effets sur les colonnes corticales de l'occlusion d'un œil de la naissance à 23 jours chez un singe, avec ceux d'une occlusion d'un œil suivie d'une réouverture au 26e jour avec occlusion de l'autre œil pendant 6 jours chez un autre singe. Les terminales géniculo-corticales sont nettement plus marquées après inversion de l'occlusion, ce qui traduit un renversement des effets anatomiques de la privation due à la première occlusion (Blakemore *et al.*, 1980).

IV. Conclusion

Dans les trois exemples rapportés ci-dessus, correspondant à des types différents de lésion du système nerveux, un même mécanisme peut être évoqué pour rendre compte de la restauration fonctionnelle. Même si les modifications anatomiques ne sont directement visibles que dans le cas de la privation visuelle, on peut penser que des techniques adéquates les mettraient en évidence aussi dans les autres exemples. Cette hypothèse généralisée sur la restauration fonctionnelle n'a en fait rien de vraiment nouveau. Il est clair que toute mo-

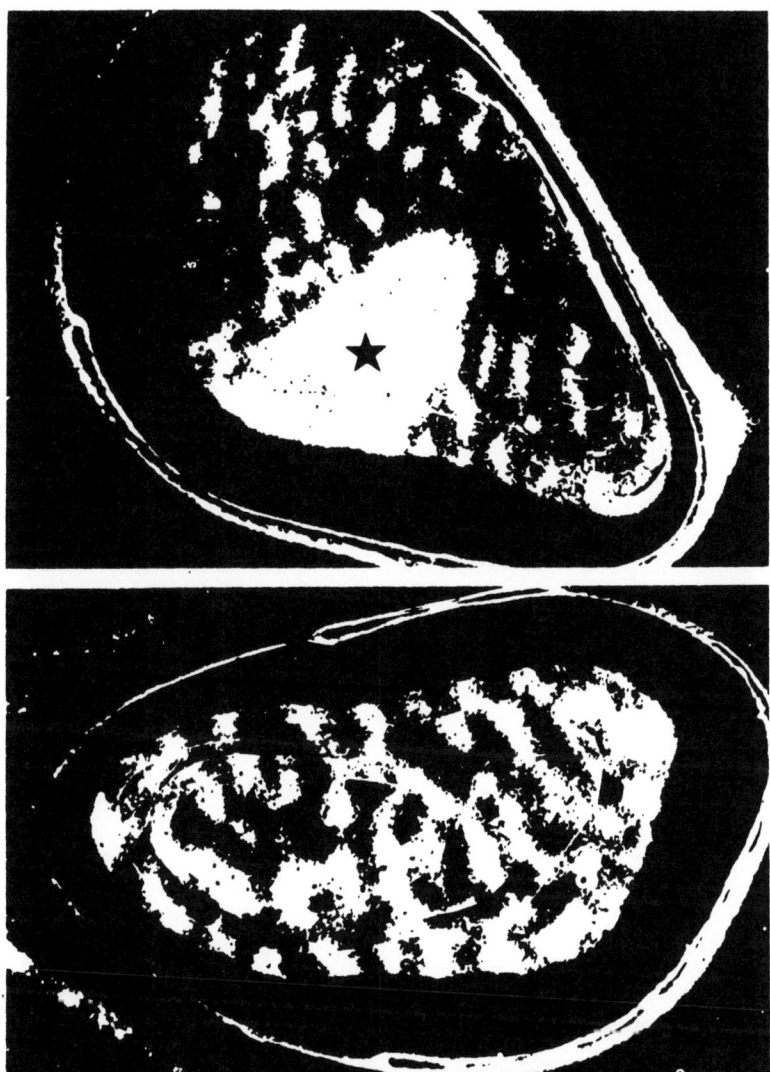

*Figure 5. Plasticité anatomique du cortex visuel après occlusion néo-natale d'un œil.
En haut. Coupe tangeantielle du cortex chez un animal privé de la vision d'un œil jusqu'à 5 semaines. Un marqueur radio-actif injecté dans cet œil a migré en direction du cortex dans les terminales des fibres géniculo-corticales (zones blanches sur la coupe. Ne pas considérer la zone marquée d'une étoile).
En bas. Chez un autre animal l'œil initialement occlus a été rouvert et l'autre œil occlus. Le produit radio-actif, injecté dans l'œil initialement occlus, occupe cette fois de larges zones au niveau du cortex, ce qui traduit la ré-expansion des terminales de cet œil. (D'après Blakemore et al., 1980).*

dification de l'efficacité synaptique doit s'accompagner, au moins à un niveau subcellulaire, de modifications concomitantes de la structure de la synapse. Dans une revue récente, Tsukahara (1981) rapporte des expériences démontrant chez le chat adulte la plasticité anatomique d'une structure centrale (le noyau rouge) à la suite aussi bien d'une lésion des voies afférentes vers cette structure, que d'une modification de ses relations avec les organes de sortie avec lesquels elle est connectée, ou encore que de l'apprentissage d'une réponse d'évitement dans laquelle elle se trouve impliquée.

En pratique cependant, il faut concevoir ces processus constructifs ou re-constructifs comme des processus faisant intervenir une participation active du sujet. L'entraînement et la rééducation sont indispensables pour guider les potentialités anatomiques: en permettant au sujet de découvrir les modes de substitution qui aboutiront à un nouvel exercice de la fonction, ils favoriseront le développement de l'efficacité synaptique dans les voies de remplacement.

Chapitre 2
La récupération spontanée : ampleur et limites

E. THIERY, E. DIETENS, H. VANDEREECKEN

I. Introduction

Le patient atteint d'aphasie mérite une attention particulière par sa privation extrême de contacts humains. La neurophysiologie étudie les capacités de restauration fonctionnelle du système nerveux central dans ses aspects de restitution et de substitution. Nombreux sont ceux qui sont à la recherche de techniques toujours plus adéquates pour la rééducation neuropsychologique.

A mi-chemin de ces deux considérations se situe l'étude de l'évolution spontanée de l'aphasie. Celle-ci permet la confrontation entre théorie et expérimentation neurophysiologique, et les réalités de l'état clinique; d'autre part elle offre, dans l'approche scientifique de la rééducation du langage, les données comparatives sur l'évolution spontanée de l'aphasie. A cette fin sont recherchées toutes les variables pouvant influencer l'évolution de l'aphasie, permettant ainsi de connaître les paramètres qu'il s'agit de bien analyser lorsqu'au cours d'une étude on veut se prononcer sur le degré et la spécificité de la rééducation. On trouvera dans ce chapitre les données de la littérature sur les variables de la récupération, ainsi qu'une étude personnelle sur l'évolution spontanée de l'aphasie.

II. Littérature

1. *Etiologie de la lésion*

Les aphasies acquises ont des étiologies diverses (Lecours et Lhermitte, 1979). A côté des aphasies d'origine tumorale ou encéphalitique, ce sont les aphasies d'origine vasculaire et traumatique qui sont les plus fréquentes et les mieux étudiées (Wepman, 1951; Sarno, 1976).

En cas de trouble aigu de l'irrigation de l'hémisphère dominant pour le langage apparaît, d'après Kohlmeyer (1976), une aphasie dans 93 % des cas; en cas de persistance de l'aphasie après le 14e jour qui suit l'accident vasculaire, le pronostic est toujours réservé. En plus, il y a le risque toujours menaçant de la récidive. Le pronostic est plus favorable après une lésion due à une ischémie qu'après lésion due à une occlusion vasculaire; dans le cas d'occlusion, le pronostic est plus favorable si elle est extracrânienne qu'intracrânienne (Kohlmeyer, 1976). Les aphasies par suite d'hématomes et d'hémorragies anévrysmales ont des évolutions très variables (Kertesz et McCabe, 1977) qui sont, de toute évidence, en rapport étroit avec le degré de destruction corticale dans la zone du langage. Il est généralement admis que, par rapport aux aphasies d'étiologie vasculaire, les aphasies traumatiques — qui d'ailleurs se produisent plus fréquemment chez des sujets jeunes et sains — peuvent avoir un pronostic de récupération bien moins sombre (Butfield et Zangwill, 1946; Godfrey et Douglass, 1959). De ce fait, il est recommandé de faire une nette distinction entre les groupes cérébro-vasculaires et traumatiques lors de l'étude de l'évolution spontanée de l'aphasie.

2. *Localisation et étendue de la région lésée*

Les données clinico-pathologiques ont été confirmées ces dernières années par les corrélations entre la neuropsychologie et la tomodensitométrie (Kertesz *et al.*, 1979; Naeser *et al.*, 1981). La nature et la gravité du déficit du langage semblent être déterminées par une interaction entre la localisation d'une part, le degré d'étendue de la lésion dans ou au bord de la zone du langage d'autre part, comme l'a défini Luria (1970). Ainsi les aphasies globales, graves et persistantes résultent d'une lésion périsylvienne étendue (Kertesz, 1979), tandis qu'une aphasie récupérante du type Broca repose sur une lésion limitée à la zone de Broca; la forme persistante est le résultat d'une lésion plus étendue (Mohr *et al.*, 1978; Kertesz *et al.*, 1979). D'ailleurs plus la lésion est importante, plus la récupération du langage sera réduite, avec cette restriction que, en cas de lésions étendues, la compréhension verbale récupère mieux que les autres aspects du langage (Lomas et Kertesz, 1978).

Ainsi que le commente Seron (1979b), on ne peut perdre de vue le mode d'installation de la lésion car, dans la pathologie à progression lente, l'impact symptomatique est souvent moins lourd.

L'influence néfaste des lésions hémisphériques contralatérales sur la récupération de l'aphasie est probablement à mettre en relation avec la contribution plus modeste mais néanmoins réelle de l'hémisphère droit dans la récupération des aphasies graves (Pettit et Noll, 1979; Castro-Caldas *et al.*, 1980), grâce à ses capacités d'analyse globale de la perception verbale (Kinsbourne, 1971; Jeannerod et Hécaen, 1979).

3. Gravité initiale et moment de l'examen

La gravité initiale est pour beaucoup d'auteurs (Schuell *et al.*, 1964; Sands *et al.*, 1969) un facteur très important de pronostic; pour Kertesz et McCabe (1977), ce serait même le plus important. Luria (1970) nuance ce constat en soulignant qu'il faut également tenir compte de la localisation de la lésion. La récupération de l'aphasie globale — présentant le déficit le plus important — sera en effet souvent minimale, avec ou sans thérapie (Sarno *et al.*, 1970). Soulignons l'importance, lors d'une étude de la récupération spontanée, de bien noter les dates des examens neuropsychologiques par rapport au début de l'aphasie.

Comme nous l'avons déjà mentionné, l'aphasie par suite d'accident cérébro-vasculaire restant prononcée deux semaines après son début, le pronostic pour les mois à venir demeure réservé (Kohlmeyer, 1976); par contre, il sera statistiquement bien plus favorable s'il y a amélioration dès la première semaine (Gloning *et al.*, 1976). D'ailleurs, comme le font remarquer Jeannerod et Hécaen (1979), une véritable restitution fonctionnelle n'est appréciable qu'après les premières semaines qui suivent la lésion, lors de la disparition de l'inhibition neurophysiologique initiale (causée par l'œdème, entre autres).

La durée de la période de récupération spontanée présumée varie très fort d'après les auteurs. La récupération la plus importante se situe dans les trois premiers mois suivant l'accident vasculaire: telle est la thèse de Vignolo (1964), Culton (1969) et Sarno et Levita

(1971). Pour Luria (1970) ainsi que Butfield et Zangwill (1946), les chances de récupération spontanée sont faibles passés les 6 mois.

S'il y a une évolution ultérieure favorable chez les patients en thérapie, celle-ci peut donc être attribuée à l'effet de la rééducation (Darley, 1972). Mais il y a des arguments neurophysiologiques pour commencer la rééducation neuropsychologique bien avant le terme des 6 mois d'évolution spontanée (Jeannerod et Hécaen, 1979 et Jeannerod, ce livre) même si l'effet spécifique de la thérapie sera difficilement évaluable dans cette période précoce.

4. Type d'aphasie

La thèse (Sarno *et al.*, 1970) qui soutient que l'aphasie globale a le moins de chances de récupération, est soutenue par tous. A l'encontre de Vignolo (1964) et de Basso et collaborateurs (1975), la plupart des aphasiologistes acceptent une récupération plus favorable pour l'aphasie de Broca que pour celle de Wernicke, surtout lorsque la lésion provoquant l'aphasie de Broca n'est pas trop étendue (Mohr *et al.*, 1978). Dans leur étude sur des patients en thérapie, Messerli *et al.* (1976) notent une meilleure récupération pour les aphasies de Broca peu sévères et les aphasies de Wernicke mixtes lorsqu'il y a absence d'apraxie idéomotrice ou idéatoire et présence d'un bon niveau d'intelligence opératoire (au sens piagétien du terme). Pour Kertesz et McCabe (1977), le pronostic pour l'aphasie de Wernicke est réservé lorsqu'il y a un jargon important et lorsque le patient est âgé.

Mentionnons enfin que l'évolution de l'aphasie est très souvent favorable dans les formes de conduction, transcorticales et anomiques.

5. Symptomatologie

Pour beaucoup d'auteurs (Vignolo, 1964; Leischner, 1972; Lomas et Kertesz, 1978), les troubles réceptifs récupèrent plus aisément que les troubles expressifs. Dans le même ordre d'idées, Prins et collaborateurs (1978) notent, chez leurs 74 aphasiques âgés, assez fréquemment une récupération de la compréhension verbale, mais assez rarement une amélioration du langage spontané. Pour Gloning et collaborateurs (1976), une dysarthrie prononcée est un élément défavorable de pronostic.

6. Dominance manuelle

Nombre d'études démontrent que l'organisation cérébrale, en particulier pour le langage, n'est pas identique chez les droitiers et chez les gauchers. Grâce aux données neuropsychologiques et expérimentales telles que le test de Wada et l'écoute dichotique, on admet généralement une plus grande ambilatéralité dans la structuration du langage chez les gauchers (Kimura, 1961; Rasmussen et Milner, 1977). Pour certains auteurs, cette règle n'est valable que pour les gauchers avec un stock familial de gaucherie (Zurif et Bryden, 1969). Hécaen et Piercy (1956) apportent également des arguments pour l'existence d'une zone corticale plus vaste dans l'élaboration du langage chez les gauchers.

Tout ceci s'accorde avec les données sur l'évolution spontanée de l'aphasie: les gauchers peuvent devenir aphasiques aussi bien lors de lésions cérébrales hémisphériques droites que gauches, les gauchers présentent souvent une symptomatologie aphasique moins prononcée, leur récupération est souvent plus rapide et plus complète (Luria, 1970; Hécaen, 1972). Gloning *et al.* (1976) retiennent même le fait d'être droitier comme un élément à effet statistiquement négatif sur l'évolution de l'aphasie. D'après la thèse de Subirana (1958), un stock familial de gauchers représenterait pour le droitier un élément de pronostic favorable.

7. Variables associées

D'autres facteurs indirects auraient également une emprise sur la récupération de l'aphasie. Ainsi, Gloning et collaborateurs (1976) attachent de l'importance à l'effet négatif d'un quotient intellectuel bas, tandis que Darley (1975) prête beaucoup d'importance à l'état de santé général du malade. Certains auteurs n'observent pas d'influence du niveau socioprofessionnel sur la récupération, mais Benson (1979) émet un avis opposé.

Chez les adultes, les déficits moteurs accompagnant l'aphasie n'auraient pas d'influence sur le pronostic (Gloning *et al.*, 1976). Par contre l'apraxie, tant idéatoire que idéomotrice, a un effet négatif sur le pronostic (Messerli *et al.*, 1976).

L'importance de la nosognosie (Wepman, 1958), c'est-à-dire le degré de conscience du déficit comportemental, ainsi que l'importance de la motivation sont mises en évidence par Seron (1979 b).

Benson (1979), qui note que des troubles psychiatriques préexistant peuvent disparaître temporairement ou même définitivement lors d'une aphasie, met également l'accent sur l'importance du soutien psychologique, voire psychiatrique, du malade qui par des sentiments de détresse ou une dépression réactionnelle connaît une évolution spontanée nettement ralentie. En effet, le malade évite les contacts sociaux et ne recherche pas ses informations par une voie de substitution.

On apprendra donc au malade, comme le souligne Lebrun (1976), à vivre avec son aphasie, et on apprendra aux proches, qui en ont besoin, comme le démontrent Artes et Hoops (1976), à vivre avec l'aphasique.

8. Age

La récupération de l'aphasie chez l'enfant est plus rapide et plus complète que chez l'adolescent et l'adulte (Lenneberg, 1972). Ceci peut être provoqué par une ambilatéralité cérébrale et une plasticité cérébrale plus grandes. Néanmoins, plusieurs études importantes tempèrent un trop grand optimisme en ce qui concerne les capacités de restauration fonctionnelle du cerveau jeune (Hécaen, 1976; Seron, 1977, 1979 b). Même lors d'une lésion précoce, le pronostic sociopédagogique est réservé entre autres par des troubles graphiques souvent persistants (Alajouanine et Lhermitte, 1965).

Chez l'adulte, le rôle de l'âge sur la récupération de l'aphasie est controversé. Wepman (1951) et Vignolo (1964) sont d'avis que des sujets jeunes récupèrent mieux, tandis que Culton (1971) ne trouve pas de corrélation inversée entre l'âge et le pronostic. Ces contradictions s'expliquent par d'autres variables souvent associées à l'âge : chez les personnes âgées on rencontre moins de traumatismes crâniens, mais plus d'accidents cérébro-vasculaires ainsi qu'une détérioration organique et des conditions psychosociales défavorables. L'âge du patient ne doit donc en aucun cas donner lieu à une attitude pessimiste a priori.

9. Sexe

Des études mettent en évidence chez la femme une représentation corticale du langage plus bilatérale et diffuse; on pourrait donc théoriquement s'attendre à une récupération de l'aphasie plus favorable chez celle-ci. Néanmoins ceci ne se confirme pas dans les diverses études sur l'évolution spontanée de l'aphasie (Gloning *et al.*, 1976; Kertesz, 1979).

10. Plurilinguisme

Aucune donnée ne démontre que le plurilinguisme, et en général une plus grande richesse du vocabulaire, favoriseraient le pronostic de récupération. Il est un fait que dans la phase chronique l'aphasie s'étend le plus souvent de façon égale sur les différentes langues connues (Weisenburg et McBride, 1935). Il n'y a pas de règle pour la récupération première, que ce soit la langue acquise en premier lieu, la langue acquise en dernier lieu, ou la langue qui a été employée le plus longtemps (Charlton, 1964). D'autre part il est établi que des facteurs sentimentaux, intellectuels, situationnels et sociolinguistiques peuvent (parfois uniquement temporairement) déterminer la récupération préférentielle d'une langue (Lebrun, 1976).

Ojemann et Whitaker (1978) ont étudié, par la technique de la stimulation corticale, la dénomination chez les bilingues: les structures nécessaires à l'élaboration des deux langues ne se superposent pas tout à fait; ceci pourrait partiellement expliquer les nombreux paradoxes observés dans la récupération spontanée des aphasiques plurilingues.

III. Etude personnelle

A la clinique universitaire de Gand, nous avons étudié l'évolution spontanée de 39 aphasiques, non gauchers et d'intelligence normale, présentant un accident cérébro-vasculaire aigu, stable et non hémorragique. Nous avons essayé de prêter attention le mieux possible à toutes ces variables jugées importantes pour la récupération spontanée. Un examen neuropsychologique détaillé, y compris le Boston Diagnostic Aphasia Examination de Goodglass et Kaplan (1972), fut effectué dans le cadre d'un bilan neurologique complet. Le «severity rate», qui cote la gravité du trouble phasique, fut déterminé comme suit:

Au niveau 0, il n'y a pas de parole ni de compréhension; le niveau 3 correspond à un langage restreint mais permettant de résoudre les problèmes journaliers; le niveau 5 indique la récupération quasi totale de la fonction phasique.

Nous déterminions le «severity rate» et définissions le type d'aphasie 3 semaines (plus ou moins 8 jours) après la lésion, ainsi que 3 mois plus tard (plus ou moins 8 jours).

Des 5 types d'aphasies (tableau 1) rencontrés, le type global était le plus fréquent (17 cas, soit 44 %), suivi du type Broca (26 %) et du type Wernicke (18 %). L'âge moyen des malades présentant un de ces trois types majeurs était le plus bas chez le type Broca (52 ans). En ce qui concerne le sexe, nous n'avons pas observé, dans cette étude, d'influence de celui-ci sur la récupération spontanée de l'aphasie.

Les aphasies globales (tableau 2) étaient toutes initialement sévères, avec un « severity rate » bas (voir tableau 2 A); les aphasies anomiques et de conduction présentaient toutes un « severity rate » élevé, indiquant des troubles de la communication moins prononcés; les types Broca et Wernicke se situaient au milieu en empiétant sur les types précédents.

Trois mois plus tard, nous ne constatons aucune récupération (« severity rate » + 0) de la sévérité pour 46 % des cas, et particulièrement pas pour la plupart des aphasies globales (c'est-à-dire pour 12 cas sur 17). Bien que 54 % des cas présentaient une récupération

Tableau 1. Données sur les 39 cas d'aphasie présentant un accident cérébro-vasculaire.

APHASIE	N (%)	AGE (lim.)	♂ + ♀
Globale	17 (44 %)	61 (41-79)	10 + 7
Broca	10 (26 %)	52 (37-67)	7 + 3
Wernicke	7 (18 %)	61 (49-73)	3 + 4
Conduction	2 (5 %)	48 (34-62)	1 + 1
Anomie	3 (7 %)	59 (47-67)	2 + 1
Total	39 (100 %)	58 (34-79)	23 + 16

Tableau 2.
A. Progression (de +0 à +3) du « Severity rate » (0 à 5) sur 3 mois
B. Fréquence d'apparition d'un « Severity rate » final inférieur à 3 ou à 5 points
C. Données sur la transformation éventuelle du type d'aphasie
D. Résultats de l'angiographie et de la tomodensitométrie

APHASIE	N	âge	A. 3 s. (± 8 j)	+3 m. (± 8 j) +0	+1	+2	+3	B. <3	=5	C. Trans.	D. Car.	TDM
Globale	17	61	6 × 0 10 × 1 1 × 2	12	5	—	—	16	—	1 Bro.	4 occl.	7 inf. m.
Broca	10	52	2 × 0 3 × 1 2 × 2 3 × 3	3	3	3	1	5	1	1 TCM 2 Ano.	3 occl. 1 sten.	1 inf. m.
Wernicke	7	61	2 × 0 2 × 1 1 × 2 2 × 3	3	3	1	—	4	—	1 Ano.	—	4 inf. m.
Conduction	2	48	1 × 3 1 × 4	—	2	—	—	—	1	1 Ano.	—	—
Anomie	3	59	1 × 3 2 × 4	—	1	2	—	—	2	—	1 sten.	—
Total	39	58	39	18 (46 %)	14	6 (54 %)	1	25 (64 %)	4 (10 %)	6 (16 %)	9	12

(souvent + 1 point de gain sur la gravité du « severity rate »), il apparaissait (voir tableau 2 B) que 64 % de la totalité des cas (et appartenant aux types d'aphasie gobale, de Broca et de Wernicke) n'atteignaient pas le niveau 3, qui se situe pour ainsi dire à mi-chemin de la récupération fonctionnelle. Dans la période considérée ne récupéraient quasi totalement (« severity rate » 5) que 10 % des cas appartenant surtout aux types conduction et anomiques. Dans 16 % des cas (voir tableau 2 C) se produisait en outre une transformation vers un autre type d'aphasie (5 aphasies anomiques, 1 aphasie de Broca et 1 aphasie transcorticale motrice).

Dans cette étude, l'âge moins élevé des patients atteints d'une aphasie de Broca ainsi que la sévérité initiale des troubles chez ce type d'aphasie sont apparus sans rôle évident sur l'évolution de la récupération spontanée; par contre il est apparu qu'une bonne récupération ne s'établissait que lorsqu'il y avait occlusion ou sténose extracrânienne et/ou lésion corticale peu étendue d'après les données angiographiques et tomodensitométriques (voir tableau 2 D). D'autre part, chez les aphasies de Wernicke (ici également l'âge ne s'est pas révélé un facteur déterminant) la condition de récupération se révéla être la sévérité initiale moyenne du trouble phasique, pour autant qu'il n'y ait pas d'infarctus multiples à la tomodensitométrie.

IV. Conclusions

Nous pouvons conclure, des données de la littérature et de notre étude personnelle, que les différentes variables considérées vont, à un degré plus ou moins important et de façon complexe et interdépendante, influencer l'évolution spontanée de la récupération de l'aphasie.

- Sept facteurs jouent un rôle prépondérant: l'étiologie, la localisation et l'étendue de la lésion, la gravité initiale du trouble et le laps de temps écoulé entre le moment de la lésion et celui de l'examen neuropsychologique, le type d'aphasie et enfin la symptomatologie dominante du trouble.

- Cinq facteurs jouent un rôle plus ou moins secondaire: les variables associées (par exemple, l'apraxie), l'âge, le sexe, la dominance manuelle et le plurilinguisme.

Une bonne connaissance de l'évolution spontanée et de ses variables est importante aussi bien sur le plan de la recherche fondamen-

tale que sur le plan de la rééducation. Cette connaissance est également indispensable au thérapeute lorsqu'il se prononce sur le pronostic à court et à long terme : il évitera aussi bien un optimisme non fondé, qu'un pessimisme inutile.
Ainsi se réalise une synthèse de savoir scientifique et d'attention pour le prochain.

Chapitre 3
Débits sanguins cérébraux et récupération du langage : évolutions et relations

G. DEMEURISSE, M. VERHAS, A. CAPON

I. Introduction

L'amélioration des troubles phasiques dus à un infarctus cérébral est habituellement la plus importante endéans les deux à trois premiers mois suivant l'accident vasculaire (AVC) (Sarno et Levita, 1971; Kertesz et McCabe, 1977; Demeurisse et al., 1980). Les mécanismes pouvant intervenir et expliquer cette évolution restent cependant mal connus. On pourrait supposer que les débits sanguins cérébraux (CBF) au repos se normalisent progressivement, rendant ainsi compte des progrès cliniques. D'autre part, l'existence possible d'une réorganisation fonctionnelle corticale correspondant à la prise en charge de certaines fonctions cérébrales par des régions intactes de l'hémisphère atteint, voire de l'hémisphère contralatéral a aussi été invoquée.

Afin de vérifier ces hypothèses, nous avons étudié simultanément les évolutions cliniques et les débits sanguins cérébraux au repos pendant la période où l'amélioration clinique est la plus importante. Ensuite, nous avons étudié les modifications des débits sanguins cérébraux hémisphériques moyens (mCBF) et régionaux (rCBF) pendant une épreuve fonctionnelle faisant intervenir les fonctions symboliques de sujets normaux et aphasiques.

Rappelons qu'il est actuellement clairement établi qu'il existe un lien étroit entre l'activité fonctionnelle corticale, le métabolisme neuronal et le débit sanguin cortical régional (Risberg et Ingvar, 1973; Reivich, 1974; Obrist *et al.*, 1975; Cooper *et al.*, 1975; Raichle *et al.*, 1976).

II. Matériel

La population étudiée comporte 42 sujets droitiers, normaux ou aphasiques (tableau 3). Ces derniers présentent tous un infarctus cérébral unilatéral gauche objectivé par tomographie axiale computérisée ou scintigraphie cérébrale.

Tableau 3. Population étudiée (N = 42)

		n	Ages
Sujets normaux	♂	6	51 (23-78)
	♀	4	46 (31-63)
Aphasiques	♂	14	63 (40-78)
	♀	18	70 (46-84)

III. Méthodes

1. Les mesures de débit sanguin cérébral (CBF) par inhalation de Xénon 133 ont été pratiquées avec un cérébrographe Novo comportant deux fois 16 sondes disposées perpendiculairement au plan sagittal. Chaque détecteur comporte un cristal d'iodure de sodium de 1,9 cm équipé d'un blindage ou collimation permettant d'être à l'abri de la radio-activité des régions voisines. Une grande importance a été accordée au positionnement des malades: nos sondes sont situées dans des plans faisant un angle de 11° avec la ligne orbito-méatale.

L'analyse des courbes de radio-activité cérébrale est réalisée selon la méthode d'Obrist (Obrist *et al.*, 1975). Nos résultats sont exprimés en Initial Slope Index (ISI) (Risberg *et al.*, 1975) mesuré entre 30" et 1'30 après le début du washout. Nous avons choisi cet indice pour exprimer nos résultats parce qu'il est indépendant du coefficient de partition, imprécis en pathologie (O'Brien et Veall, 1974) et aussi parce que sa valeur est peu influencée par les composantes plus lentes. Un capnographe fournit instantanément la composition de l'air exprimé permettant la correction des résultats pour la pCO_2 selon les critères définis par Maximilian *et al.* (1980). La présence d'un microphone dans le masque contribue à rendre l'examen peu anxiogène.

Chez les sujets soumis à une épreuve fonctionnelle, une première mesure de débits sanguins cérébraux est réalisée au repos les yeux ouverts, la seconde mesure est pratiquée 30 minutes après le premier examen sans qu'il y ait modification de positionnement. Au cours du second examen, on demande au sujet de dénommer une série d'objets communs qui lui sont présentés successivement pendant six minutes, l'épreuve débutant 30 secondes avant le début du washout.

Tous les sujets furent parfaitement coopérants, même ceux présentant un trouble du langage marqué.

2. Les paramètres cliniques retenus sont d'une part les cotes obtenues lors de l'épreuve de dénomination d'objets et d'autre part les valeurs des indices d'expression et de compréhension traduisant la gravité des troubles du langage oral. Ces indices sont exprimés sur des échelles de 0 à 100, 100 étant la normale (Demeurisse *et al.*, 1979). Les aphasiques ont été répartis en deux groupes selon leurs performances en dénomination d'objets. Le groupe I comporte les malades dénommant correctement moins de 50 % des objets présentés et le groupe II ceux fournissant plus de 50 % de réponses correctes.

3. Les évaluations cliniques et les mesures de débits sanguins cérébraux au repos sont effectués aux 15e, 33e, 59e et 90e jours après l'AVC. Pendant cette période les malades sont soumis à un traitement logopédique quotidien. L'épreuve fonctionnelle quant à elle est pratiquée en moyenne 33 jours après l'AVC. La significativité des résultats est précisée par des tests t de Student (Faverge, 1975).

IV. Résultats

1. *Débits sanguins cérébraux au repos*

Les valeurs normales des débits et leur distribution régionale exprimée en pourcentage de variation par rapport à la moyenne hémisphérique globale est rappelée dans la figure 6. Cette répartition régionale normale nous a permis de sélectionner au 15e jour chez les malades aphasiques certaines régions de l'hémisphère gauche où les débits sont significativement abaissés. Ont été retenues comme

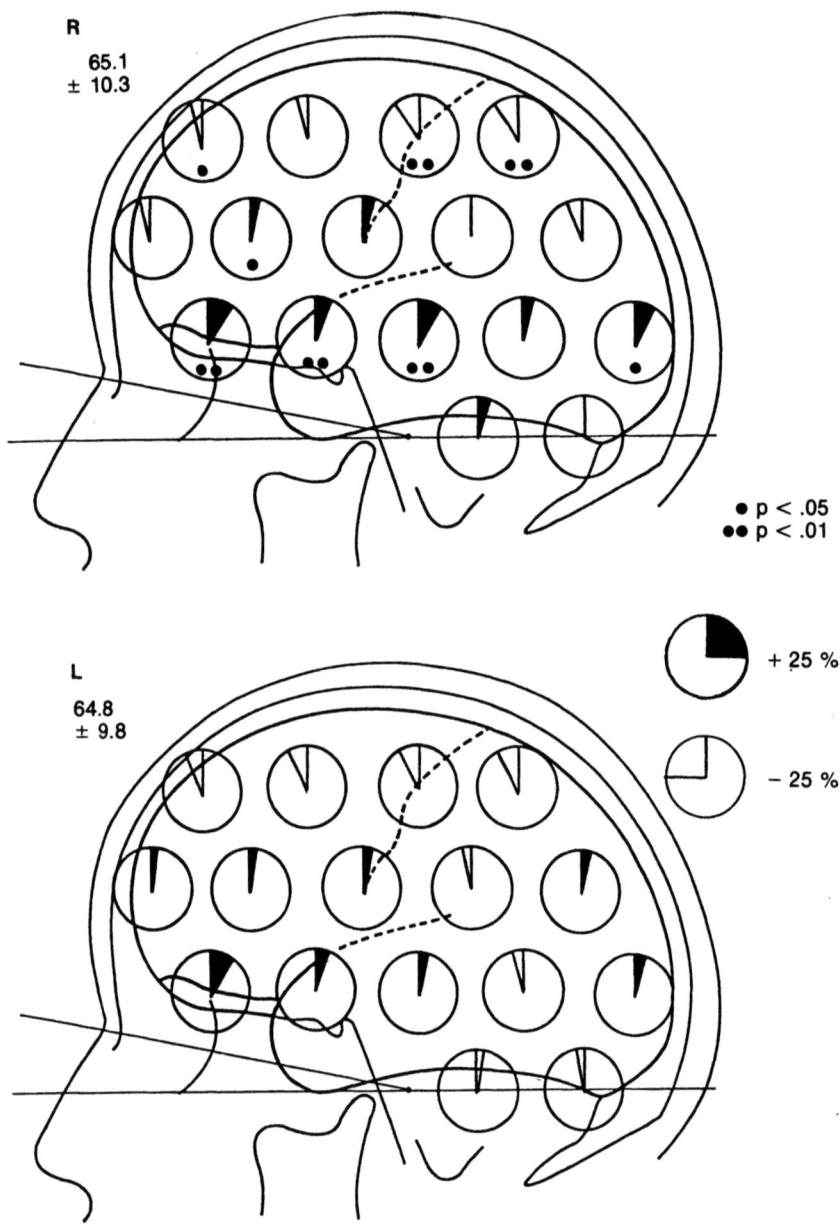

Figure 6. Initial Slope Index: Valeurs normales ± S.D. et répartition loco-régionale par rapport à la moyenne hémisphérique totale (n = 17). R = hémisphère droit; L = hémisphère gauche.

pathologiques, les régions où les débits sont inférieurs de plus de 1 σ de la valeur normale.

Au 15ᵉ jour après l'AVC, il existe une baisse importante des débits hémisphériques moyens (mCBF) à gauche, à droite et au niveau des régions hypoperfusées de l'hémisphère gauche (rCBF). Ces débits ne se modifient pas significativement au cours du temps (figures 7, 8, 9).

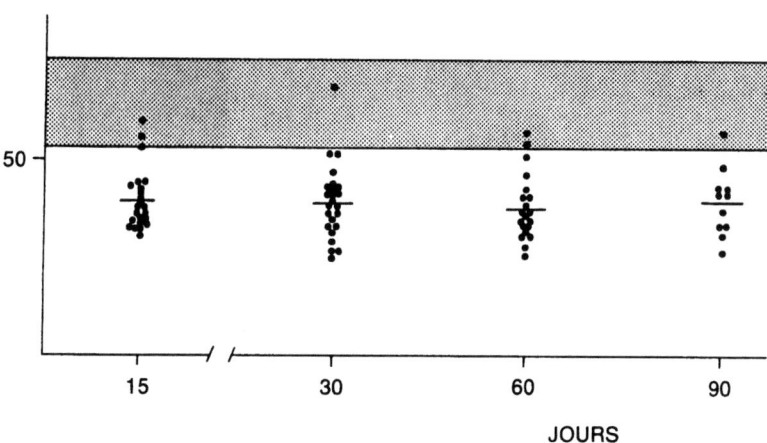

Figure 7. Aphasiques : mCBF hémisphère gauche (n = 25) (normalité ± SD en pointillé).

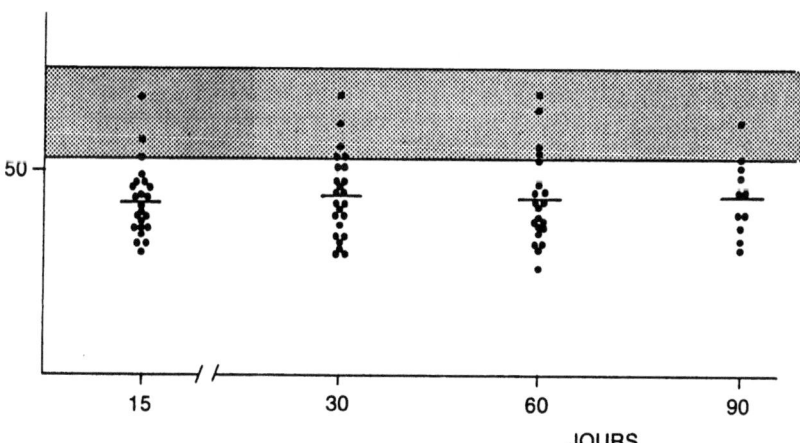

Figure 8. Aphasiques : mCBF hémisphère droit (n = 25) (normalité ± SD en pointillé).

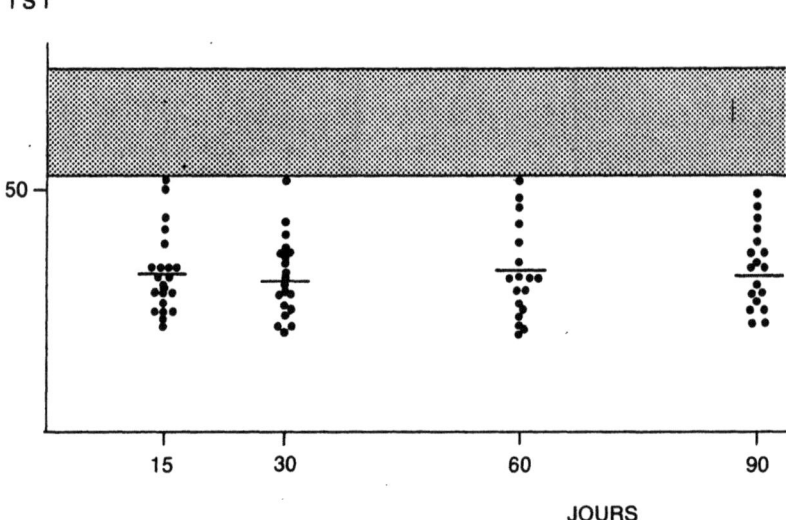

Figure 9. Aphasiques: rCBF hémisphère gauche (n = 22) (normalité ± SD en pointillé).

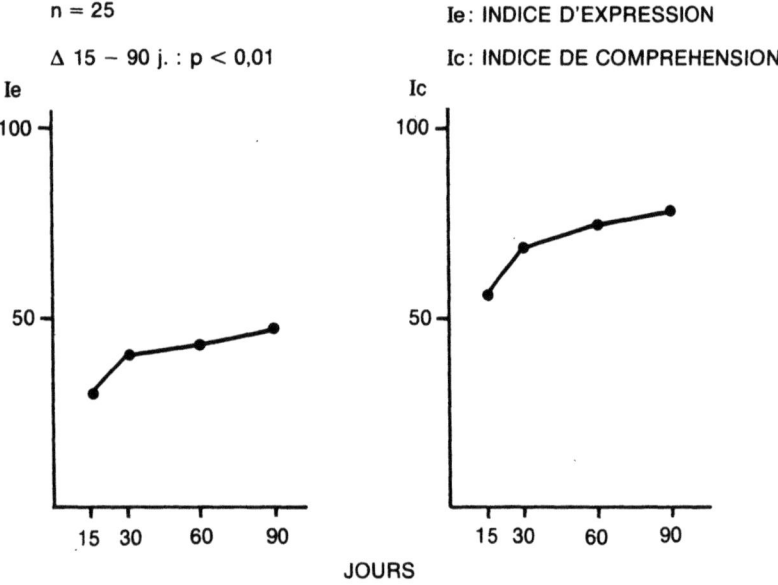

Figure 10. Evolution des indices cliniques de gravité de l'aphasie.

Or, dans la population étudiée, l'évolution clinique est indubitable comme en témoignent les améliorations des indices d'expression et de compréhension pendant la même période (fig. 10).

Bien que les débits n'évoluent pas significativement au cours du temps, nous avons comparé leurs valeurs (mCBF gauche, mCBF droit, rCBF des régions hypoperfusées de l'hémisphère gauche) avec les paramètres cliniques (indices d'expression et de compréhension) afin de rechercher s'il existait une relation entre ces items entre les 15e et 90e jours après l'AVC. Aucune des corrélations recherchées n'est significative.

2. Modifications des débits sanguins cérébraux pendant l'épreuve de dénomination d'objets

a) *Modifications des débits hémisphériques moyens (mCBF)*:

Leurs valeurs au repos et pendant l'épreuve sont représentées dans le tableau 4. Il existe chez les sujets normaux et les aphasiques une hausse bilatérale quasi symétrique des débits.

Tableau 4. mCBF (exprimés en ISI) au repos et au cours d'une épreuve de dénomination d'objets chez des sujets normaux et aphasiques. $p. <.05; **p <.02; ***p <.01. G =$ gauche, D = droit*

	n	Initial Slope Index G.			Initial Slope Index D.		
		Repos	Epreuve	Différence en %	Repos	Epreuve	Différence en %
Sujets normaux	10	54,0	58,4	+ 9 % *	53,6	57,9	+ 8 % *
Aphasiques	15	42,5	48,4	+ 14 % ***	48,3	53,6	+ 11 % **

Chez les aphasiques du groupe II, les débits hémisphériques moyens augmentent bilatéralement, tandis que dans le groupe I il n'y a pas de hausse significative des débits et ceci bien que ces malades aient présenté une activité verbale réelle n'aboutissant cependant pas à l'émission de mots corrects (tableau 5).

Tableau 5. mCBF (exprimés en ISI) au repos et au cours de l'épreuve de dénomination d'objets chez les aphasiques en fonction du score obtenu. * p < .05; ** p < .02; *** p < .01. G = gauche, D = droit

	n	Initial Slope Index G.			Initial Slope Index D.		
		Repos	Epreuve	Différence en %	Repos	Epreuve	Différence en %
Groupe I Scores < 50 %	8	40,9	43,6	+ 7 % NS	47,1	49,6	+ 5 % NS
Groupe II Scores ≥ 50 %	7	44,3	53,9	+ 22 % ***	50,0	59,0	+ 18 % *

b) Modifications des débits régionaux (rCBF)

Celles-ci sont exprimées en pourcentage de variation de l'Initial Slope Index par rapport aux valeurs au repos.

1º Sujets normaux (figure 11)

On note une augmentation significative des débits à gauche dans la région du carrefour temporo-pariéto-occipital, au niveau de l'aire motrice supplémentaire et dans une région voisine de l'aire de Broca. A droite, on observe une hausse des débits en région pariéto-occipitale.

2º Aphasiques (figure 12)

Il existe à gauche des hausses de débit intéressant non seulement des zones activées chez les sujets normaux, mais aussi d'autres régions. Bien que moins marqué, un phénomène comparable est observé au niveau de l'hémisphère droit.

3º Aphasiques du groupe I (figure 13).

On observe une hausse de débit au niveau du carrefour temporo-pariéto-occipital gauche comme chez les sujets normaux. Mais, il n'y a aucune autre activation régionale significative à gauche ou à droite.

4º Aphasiques du groupe II (figure 14).

On note des activations régionales importantes et étendues au niveau de l'hémisphère gauche et de l'hémisphère droit.

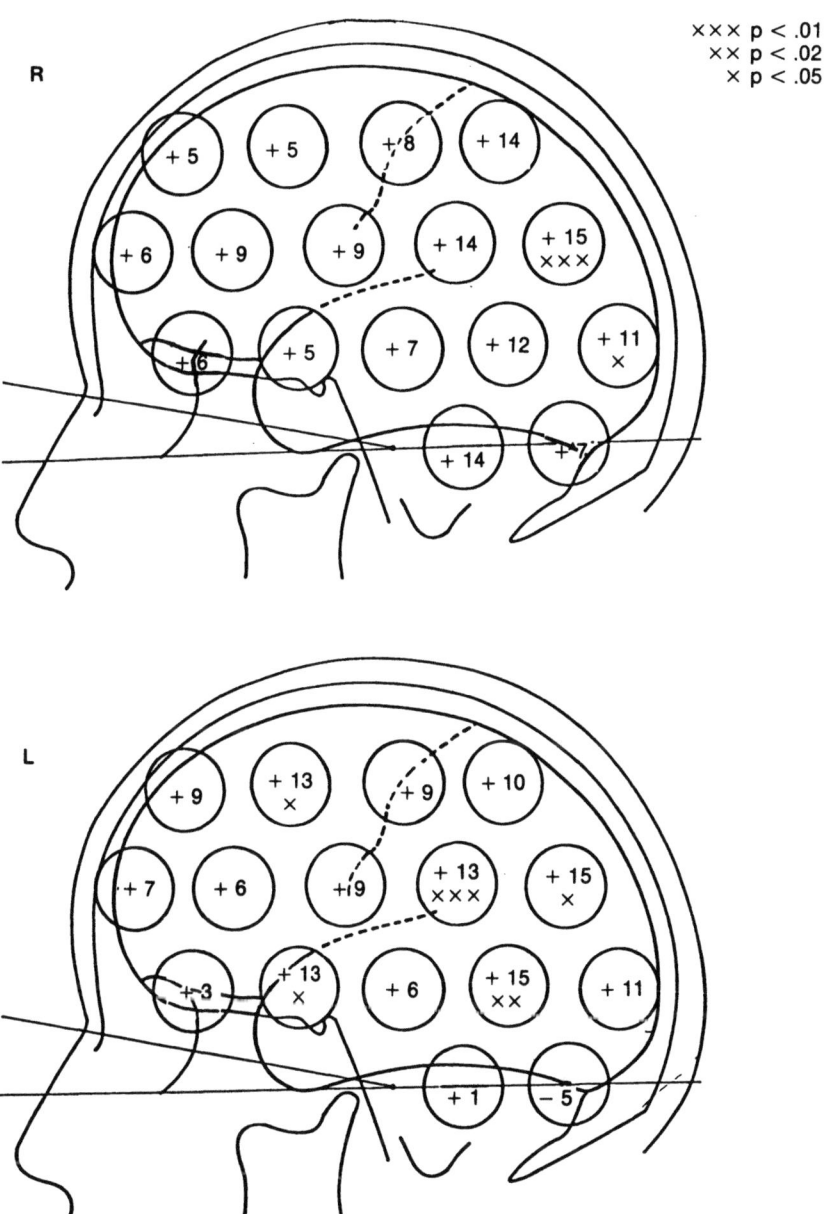

Figure 11. Sujets normaux (n = 10): Variations régionales des débits (exprimée en pourcentages de variation de l'I.S.I. par rapport aux valeurs au repos) lors de l'épreuve de dénomination d'objets.

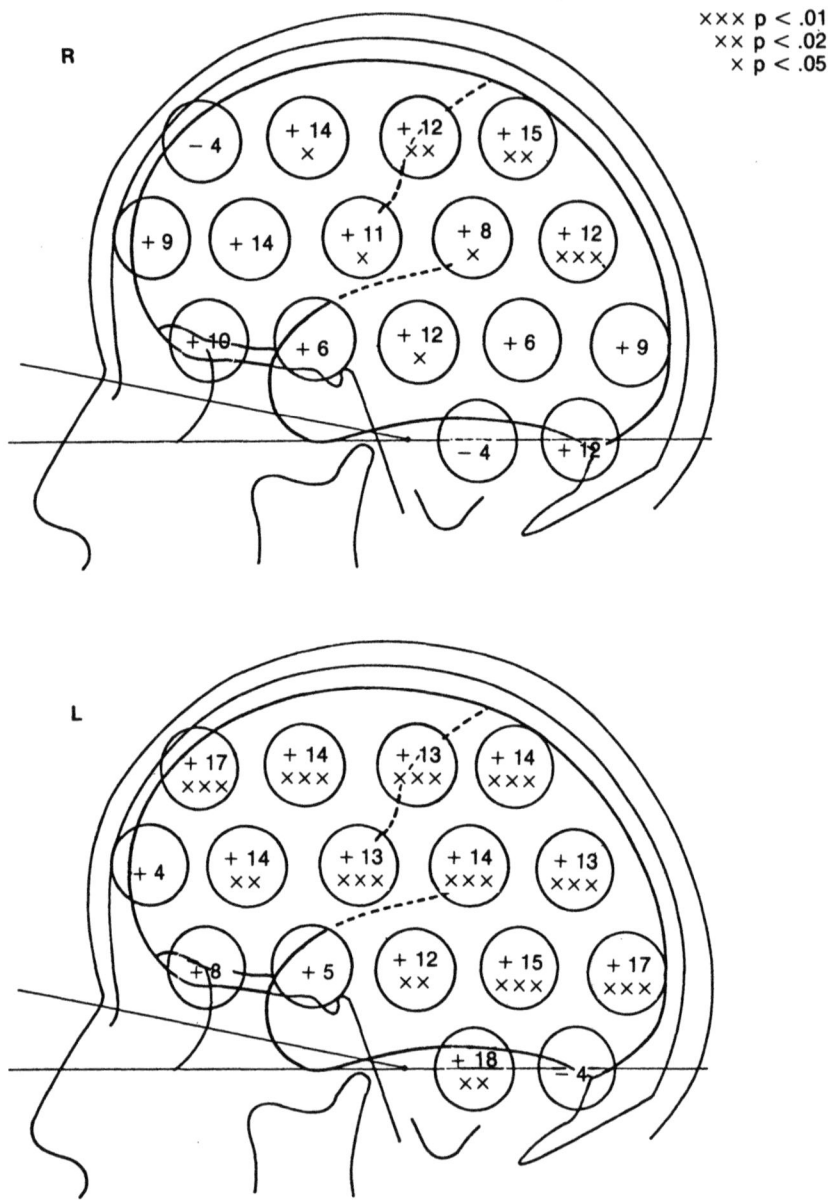

Figure 12. Aphasiques (n = 15); même légende que figure 11.

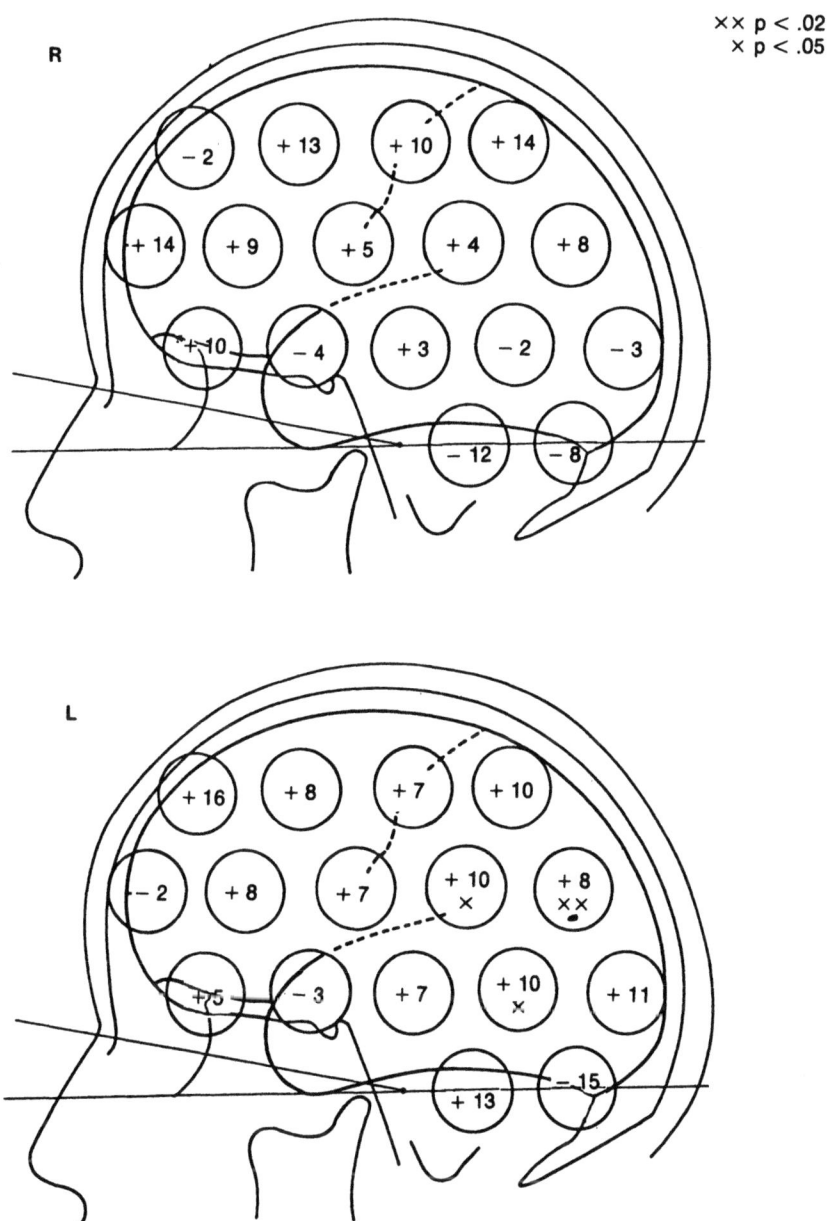

Figure 13. Aphasiques du groupe I (scores < 50 %) (n = 8); même légende que figure 11.

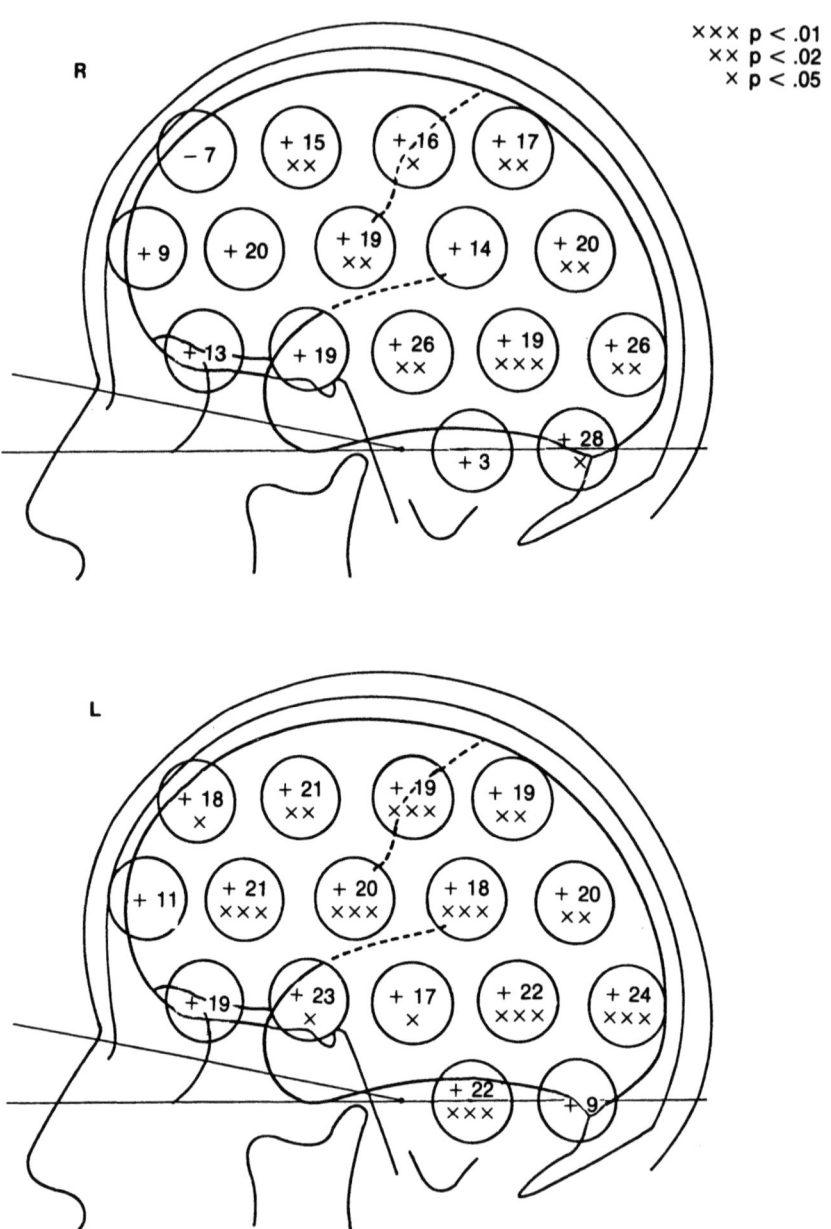

Figure 14. Aphasiques du groupe II (scores ⩾50 %) (n = 7); même légende que figure 11.

c) *Relations entre les variations des débits hémisphériques moyens ($\Delta mCBF$) et régionaux ($\Delta rCBF$) lors de l'épreuve et les paramètres cliniques*

Les épreuves fonctionnelles utilisées sont hélas pratiquement toujours impures; elles explorent en effet un ensemble de fonctions symboliques. Ainsi par exemple dans l'épreuve de dénomination d'objets, il est difficile de distinguer les variations de débit liées à la reconnaissance des objets de celles dues à leur dénomination.

Nous avons tenté de résoudre ce problème en étudiant les relations (coefficients de corrélation de Bravais-Pearson, Faverge, 1975) existant entre les variations de débits hémisphériques moyens et régionaux lors de l'épreuve et nos paramètres cliniques. Ces derniers, dans une population où aucun malade ne présentait d'agnosie d'objet, explorent quasi exclusivement la fonction linguistique.

Les coefficient de corrélation entre les paramètres cliniques (scores lors de l'épreuve, indices d'expression et de compréhension et les $\Delta mCBF$ gauche et droit) sont représentés dans le tableau 6 où on note l'existence de corrélations significatives entre les $\Delta mCBF$ gauche d'une part, et les scores lors de l'épreuve ou l'indice d'expression d'autre part.

Tableau 6. Coéfficients de corrélation (r) entre $\Delta mCBF$ et les paramètres cliniques pendant l'épreuve de dénomination d'objets chez les aphasiques. *** $p < .01$; ** $p < .02$

	Scores lors de l'épreuve	Indices d'expression	Indices de compréhension
Δ mCBF gauches en % (n = 18)	r = .60 ***	r = .55 **	r = .20 NS
Δ mCBF droits en % (n = 17)	r = .41 NS	r = .35 NS	r = .28 NS

Au niveau régional, nous avons étudié les relations entre les $\Delta rCBF$ et les notes obtenues en dénomination d'objets. Chez les aphasiques du groupe II (figure 15) on observe des corrélations significatives à gauche en région pariéto-temporale (r = .82); (il s'agit d'une région dont les débits augmentent significativement lors de l'épreuve chez les sujets normaux et les aphasiques), et en région pariétale (r = .75) (une activation significative est observée à ce ni-

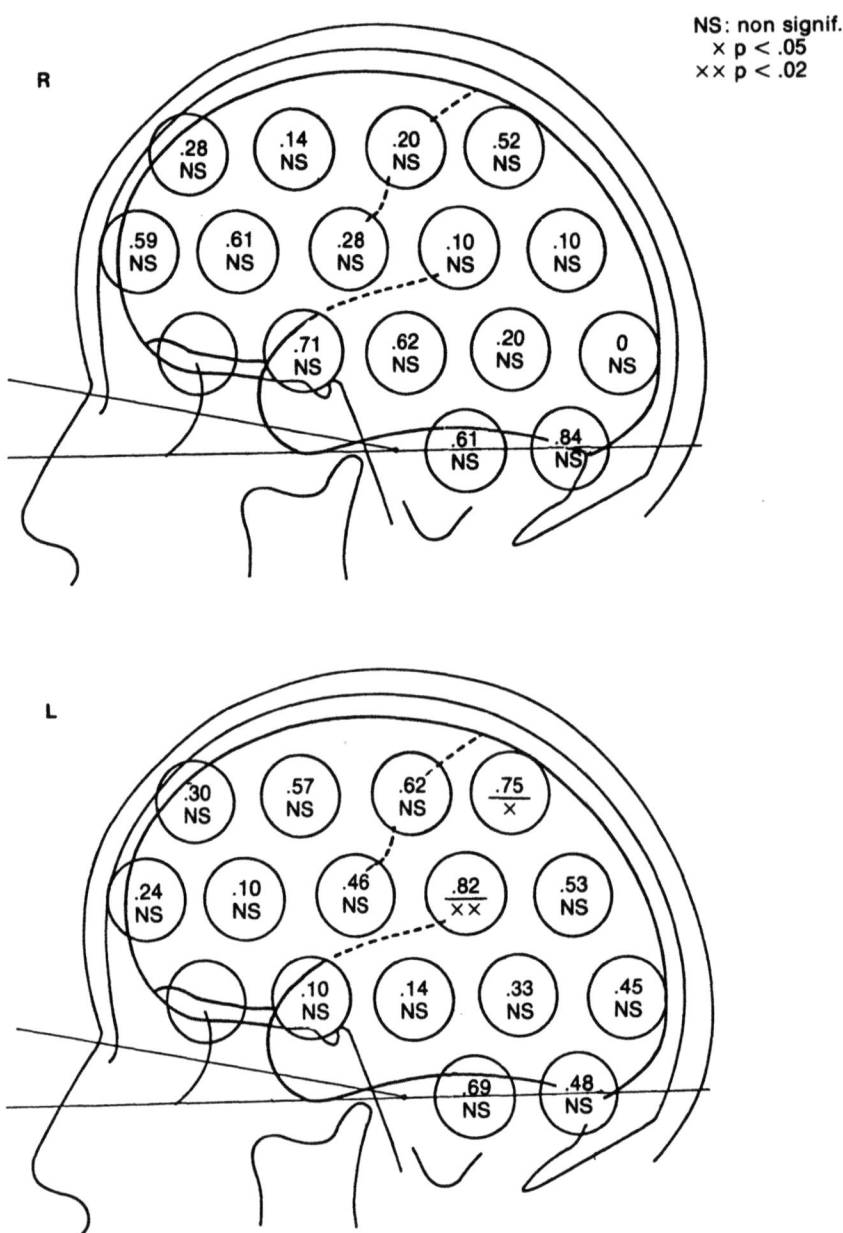

Figure 15. Coéfficients de corrélation entre Δ rCBF et les scores obtenus lors de l'épreuve de dénomination d'objets chez les aphasiques du groupe II.

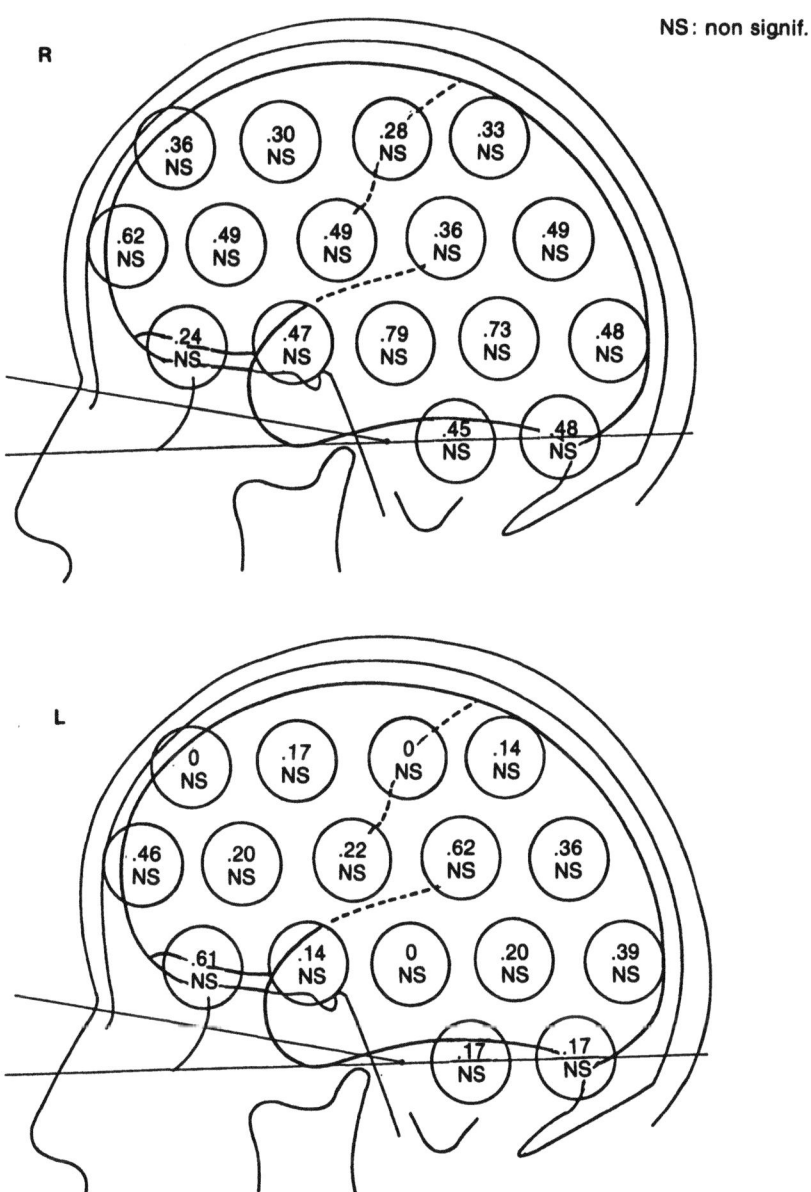

Figure 16. Coéfficients de corrélation entre Δ rCBF et les scores obtenus lors de l'épreuve de dénomination d'objets chez les aphasiques du groupe I.

veau lors de l'épreuve chez les aphasiques de ce groupe, mais non chez les sujets normaux).

Chez les aphasiques du groupe I, on n'observe aucune corrélation significative (figure 16).

V. Conclusions

1. Les débits hémisphériques moyens au repos sont abaissés à gauche, mais aussi à droite. Ces débits ne s'améliorent pas entre les 15e et 90e jours après l'AVC. Il en est de même en ce qui concerne les régions hypoperfusées de l'hémisphère gauche.

Il n'y a aucune relation entre les valeurs de débits et les paramètres cliniques.

L'amélioration des troubles phasiques dus à un infarctus cérébral ne peut donc en aucun cas être attribuée à une amélioration des débits sanguins cérébraux au repos.

2. L'épreuve fonctionnelle de dénomination d'objets entraîne une hausse bilatérale quasi symétrique des débits hémisphériques moyens chez les sujets normaux et les aphasiques dont les notes en dénomination sont les meilleures. Ces derniers présentent des activations régionales bilatérales importantes et beaucoup plus étendues que chez les normaux.

Il existe chez les aphasiques des relations significatives entre les paramètres cliniques explorant l'expression verbale et les hausses de débits hémisphériques moyens à gauche. Au niveau régional, les corrélations obtenues suggèrent que des régions normalement non activées interviennent dans l'exécution de la composante linguistique de l'épreuve fonctionnelle. Il est donc possible que la récupération neurologique soit due à une réorganisation fonctionnelle corticale.

DEUXIEME PARTIE

PRINCIPES DE LA REEDUCATION EN NEUROPSYCHOLOGIE ET EN APHASIOLOGIE

Chapitre 4
Les choix de stratégies : rétablir, réorganiser ou aménager l'environnement ?

X. SERON

I. Introduction

Trois grandes catégories d'événements semblent avoir joué un rôle déterminant dans l'actuel regain d'intérêt que connaît la rééducation neuropsychologique. Premièrement, il y a l'apparition en neurophysiologie et neuroanatomie expérimentale animale de travaux consacrés à la plasticité et à la flexibilité cérébrale (cf. Jeannerod et Hécaen, 1979; Jeannerod, chapitre 1 de cet ouvrage). Deuxièmement, il y a la réalisation de vastes enquêtes statistiques menées auprès de patients aphasiques et qui tentent à démontrer l'effet positif, au moins dans certaines conditions, de la rééducation des aphasiques [voir par exemple les travaux de l'école de Milan (Vignolo, 1964; Basso *et al.*, 1975, 1979) et ceux, moins affirmatifs, de Kertesz et McCabe (1977)]. Troisièmement et peut-être surtout, on a assisté au cours des dix dernières années à la naissance de thérapies nouvelles mieux articulées sur le plan méthodologique (Lapointe, 1978; Seron, 1979b et conduisant par moments à des résultats spectaculaires comme la « Melodic Intonation Therapy » (Sparks *et al.*, 1974; Sparks et Holland, 1976; et Van Eeckout *et al.* chapitre 7 dans cet ouvrage) et comme divers procédés d'apprentissage de systèmes de communication non verbale (Glass *et al.*, 1973; Gardner *et al.*, 1976,...).

A côté de ces trois facteurs de progrès, un autre trait caractéristique des travaux contemporains est la poursuite et l'amplification d'un projet déjà ancien en Union Soviétique et qui se rapporte au développement d'une neuropsychologie rééducative tous azimuts prenant en charge à côté des troubles du langage ceux des praxies, des gnosies, de la mémoire, des conduites de résolution de problème, etc. Cet élargissement de la démarche thérapeutique doit beaucoup aux principes intégrateurs de la neuropsychologie soviétique (Luria, 1963; Luria *et al.*, 1969) mais résulte aussi de l'application dans le champ thérapeutique des principes et des méthodes de la psychologie de l'apprentissage (consulter: Diller, 1976; Diller et Weinberg, 1977; Seron, 1979a; Seron *et al.*, 1978; dans ce livre, le chapitre 13 de Diller et le chapitre 5 de Bruyer *et al.*).

On ne dressera pas ici un bilan de ce renouveau thérapeutique, sa jeunesse et sa vigueur actuelle rendent toute synthèse prématurée. Nous limiterons notre propos à quelques réflexions théoriques sur les stratégies thérapeutiques, en laissant de côté les questions relatives à la rigueur des méthodes et au contrôle de l'efficacité de la thérapie (sur ce point on consultera, dans cet ouvrage, Bruyer *et al.*, chapitre 5). Ceci non que ces deux derniers aspects de la démarche rééducative soient secondaires, mais parce que, en dernière analyse, ils restent inféodés aux stratégies utilisées. En d'autres mots, parce qu'on peut parfaitement développer avec méthode et rigueur dans la mesure des stratégies de rééducation extrêmement différentes n'ayant rien ou presque rien en commun quant à la manière d'aborder les faits pathologiques et quant à la logique de leur rééducation.

Sous l'angle particulier des stratégies utilisées, il nous paraît possible de distinguer aujourd'hui quatre catégories principales de stratégies rééducatives en neuropsychologie, ceci même si elles peuvent se trouver mélangées à des degrés divers au sein d'une même entreprise thérapeutique. Ce sont :
- la stratégie de réinstallation ou de rétablissement pur et simple de la conduite dans son état antérieur à la lésion;
- la stratégie de réorganisation de la conduite en modifiant les systèmes efférents et afférents mis en jeu;
- la stratégie de réorganisation de la conduite en agissant au niveau des processus internes sous-jacents concourant à sa réalisation;
- la stratégie de modification de l'exercice des conduites par l'utilisation de ce que nous appellerons des prothèses mentales.

Tout en définissant rapidement ces quatre stratégies rééducatives, on tentera d'indiquer qu'il s'agit moins d'en sélectionner une comme si les autres étaient par nature inadéquate, que d'arriver à définir les contextes pathologiques et sémiologiques susceptibles de conduire au choix de l'une d'entre elles.

II. La stratégie de réinstallation ou de rétablissement pur et simple de la conduite dans sa forme antérieure

Viser à rétablir une conduite dans sa forme antérieure c'est tout à la fois mener le projet thérapeutique le plus conséquent et aborder la rééducation des conduites supérieures sous l'angle le plus naïf. Ce projet se propose en effet de réinstaller dans sa forme initiale une conduite à force d'exercices répétés et de réentraînements intensifs. Bien qu'assez généralement dénoncé dans les rares écrits consacrés à la rééducation, ce point de vue est cependant largement présent au niveau des pratiques et implicite dans leurs soubassements théoriques. Et même lorsque les thérapeutes proclament que la rééducation «n'est pas un réapprentissage» mais doit «favoriser le résurgence» ou la «réémergence d'acquis passés», ces expressions continuent d'indiquer qu'il s'agit bien à leurs yeux de rétablir d'anciens modes de fonctionnements et de mettre en place dans ce but tous les moyens de facilitations adéquats.

Un des obstacles principaux auquel se heurte ce type de stratégie c'est d'éprouver bien des difficultés à établir une hiérarchie ordonnée des réapprentissages. Car les thérapeutes qui se donnent pour objectif le rétablissement fonctionnel savent qu'il n'est possible que d'y arriver progressivement. Ils doivent donc établir des étapes dans le réapprentissage et cette opération de sélection, à moins qu'elle se fasse empiriquement (c'est-à-dire par tâtonnements multiples) ce qui est coûteux en temps, nécessite un cadre théorique minimal. De tels cadres existent en neuropsychologie rééducative et quatre types de hiérarchies sont fréquemment proposées, ce sont:

- Les hiérarchies structurales: dans cette perspective, une conduite est dite simple sur base de sa longueur, du nombre d'éléments discrets la composant, des relations existant entre les éléments, etc. En ce qui concerne le langage, on dira que le mot est plus simple que la phrase, la phrase que le discours, etc. A un niveau moins élémentaire, une option de ce type peut s'appuyer sur l'une ou l'autre description formelle de la syntaxe des énoncés fournie par une théorie linguistique et y puiser des critères de complexité.

- Les hiérarchies développementales: la complexité des conduites à proposer en rééducation est ici dérivée de l'observation de leur ordre d'acquisition dans l'ontogenèse.

- Les hiérarchies pathologiques: selon ce point de vue l'ordre des réapprentissages serait à trouver dans l'ordre de réapparition des conduites lors de la récupération spontanée après lésion cérébrale.

- Les hiérarchies psychométriques: sont les moins utilisées en neuropsychologie rééducative, la conduite simple, celle à proposer en premier serait celle réussie par le plus grand nombre de sujets, la conduite complexe celle qui n'est réussie que par quelques-uns.

Aucun de ces critères ne paraît cependant commode à utiliser. Les hiérarchies structurales basées sur une description des conduites sont fréquemment prises en défaut. Tout neuropsychologue sait que pour certains malades trouver un mot peut être plus difficile que construire une phrase ou que lire une lettre peut être plus facile que lire un mot! En fait, la plupart des données aujourd'hui à disposition conduisent à penser que dans bien des cas la complexité telle qu'elle peut être définie en surface renvoie à des procédures sous-jacentes différentes non nécessairement hiérarchisées en parallèle. La seule exception à cette règle concerne peut-être les désordres articulatoires tels qu'on les rencontre dans «l'apraxia of speech».

La complexité de type ontogénétique n'est guère plus satisfaisante. La plupart des recherches ayant tenté d'examiner dans quelle mesure la pathologie corticale pouvait s'interpréter comme une régression à un stade antérieur du développement ont généralement abouti à des conclusions négatives (Caramazza et Zurif, 1978). Il n'y a donc pas lieu de reparcourir avec un patient une partie des stades du développement aux fins de le rééduquer. La complexité de type psychométrique n'est guère plus facile à adapter à la situation neuropsychologique. D'une part parce que les patients atteints de lésions cérébrales échouent le plus souvent aux niveaux les plus faibles, d'autre part parce que la complexité issue de critères psychométriques est le plus souvent ininterprétable: au sens où on ne sait pas pourquoi un item est plus compliqué qu'un autre. On ne peut donc construire sur cette base un programme thérapeutique. Il reste enfin le candidat le plus plausible: l'ordre de la récupération spontanée. Il s'agit là d'une incontestable source d'informations utiles. Hélas, ce type de hiérarchies est aujourd'hui difficilement utilisable, d'une part parce qu'il nous manque d'observations suffisamment précises sur ces ordres de réacquisitions, mais peut-être aussi surtout parce qu'on ignore à peu près tout des raisons qui conduisent à tel ordre de récupération plutôt qu'à tel autre!

Il est donc bien difficile dans la stratégie de rétablissement des conduites dans leur forme initiale de dégager des hiérarchies susceptibles d'engendrer en une suite logique sur le plan psychologique une série d'exercices de complexité croissante.

Ce constat de demi-échec ne devrait pas entraîner la condamnation dans tous les contextes pathologiques des stratégies de rétablissement. C'est en effet une chose que d'identifier les difficultés théoriques rencontrées par cette option, c'en est une autre de la déclarer illégitime. Il reste important de se demander dans quelles circonstances le rétablissement d'une conduite dans sa forme antérieure constitue un objectif raisonnable. On peut à ce propos suggérer que la récupération spontanée qui s'installe après certaines atteintes cérébrales comme les traumatismes crâniens fermés correspond bien à un rétablissement progressif de modes antérieurs de fonctionnement. Ceci n'équivaut pas à dire comme le suggèrent les premiers travaux de Luria que la récupération spontanée corresponde toujours à un rétablissement fonctionnel, mais que dans certains cas cela pourrait être le cas. Dans ces cas de rétablissement fonctionnel spontané et à rythme plus ou moins rapide, la mise en place d'un processus rééducatif pourrait favoriser voire accélérer ce processus de restauration. Mais il ne s'agit alors que de débloquer ou de favoriser la remise au travail de traitements partiellement inhibés et il n'est pas sûr alors qu'établir une hiérarchie soigneuse des exercices soit un objectif méthodologique prioritaire. Dans un tel contexte l'essentiel de l'intervention thérapeutique pourrait se réduire à stimuler régulièrement et progressivement (en intensité et en degré) le malade (on n'est pas loin ici des recommandations fréquemment formulées par Schuell *et al.*, 1955). Un autre domaine de la pathologie où l'objectif d'un rétablissement pourrait être envisagé est le cas des lésions cérébrales chez l'enfant, ceci même lorsque les lésions ont un effet destructeur sur le tissu nerveux. On a en effet décrit chez l'enfant (voir notamment Basser, 1962 et Lenneberg, 1967) des récupérations rapides et cliniquement complètes. Ce dernier constat mérite cependant d'être nuancé car les travaux cliniques récents (Woods et Carey, 1979) et les recherches plus analytiques de Dennis (1980) sur les hémisphérectomies indiquent que si la récupération paraît cliniquement complète, un examen attentif des conduites verbales qui réémergent après la lésion indique qu'elles ne sont pas en tous points identiques aux conduites verbales qui se seraient développées normalement. On manque en fait chez l'enfant d'observations longitudinales suffisamment analytiques et décrivant la nature et l'organisation de la récupération spontanée pour déterminer dans quelle mesure il s'agit d'un rétablissement ou d'une réorganisation, ou ce qui est plus probable quelle part respective jouent chacun des deux mécanismes dans la récupération post-lésionnelle. Par ailleurs, en ce qui concerne les thérapies concernant l'enfant, les stratégies de rétablissement ont intérêt à utiliser les hiérarchies développementales à la fois pour situer le niveau de développement atteint au moment de l'accident cérébral et pour élaborer le contenu des exercices rééducatifs.

Enfin, et pour en finir avec cette stratégie, il reste évidemment possible d'affirmer que dans tous les cas l'objectif du rétablissement est légitime, que les échecs actuellement rencontrés sont d'ordre méthodologique et qu'à force d'entêtements thérapeutiques on peut tout réapprendre, mais les données à disposition ne sont aujourd'hui guère en faveur d'une telle position.

III. La stratégie par modification des systèmes afférents et efférents impliqués dans la conduite

Au sens strict il s'agit d'une intervention se limitant à une action en périphérie sur le comportement. La logique de ce type de stratégie consiste à changer un canal afférent ou efférent jugé déficitaire et à transposer l'activité dans une autre modalité. Ce type d'approche thérapeutique est classique dans d'autres domaines pathologiques et plus spécialement lorsque les troubles sont liés à un déficit marqué dans une modalité sensorielle: la rééducation oraliste des sourds transfère en partie les activités de décodage de la parole sur le canal visuel (lecture labiale), la méthode braille d'apprentissage de la lecture transfère les activités de décodage sur le canal tactile. En neuropsychologie, toute une série d'indices ou d'aides proposées au sein de programmes rééducatifs divers jouent sur ces possiblités de transferts intermodaux. On citera les articulogrammes de Luria (Luria, 1970), les aides gestuelles de Ducarne (Lhermitte et Ducarne, 1965), l'utilisation de miroirs, la palpation des cordes vocales, etc. Au niveau de l'objectif final poursuivi, il est sans doute utile de distinguer deux cas: dans le premier, l'aide présentée dans une autre modalité est conçue comme transitoire, dans le second elle présente au contraire un caractère définitif, il est alors prévu que la nouvelle boucle sensori-motrice se substitue à l'ancienne. En fait, le choix d'un de ces deux objectifs dépend d'hypothèses relatives à l'ampleur des troubles. En effet, dans le cas où l'aide apportée est provisoire on postule le maintien d'un fonctionnement au moins partiel de traitements dans la modalité déficiente. Lorsqu'on se propose par exemple d'adjoindre au décodage auditif des sons de la langue une aide visuelle (comme présenter avec le son « i » un doigt levé ou avec le son « p » une représentation transversale de l'appareil articulatoire dans la position ad hoc), ce que l'on espère c'est que ces signaux additifs (visuels ou autres) vont s'ajouter à un signal auditif qui bien qu'imparfaitement perçu fait encore l'objet de traitements (mais insuffisamment discriminatifs). Ces traitements partiels n'assument plus une reconnaissance auditive suffisante mais on espère que leur association à des signaux plus clairs sera bénéfique. Un tel objectif ne paraît guère légitime si, sur le canal déficitaire, il n'y a plus aucune possibilité de traitements.

Au contraire, lorsqu'on se propose de remplacer une boucle sensorimotrice par une autre, on fait en quelque sorte un pari négatif sur les possibilités de traitements du système déficitaire. Mais on espère que les messages présentés sur un autre canal peuvent faire l'objet de traitements centraux adéquats conduisant à un résultat fonctionnellement similaire à celui obtenu antérieurement par la conduite non modifiée.

Ainsi et bien que cela soit rarement explicité, le caractère transitoire ou permanent des réaménagements proposés dépend des hypothèses que l'on est en mesure de formuler sur l'état des traitements résiduels encore possibles dans la modalité déficitaire. Mais, dans les deux cas, ce type de stratégie repose, au moins implicitement, sur l'hypothèse que des traitements centraux restent encore possibles. La troisième stratégie est concernée par la réorganisation de ces traitements.

IV. La stratégie de réorganisation des processus centraux

L'objectif est ici de réorganiser la conduite déficitaire en agissant au niveau des sous-processus concourant à la réalisation en surface d'une conduite donnée. Ce type de stratégie repose sur un certain nombre de présupposés théoriques (non dépourvus par ailleurs d'un début de base empirique) et que l'on peut résumer comme suit : lors d'une atteinte cérébrale focale, il ne se produit pas (d'office) une atteinte globale et indifférenciée des conduites « supérieures », au contraire les désordres observés résulteraient souvent de l'altération spécifique d'un ou de plusieurs traitements distincts sous-jacents aux conduites sous analyse. La conduite normale telle que repérée et décrite en surface par le psychologue est donc comprise comme étant le résultat d'une intégration particulière de ces divers traitements. De plus et dans la ligne des suggestions déjà anciennes formulées par Luria, les conduites supérieures complexes peuvent bien qu'apparemment similaires (c'est-à-dire sans être discriminables en surface) reposer sur des traitements sous-jacents différents. Autrement dit et pour certaines conduites au moins (dont l'inventaire reste presque entièrement à faire) il y aurait plusieurs organisations fonctionnelles sous-jacentes possibles. Un individu aurait ainsi pour une activité donnée un stock de procédures potentiellement à sa disposition, celles qu'il déciderait d'utiliser à un moment donné pourraient résulter de modalités particulières d'apprentissage et/ou des contraintes spécifiques de la tâche. Si l'atteinte cérébrale est suffisamment sélective, c'est-à-dire si elle n'altère qu'une partie des procédures à disposition, il devient intéressant de se demander dans quelle mesure le recours aux procédures demeurées intactes ne pourrait suffire à rétablir en tout ou en partie la conduite déficitaire. Mais, il est alors évident que la conduite qu'on désire installer n'entretient qu'une ressemblance formelle avec les conduites habituellement émises avant la lésion, ceci au sens où la nouvelle conduite reposera sur des stratégies (c'est-à-dire fera appel à des procédures) que le sujet n'avait soit pas coutume d'utiliser avant l'atteinte, soit n'utilisait que lorsque certaines contraintes spécifiques l'obligeaient à y avoir recours. Ceci oblige à distinguer le stock des procédures à disposition de celles qui sont effectivement utilisées dans une tâche donnée, les premières étant plus étendues que les secondes. Au niveau des pratiques rééducatives, la stratégie qui découle de ces présupposés se distingue de la précédente dans la mesure où les tentatives de réorganisations des conduites déficitaires ne passe pas nécessairement par une manipulation des systèmes afférents et efférents mis en jeu.

Les conditions de mise en place de cette stratégie nous paraissent dépendre d'un certain nombre de prérequis, qui peuvent être résumés comme suit :

- Pour opérer une réorganisation des processus sous-jacents aux conduites déficitaires, il est nécessaire de disposer d'une (ou de plusieurs) représentation suffisamment claire de ces processus et de la manière dont ils s'organisent pour produire la conduite observable.

- Il faut en outre, dans le contexte pathologique, être en mesure d'émettre quelques hypothèses plausibles sur la nature des processus déficitaires et sur ceux intacts qui pourraient venir au secours de l'ensemble fonctionnel.

- Il faut enfin que les processus intacts auxquels on se propose de faire appel pour réorganiser la conduite aient au total une certaine efficacité.

On ne développera pas ici de façon détaillée la manière dont la neuropsychologie soviétique a développé ce point de vue, l'ensemble des travaux rééducatifs de Luria étant bien connu (Luria, 1963; Luria et al., 1969). Du côté occidental, cette option réorganisatrice existe d'une part de manière éparse dans la plupart des textes classiques, d'autre part apparaît dans les travaux rééducatifs influencés par le courant cognitiviste en psychologie. Il n'est donc guère étonnant d'en trouver les traces les plus claires dans les tentatives de rééducation de la mémoire et du langage.

On trouve par exemple dans les tentatives de rééducation des déficits mnésiques de nombreuses illustrations de ce type de stratégies. Les plus connues sont celles où dans le but de rééduquer des troubles de la mémoire portant sur la rétention de matériel verbal, divers thérapeutes s'appuyant sur la théorie du double codage de Paivio (Paivio, 1969) ont proposé le recours à l'imagerie mentale (Patten, 1972; Jones, 1974; Lewinsohn et al., 1977). Mais, la recherche neuropsychologique indique aux thérapeutes beaucoup d'autres stratégies possibles. Ainsi, si on postule que le déficit mnésique est dû à un défaut de consolidation lié à une trop grande sensibilité aux stimuli interférents, on peut imaginer des procédures rééducatives amenant le sujet à tenir plus longtemps que d'ordinaire les informations en mémoire à court terme au moyen de rappels successifs et empêcher la présentation de stimuli interférents; si dans une autre direction on met à l'avant-plan dans le déficit mnésique une insuffisance d'analyse au moment de l'encodage, on peut par diverses instructions ou en réaménageant le matériel à mémoriser, modifier la nature et la profondeur des traitements à l'encodage; si on incrimine un manque de sélectivité des stratégies utilisées au moment du rappel, on peut amener le sujet à utiliser diverses stratégies de recherche de l'information, etc. On pourrait à loisir continuer les exemples, ceci nous conduirait simplement à dresser l'inventaire des hypothèses théoriques aujourd'hui existantes concernant les causes des déficits mnésiques et à imaginer dans chaque cas ce que pourrait être une stratégie de réorganisation.

Ces remarques peuvent s'étendre aux conduites verbales, où les travaux récents sur les différents types de dyslexies (voir pour une revue Patterson, 1981) viennent d'engendrer la mise au point de stratégie de réorganisation (voir, dans ce livre, le chapitre 11 de

Beauvois et Derouesné et, pour les dysgraphies, le chapitre 9 de Hatfield).

Il est par ailleurs, utile de comprendre que la stratégie de réorganisation est à divers égards diamétralement opposée à la stratégie de rétablissement, et les efforts thérapeutiques seront selon les cas centrés sur des dimensions très différentes du comportement. Considérons l'exemple de l'agrammatisme des aphasiques de Broca et contrastons les deux stratégies thérapeutiques.

La voie de rétablissement vise à rétablir une expression verbale obéissant aux canons habituels de la syntaxe. On y tentera de reconstruire petit à petit une expression grammaticale correcte. Pour ce faire, le thérapeute émettra un certain nombre d'hypothèses sur la complexité des structures à récupérer en s'inspirant à la fois des niveaux de développements syntaxiques tels qu'observés chez l'enfant et des données d'évolution ou de récupération spontanée observées chez certains patients agrammatiques. C'est une stratégie de ce type qui est exposée dans l'ouvrage de Lecours et Lhermitte (1979) où le programme débute par le réapprentissage des déclaratives simples et des impératives et conduit au terme d'une progression minutieuse à proposer au patient le contrôle de structures syntaxiques de plus en plus complexes. Dans un programme empruntant une stratégie de réorganisation, on procèdera tout à fait autrement. Partant des données de la littérature indiquant la perturbation chez les aphasiques de Broca de l'essentiel des processus syntaxiques mais le maintien de stratégies sémantiques, dans le décodage et dans l'émission des messages verbaux (Berndt et Caramazza, 1979), on se demandera dans quelle mesure il n'est pas préférable pour la rééducation de faire jouer à cette compétence résiduelle un rôle essentiel dans le rétablissement d'une communication verbale fonctionnelle adéquate. L'objectif est donc défini de manière différente et la thérapie pourrait prendre la forme suivante:

1° Evaluer les traitements syntaxiques résiduels du patient.

2° Faire prendre conscience au patient de l'existence éventuelle de tentatives inadéquates de traitements syntaxiques et inhiber le recours à ces traitements.

3° Sensibiliser le patient aux stratégies sémantiques encore à sa disposition et favoriser leur utilisation.

Exemple: On perd peut-être beaucoup de temps à tenter de remettre en place chez un patient les marques morphologiques au niveau du verbe. Un patient qui émet «partir vacances à la mer» à la place de «je partirai en vacances à la mer» se fait comprendre même si son énoncé est incorrect. On peut parfaitement lui apprendre à se servir de «Demain, tantôt, la semaine prochaine, etc.» Ces petits éléments verbaux qu'il a à sa disposition suffisent le plus généralement à convoyer le sens relatif du temps. De la même manière, les marques du pluriel si elles font défaut peuvent être communiquées par le recours à divers quantificateurs (beaucoup de, trois, un grand nombre, peu de, etc.). Pour la négation ou l'interrogation, on peut procéder comme Hatfield (1981) l'a suggéré en faisant précéder les phrases par «non, non, non» ou par un «oui» émis avec une prosodie interrogative. De même la distinction entre l'agent et le patient dans nombre d'énoncés peut reposer sur la distinction animé (agent) — inanimé (patient). Dans d'autres cas, la connaissance du monde et le contexte d'énonciation peuvent suffire à lever la plupart des ambiguïtés. On peut enfin renoncer à l'utilisation des divers pronoms personnels (qui font problème chez les agrammatiques) en répétant chaque fois le sujet dont il est question, «Marie arrive demain, elle repart aussitôt» peut être émis «Marie arrive demain, Marie repart aussitôt». Bref, en lieu et place d'une stratégie reconstructive visant à rétablir les marques morphologiques syntaxiques et à faire réapprendre les mots outils de la phrase (préposition, articles...) on peut au contraire négliger ces manques ou en faire moins ressentir l'absence en utilisant au maximum les divers procédés sémantiques susceptibles de remplir une fonction analogue. Dans une stratégie de réorganisation, la logique suivie est inverse de celle qui préside à la stratégie de rétablissement: on ne tente pas de reconstituer un chaînon manquant dans l'ensemble des processus langagiers, on s'efforce de réorganiser ceux restés en place et, en les utilisant différemment, de pallier les déficits existants.

V. La stratégie de recours aux prothèses mentales

Ce dernier type de stratégie pourrait être défini de manière négative comme une stratégie d'échec, voyant qu'une conduite particulière n'a pu être rétablie ni réorganisée de manière suffisamment efficace, on peut réfléchir à la mise au point de «trucs» ou «ficelles» susceptibles de rendre le handicap moins invalidant. Classique au niveau de la réhabilitation sensori-motrice, cette perspective est largement sous-développée en neuropsychologie où nous avons encore tout à imaginer en ce qui concerne les prothèses mentales. De telles prothèses sont cependant fréquemment utilisées par les normaux, pensons par exemple à l'utilisation d'un agenda ou au nœud qu'on fait dans son mouchoir. Bien des personnes âgées commençant à avoir une mémoire moins efficace pour se souvenir d'un événement se mettent à inscrire sur leur agenda toutes les choses dont elles doivent se souvenir, cet agenda devient une mémoire de relai qui pallie les déficits mnésiques. Dans certains cas de thérapies de la mémoire nous avons abouti à des résultats intéressants simplement en analysant avec le patient la nature de leurs oublis et le moment où ils surviennent. Il suffit alors le plus souvent de trouver un système qui oblige le patient à consulter une mémoire externe au bon moment.

Ces prothèses mentales peuvent concerner d'autres domaines que la mémoire, nous avons par exemple récemment mis au point aux cliniques universitaires St-Luc avec Lepoivre, un petit gadget qui s'est avéré utile dans la rééducation d'un patient présentant une héminégligence et une hémianopsie latérale homonyme gauche sans épargne maculaire. Après avoir tenté de le rééduquer en nous inspirant largement des techniques mises au point par Diller, nous sommes arrivé après six mois de traitement, à un résultat décevant: le patient au cours des séances de rééducation ne se montrait plus héminégligent mais, dès les séances terminées (ou exprimé autrement, dès qu'il n'était plus sous le contrôle de consignes spécifiques), il négligeait à nouveau et radicalement l'hémi-espace gauche. Par ailleurs, à la fin de la séance, il ne voyait pas la main que nous lui tendions, il se cognait au chambranle de la porte, etc. Le problème est devenu crucial lorsqu'à une séance le patient est venu avec son hémi-face gauche profondément entaillée, jouant avec son chien il était entré la tête la première dans des fils de fer barbelés. Ce patient qui par prudence restait assis dans son fauteuil avant la thérapie n'était devenu actif que sur nos conseils en cours de thérapie, mais à aucun moment nous n'avons été en mesure de garantir un transfert des apprentissages hors de l'institution. L'examen neuropsychologique de départ ayant indiqué que ce patient réagissait beaucoup mieux aux sons qu'aux stimuli visuels présentés dans son hémi-espace, gauche nous avons décidé de le munir en permanence d'une prothèse auditive.

Dans ce but nous avons construit une petite boîte de la taille d'un paquet de cigarettes que le patient portait sur la partie gauche de son corps et délivrant un son à intervalles irréguliers. En fait le son était délivré selon une loi au hasard entre « 1 et 3 secondes », ceci afin d'éviter un conditionnement au temps qui eut été suivi d'une habituation. Le patient avait pour consigne d'arrêter le son dès son émission et de balayer à cette occasion son hémi-espace gauche. Afin de garantir l'efficacité du système, le patient a d'abord subi en ergothérapie une série de séances d'entraînement au cours desquelles il était occupé soit à discuter avec l'ergothérapeute, soit à réaliser un travail, on avait au préalable disposé devant lui en arc de cercle dans son hémi-espace gauche des jetons de couleurs. A chaque signal sonore il devait interrompre l'activité ou la conversation en cours, arrêter le signal et dénommer les trois jetons situés à l'extrême gauche, jetons qu'on changeait évidemment après chaque essai. Après une période d'entraînement de deux semaines le patient acquit ce double comportement: arrêt du signal et balayage oculaire. Il a alors emporté sa prothèse auditive chez lui, qu'il mettait en marche chaque fois qu'il se déplaçait. La seule plainte du patient dans les semaines qui suivirent furent l'intensité du signal sonore qu'il jugeait trop forte et nous l'avons sans difficulté diminué.

Ce petit exemple sans grande valeur théorique sur le plan neuropsychologique suffit à montrer qu'il y a sans doute beaucoup d'autres possibilités à creuser du côté des prothèses mentales. Le danger est ici de penser qu'il suffit de construire une prothèse susceptible de pallier le déficit sans réfléchir au travail d'utilisation de la prothèse par le patient.

VI. Conclusions

Au terme de ce trop rapide survol nous avons bien conscience d'avoir négligé de nombreux aspects intervenant dans la rééducation neuropsychologique, notamment les aspects sociaux et motivationnels. Il reste cependant fondamental que les thérapeutes définissent mieux dans quel type de stratégie ils s'installent quand ils rééduquent un patient: rétablissement, réorganisation ou utilisation de prothèses. Ces différentes perspectives sont peut-être également légitimes, mais elles ne peuvent probablement ni être menées en même temps, ni ne s'adaptent aux mêmes contextes pathologiques. En favorisant l'utilisation systématique d'un agenda dans la vie quotidienne d'un patient on résoudra certes une partie de ces difficultés concrètes, mais on n'améliorera pas ses activités mnésiques; comme ce n'est pas, en voulant rétablir une fonction dans sa forme antérieure qu'on favorisera l'émergence de procédés de réorganisation. Il reste à définir dans quelles situations chacune de ces stratégies a le plus de chance d'aboutir. C'est sans doute à ce niveau que l'absence de travaux suffisamment analytiques sur la récupération spontanée se fait le plus sentir, car il ne s'agit pas seulement de décrire la succession des comportements qui réapparaissent mais d'essayer de comprendre de quels traitements ils sont le résultat. Une approche analytique de ce type exige sans doute de procéder à des analyses cas par cas, car on peut penser que la récupération sera le plus souvent un mélange de processus résiduels intacts, de processus compensatoires adéquats, mais aussi de processus de compensation inadéquats et plus ou moins idiosyncrasiques. Enfin il resterait aussi à être plus nuancé au moins en ce qui concerne la distinction que nous avons faite entre les deux stratégies de réorganisations, car dès que l'on se déplace d'une boucle sensori-motrice à une autre on n'agit pas qu'en périphérie, on modifie des traitements spécifiques et centraux, le caractère linéaire ou séquentiel des traitements, la charge mnésique de l'activité, etc. La distinction proposée entre les deux stratégies est donc moins nette qu'il peut sembler à première vue.

Par ailleurs et pour terminer, on peut se poser la question des rapports existant entre l'opposition réorganisation et rétablissement telle que nous la posons au niveau des processus comportementaux et telle qu'elle se pose au niveau neuroanatomique puisque les mêmes concepts sont évoqués dans les deux cas (voir Jeannerod, chapitre 1 de ce livre). L'identité des intitulés ne devrait sans doute pas conduire à imaginer qu'il y a communauté au niveau des mécanismes et simple différence de point de vue. Les stratégies de réorganisation sont dans la plupart des recherches contemporaines initiées après la période de récupération spontanée et à un moment où les mécanismes de réorganisation neurophysiologique semblent avoir pris fin.

Chapitre 5
Le point de vue méthodologique

R. BRUYER, D. RECTEM, H. LEPOIVRE, X. SERON

I. Introduction

Si la revalidation neuropsychologique a déjà une histoire relativement longue, elle a longtemps été limitée aux troubles du langage (aphasies) et fut essentiellement réalisée dans une perspective empirique (pour une revue, voir Seron, 1979b). Les dernières années de cette évolution ont été marquées par une distanciation à l'égard de ces deux limitations. D'une part, on a vu apparaître — notamment à la suite de l'impulsion donnée par Luria (1963) — une «neuropsychothérapie» débordant du cadre de la revalidation du langage pour tenter une remédiation des troubles perceptivo-gnosiques, praxico-gestuels, mnésiques, attentionnels, émotionnels ou intellectuels résultant de lésions acquises des hémisphères cérébraux. D'autre part, le développement de principes méthodologiques plus stricts en psychothérapie (*behavior-therapy*), l'émergence de positions théoriques sur la nature des troubles aphasiques et l'apport des recherches en psychologie expérimentale font de la neuropsychothérapie le lieu d'apparition d'une démarche thérapeutique stricte à caractère scientifique. En effet et en premier lieu, en tant que procédure de revalidation comportementale, la neuropsychothérapie est une forme de psychothérapie qui appliquera l'essentiel des critères méthodologiques de la *behavior-therapy* (Seron et al., 1977) qui dérive elle-même de l'approche behavioriste (fonctionnelle) de la conduite; une large part du présent texte est consacrée à ces principes. En deuxième lieu, la revalidation neuropsychologique des troubles aphasiques subira l'influence des progrès de la recherche sur la nature de ces déficits: le remplacement progressif de la méthode empirique par l'approche neurolinguistique en témoigne. En troisième lieu enfin, la neuropsychothérapie des conduites verbales mais aussi des autres dysfonctionnements comportementaux sera infléchie, dans ses procédures, par l'évolution des recherches en psychologie portant sur l'apprentissage, la mémoire, l'attention, le geste ou la perception.

L'objet de ce chapitre est d'indiquer les critères méthodologiques de base de la revalidation des troubles des fonctions « supérieures » secondaires à une lésion hémisphérique cérébrale. Nous allons donc énumérer chacun de ces critères et les illustrer par des exemples. Il est clair que les spécialistes de la démarche scientifique ne verront là que d'évidentes banalités, mais il nous semble important de les présenter dans ce champ d'investigation où elles sont en fait d'apparition récente. Nous discuterons successivement de l'examen préthérapeutique, de la construction du programme, de la mesure des effets de la thérapie, de la validation de ces effets, du transfert des acquis au-dehors de la situation thérapeutique, et du maintien à long terme des effets du traitement. Nous discuterons ensuite brièvement des limites inhérentes à cette approche en considérant à la fois les recherches thérapeutiques basées sur l'analyse de groupes et les variables du sujet qui, bien que n'étant pas des paramètres essentiels du programme, peuvent cependant influencer le décours de la thérapie.

Il nous faut enfin énoncer préalablement trois précisions complémentaires. En premier lieu, les critères méthodologiques qui vont suivre ne sont en fait pas spécifiques à la neuropsychothérapie mais ressortent de toute entreprise thérapeutique qui se veut précise et scientifiquement fondée; on se souviendra cependant que la nature particulière des troubles neuropsychologiques nécessite des aménagements spécifiques (voir les parties suivantes de cet ouvrage). En deuxième lieu, les critères présentés ici seront illustrés d'exemples qui concernent surtout les troubles des fonctions non langagières, mais ils sont également d'application à la rééducation de l'aphasie. En troisième lieu, par souci de cohérence avec l'économie générale de l'ouvrage, nous limiterons l'exposé à la pathologie humaine. Il est cependant utile d'indiquer l'important développement que connaît aujourd'hui la recherche fondamentale en neurosciences dans le domaine de la restauration fonctionnelle chez l'animal (voir l'ouvrage de Jeannerod et Hécaen, 1979 et Jeannerod, ce livre, chapitre 1).

II. Les critères méthodologiques

1. L'examen préthérapeutique

En premier, il est évidemment capital de mener un examen comportemental très détaillé avant même d'entreprendre la thérapie. L'objet de cette analyse sera de préciser au mieux les déficits du patient en termes de fréquence, de durée et de nature : ce n'est qu'à cette condition qu'un programme adéquat pourra être construit. Il va de soi que l'objectif de cet examen est tel que l'examinateur évitera les concepts psychologiques tout faits, qu'ils soient ou non apportés par le patient : la méfiance à l'égard des étiquettes doit être la règle, on s'attachera à décrire au mieux les troubles et d'une manière fonctionnelle, l'étiquetage étant ici sans grand intérêt.

Une telle analyse fonctionnelle (Skinner, 1953) des conduites perturbées sur le plan neuropsychologique consiste à tenter d'isoler les variables qui en contrôlent la probabilité d'occurrence : on s'efforcera donc de préciser au moins les contingences de renforcement, c'est-à-dire l'ensemble des relations existant entre la conduite analysée, les stimuli discriminatifs qui en constituent « l'occasion environnementale » et les événements renforçants qui la suivent et qui en sont la conséquence. Il s'agit donc de rechercher, parmi les événements qui précèdent et qui suivent la réponse, ceux qui exercent un contrôle sur cette dernière ; la thérapie devrait alors consister en une manipulation de ces phénomènes.

On rencontre dans la littérature quelques tentatives d'analyse précise des événements antérieurs ou consécutifs à la conduite (par exemple, Goodkin, 1966 et 1969 ; Brookshire, 1971 ; Kushner et al., 1973 ; Bruyer, 1981). Mentionnons, en guise d'illustration, cette étude au cours de laquelle nous observons que des patients, sévèrement amnésiques à la suite d'un traumatisme crânien, ont une qualité d'apprentissage et de mémorisation de séries de mots qui varie selon qu'ils sont ou non informés de leur score après chaque essai et du score maximal attendu avant l'apprentissage (Bruyer, 1981). De même, dans le cas des troubles de la mémoire (voir Seron et al., 1981), on s'efforcera par exemple d'en délimiter la nature, à la fois par rapport à d'autres déficits possibles et en tentant d'isoler les registres de la fonction mnésique qui sont atteints ; on veillera de plus à évaluer la fréquence et l'étendue des troubles afin de repérer des variables qui pourraient les favoriser (la fatigue ou la médication, par exemple) ; on cherchera enfin à savoir si le trouble porte sur le recueil de l'information (encodage), l'interférence par les événements qui se déroulent pendant (et au cours de quelle phase?) ou avant la rétention, ou les contingences présentes lors du rappel.

Outre qu'elle apporte des informations utiles quant au choix du programme de revalidation, une telle investigation préthérapeutique doit permettre une meilleure analyse des effets éventuels du traitement.

2. *L'élaboration du programme thérapeutique*

La construction même du programme doit prendre en considération les critères suivants.

a) En premier lieu, on doit pouvoir s'assurer que *la fonction comportementale sur laquelle va porter la thérapie est bien la fonction déficitaire*. Cette apparente évidence fait en réalité référence à une difficulté majeure de la revalidation neuropsychologique. Pour prendre un exemple dans le domaine de la mémoire indiquant que les plaintes d'un patient ne sont pas suffisamment éclairantes, on citera un cas que nous avons suivi. Un patient déclare simplement qu'il éprouve des difficultés à se souvenir de pages lues la veille lorsqu'il veut poursuivre la lecture d'un livre. Si le thérapeute se contente d'un tel report verbal, il peut orienter son action vers une revalidation de la mémoire jusqu'à ce que l'approfondissement de l'anamnèse révèle, d'une part que le patient est extrêmement sensible à diverses interférences qui peuvent se produire au cours de la conduite de lecture (bruits, mouvements, etc.), d'autre part qu'il doit souvent relire plusieurs fois un même passage du texte parce qu'il «pense à autre chose». Il est alors devenu patent que la thérapie devrait davantage porter sur l'attention que sur la mémoire.

b) Il s'agit en deuxième lieu d'*apprécier au mieux l'évolution des performances de la conduite rééduquée*. Pour ce faire, il va de soi que ce comportement précis doit avoir été très soigneusement mesuré avant le traitement: c'est ce qu'on appelle la «ligne de base». Par exemple, chez un patient de Seron *et al.*, (1981, cas n° 2), un programme destiné à améliorer la résistance à la fatigue au cours du travail avait été précédé d'une mesure fine de cette même résistance à la fatigue. Pour ce faire, le patient a été amené à mesurer, le matin et l'après-midi, pendant 18 jours consécutifs, la durée maximale de travail avant l'apparition des premiers signes de fatigue et avec l'obligation de s'octroyer de toute façon 10 minutes de repos toutes les heures. Ces données ont alors permis d'établir la ligne de base et de décider des performances requises dès le début de la thérapie qui a suivi. Dans le même ordre d'idées, les patients de Zihl et Von Cramon (1979) avaient subi un examen détaillé des limites de leur champ visuel avant de recevoir une thérapie destinée à reculer ces mêmes limites [1]. Cet examen consistait en une périmétrie statique et dynamique (pour des exemples de résultats obtenus avec cette procédure, voir Zihl, chapitre 12 de ce volume). Dans les deux cas, le patient fixe un point lumineux central, la tête étant maintenue et les mouvements oculaires contrôlés; pour l'analyse dynamique, on définit le champ visuel de chaque œil et en vision binoculaire en projetant en périphérie une cible visuelle qui se déplace vers le point fixé, le patient étant invité à presser un bouton dès qu'il aperçoit cette stimulation; pour l'analyse statique, on présente une cible fixe pendant 500 msec. en divers lieux du champ et, par les méthodes d'accroissement et de décroissance, on recherche l'intensité qui correspond au seuil de perception visuelle.

Il est en outre important d'apprécier la fluctuation normale de la conduite sous analyse au cours de l'établissement de la ligne de base. Chacun sait en effet que les comportements, même chez le sujet normal, varient dans le temps en fonction de divers paramètres comme la fatigue, l'état d'excitation, certains paramètres physiologiques, les rythmes biologiques, etc. Si la mesure préthérapeutique est réalisée en une seule fois alors que patient est fatigué, on risque d'enregistrer une performance anormalement faible et de conclure à l'existence de progrès au terme de la thérapie alors que la mesure post-thérapeutique vient, non seulement après le traitement, mais éventuellement à un moment où le sujet n'est pas fatigué. Inversement, on risque de conclure à la non-efficacité d'une thérapie pour des raisons analogues. Un contrôle des oscillations naturelles des performances est donc de rigueur.

c) En troisième lieu, il est important d'*expliciter clairement l'objectif visé par le programme*; cette explicitation doit concerner à la fois le thérapeute et le patient et constitue tant une forme de contrat thérapeutique qu'un facteur de renforcement non négligeable sur le plan motivationnel. Cette définition de l'objectif doit être formulée de manière opérationnelle, c'est-à-dire traduite en conduites à atteindre au terme du programme et en délais que l'on se donne pour y parvenir.

d) En quatrième lieu, les différentes étapes du programme devront obéir à des *règles strictes de progression*. La motivation du patient dépendant entre autres choses de l'évitement des conduites erronées, ainsi que l'ont montré des recherches en psychologie expérimentale de l'apprentissage, les étapes seront soigneusement dosées et le passage d'une étape à la suivante n'aura lieu que dans des conditions draconiennes: c'est la notion de critère de réponse. On désigne par là la performance à laquelle doit être arrivé le patient dans une étape du programme avant de passer à l'étape suivante qui est un peu plus complexe. Par exemple, un de nos patients (cas n° 4 de Seron *et al.*, 1981) a reçu entre autres choses un programme portant sur la mémorisation de la disposition spatiale de jetons colorés au cours duquel on ne passait à une nouvelle étape que «si 10 items successifs n'avaient pas donné lieu à plus de deux erreurs»; un autre cas (n° 2) n'était autorisé à accroître son temps de travail de 5 minutes que «s'il avait tenu au moins 5 jours successifs à la durée immédiatement inférieure»; dans la recherche de Singer *et al.* (1977) portant sur le seuil de perception visuelle, on ne cesse de diminuer l'intensité du stimulus que «si au moins 3 signaux successifs n'ont pas été perçus». L'établissement de critères de réponse à atteindre a pour conséquence majeure d'exiger un minimum de collaboration et de *self-control* de la part du patient. Il est en effet tentant pour celui-ci, surtout en début de programme, de «brûler les étapes» en considérant les tâches initiales comme trop faciles. Une trop grande précipitation en début de thérapie peut avoir des conséquences fâcheuses sur la suite du programme, par le découragement devant l'échec qu'elle peut amener.

e) En cinquième lieu, le programme doit *commencer par des conduites d'une difficulté telle qu'on sait, par la ligne de base, qu'elles sont accessibles au patient*. Ceci a pour avantage de motiver ce dernier en évitant la production de conduites erronées dès le début de la thérapie. Par exemple, un programme de mémorisation de listes de mots chez un cas de Seron *et al.* (1981, cas n° 3) a commencé par des séries de trois mots, soit la performance préthérapeutique moyenne du sujet. Dans le même ordre d'idées et pour les mêmes raisons, l'apparition de conduites anormales ou de performances faibles au cours du programme sera suivie d'un retour à un niveau plus simple réalisable par le sujet. Ces retours en arrière sont en outre l'indication soit d'une programmation trop peu progressive des étapes du traitement, soit d'une définition trop lâche du critère de réponses à atteindre.

f) Enfin, le programme thérapeutique représentera une *application de l'analyse fonctionnelle du trouble* menée au cours de la période pré-thérapeutique. Plus précisément, la stratégie revalidative consistera en une manipulation des événements qui précèdent et/ou suivent la réponse en vue de modifier la probabilité d'occurrence de cette dernière (cfr Seron, 1979b, pp. 113 et ss.). En neuropsychothérapie, la stratégie a jusqu'à présent porté essentiellement sur le contrôle des événements qui précèdent ou accompagnent la réponse. La manipulation des événements conséquents (renforcements) est à ce jour assez peu pratiquée mais on en verra des indices à deux niveaux : d'une part, l'accent mis par divers auteurs sur l'intérêt qu'il y a à informer le patient de l'évolution de ses performances ou même à inviter le sujet à tenir un graphique de cette évolution (par exemple, Seron *et al.*, 1981) ; d'autre part, la nature invalidante du trouble neuropsychologique est telle que la moindre amélioration comporte des conséquences qui sont d'office renforçantes dans la mesure où elles consistent en une amélioration des relations du patient avec son environnement.

3. Mesure des effets du traitement

Il est évidemment indispensable de pouvoir mesurer les effets d'une thérapie. Cette mesure ne nécessite pas une justification élaborée : elle constitue tant une source appréciable d'informations pour le thérapeute qui doit décider du moment de l'arrêt de traitement, qu'un élément motivationnel important pour le thérapeute comme pour le patient.

Cette mesure implique trois éléments, d'un point de vue chronologique. D'abord, il faudra disposer d'une appréciation fiable des performances préthérapeutiques du patient dans la fonction rééduquée : c'est le prétest, qui fournira des données de référence. Ensuite, on procédera à des mesures de cette performance pendant le décours même du traitement : ce sont les post-tests intermédiaires qui apporteront des informations qui peuvent renseigner et renforcer le thérapeute comme le patient et conduire à d'éventuels ajustements du programme thérapeutique. Enfin, le niveau de performance sera à nouveau mesuré au terme du traitement : c'est le post-test. Ce principe méthodologique a été appliqué à plusieurs reprises avec nos patients (cas 2, 3 et 4 de Seron *et al.*, 1981). Par exemple, une patiente qui recevait une thérapie de la mémoire a subi le test des 15 mots de Rey à cinq reprises (en utilisant diverses variantes équivalentes) : avant le traitement, à trois reprises pendant le traitement (dont une fois après une suspension de thérapie d'une semaine) et au terme de celui-ci.

Deux remarques doivent être formulées à propos de cette procédure. D'une part, il est intéressant de veiller à éviter, dans la mesure du possible, les biais éventuels liés à l'examinateur en faisant en sorte que ces pré- et post-tests soient administrés au patient par une personne différente du thérapeute. D'autre part, soulignons que les réponses aux pré- et post-tests appartiennent au même registre comportemental que la conduite rééduquée mais peuvent différer de cette dernière. Pour prendre un exemple de thérapie de la mémoire, on peut soumettre un patient à un programme consacré à la rétention de séries de mots écrits alors que les pré- et post-tests portent sur des séries de mots présentés par voie auditive.

4. Validation de la thérapie

Ce critère méthodologique rappelle qu'on doit pouvoir être certain que l'évolution de la conduite au cours du traitement est bien due à la thérapie. Nous pensons ici à deux séries de variables extérieures au traitement lui-même mais qui peuvent elles aussi conduire à une évolution de la conduite.

La première est l'évolution spontanée du sujet (voir, dans ce volume, le chapitre 2 de Thiery *et al.*, par exemple). On sait en effet que l'agression cérébrale produit un déficit fonctionnel qui va évoluer dans le temps et ce d'autant plus nettement que la lésion est récente. En outre, s'il était habituel de considérer empiriquement que cette évolution se stabilise après environ six mois, des travaux récents (Lezak, 1979) ont montré qu'on pouvait observer une évolution du déficit (de la mémoire, en l'occurrence) jusqu'à trois ans après la lésion.

La seconde variable peut être secondaire au traitement lui-même : on peut assister à une amélioration de la conduite non pas parce qu'elle est rééduquée, mais parce que le fait même d'être pris en charge par un thérapeute provoque des remaniements psychologiques chez le patient ou des aménagements dans sa vie quotidienne ou ses relations, familiales ou autres.

Il est difficile de contrôler les effets de telles variables chez un sujet particulier. Une procédure utilisée est la suspension de thérapie, comme par exemple dans le troisième cas de Seron *et al.* (1981) : la logique de cette démarche est d'interrompre la thérapie pendant un certain temps et de tester les performances avant et après cette suspension ; si l'évolution cesse ou se détériore après l'interruption, on a davantage de raisons de croire que l'évolution était bien le fait du traitement. Cette procédure d'arrêt d'une thérapie peut toutefois présenter des conséquences relationnelles et motivationnelles fâcheuses et il est sans doute plus intéressant de suspendre un programme alors que la thérapie se poursuit avec d'autres programmes.

5. Transferts des acquis

Ce critère concerne le transfert des acquis pendant le programme thérapeutique. Un premier type de transfert que l'on veillera à obtenir par des procédures de généralisation est le transfert des progrès obtenus en thérapie, dans la conduite précise rééduquée, à d'autres conduites non rééduquées mais appartenant au même registre comportemental. Un second type de transfert porte sur les conduites du patient qui sont extérieures à la thérapie. On examinera — et on aura pour objectif d'y veiller — si les améliorations observées dans la situation thérapeutique s'accompagnent d'une évolution des comportements de la vie quotidienne.

6. Mesure du maintien des bénéfices du traitement

Souvent difficile à tester pour des raisons pratiques, il est essentiel de vérifier si, plusieurs mois ou années après la fin du traitement, les bénéfices de celui-ci sont toujours présents. Nous pouvons en voir un exemple dans l'étude de Zihl (ce volume, chapitre 12) lorsque l'auteur étudie l'étendue du champ visuel des patients un an après la fin du traitement.

Plusieurs procédures sont utilisables pour favoriser à la fois les transferts des apprentissages et le maintien à long terme des bénéfices du traitement. Par exemple, on peut espacer dans le temps les séances de thérapie à mesure que celle-ci progresse et placer peu à peu le patient dans une situation d'autothérapie. Ces mesures devraient avoir pour conséquence un accroissement d'autonomie de la part du patient, une réduction des difficultés psychologiques qui peuvent se produire lors de l'interruption définitive du traitement et une possibilité pour le patient d'apprendre des stratégies efficaces qu'il pourra continuer à utiliser dans la vie quotidienne après la fin de la thérapie.

III. Discussion et remarques complémentaires

Cette énumération de critères méthodologiques visait à énoncer quelques conditions de scientificité de la démarche neuropsychothérapeutique. Cette exigence n'est pas gratuite mais nous semble constituer la condition par laquelle le champ de la revalidation peut progresser: donnant accès aux raisons du succès ou de l'échec d'une thérapie, elle permet les ajustements ultérieurs; donnant accès à l'identification des variables pertinentes, elles autorise le passage de l'information entre les thérapeutes. Il reste que trois séries de limitations nous paraissent liées à cette approche.

1. Stratégies

En premier lieu, nous n'avions pas l'ambition d'énoncer toutes les conditions à remplir pour respecter les critères d'une thérapie efficace. Il est par exemple manifeste que nous n'avons rien dit des stratégies concrètes à mettre en place pour assurer la revalidation d'une fonction comportementale particulière. La plupart des autres chapitres de cet ouvrage ont pour objet de telles présentations et le lecteur trouvera dans les parties suivantes de ce volume toutes les informations utiles (voir également le chapitre de Seron, qui précède). Par ailleurs, un tel exposé des stratégies devrait se limiter aux troubles du langage (mais la troisième partie de l'ouvrage y est consacrée). En effet, d'une part en ce qui concerne les thérapies de la mémoire, les diverses modalités d'aide étudiées par les auteurs (manipuler les interférences proactives ou rétroactives, aider à l'encodage ou au rappel de manière physique, phonologique ou sémantique) semblent toutes efficaces (voir Moscovitch, 1979; Butters et Cermak, 1980; Knight et Wooles, 1980), de sorte qu'il est à ce jour malaisé de suggérer des stratégies privilégiées. Notons toutefois que nous disposons actuellement de peu de recherches dans lesquelles ces diverses stratégies ont été soumises aux mêmes sujets et comparées quant à leur efficacité. D'autre part, en ce qui concerne les autres troubles (perceptuels, gestuels, attentionnels, de l'organisation des conduites, etc.), les données bibliographiques disponibles sont encore trop peu nombreuses; quelques exceptions notables concernent l'héminégligence ou l'attention de manière plus générale (Seron et Tissot, 1973; Diller et Weinberg, 1977; Diller *et al.*, 1974), les gestes constructifs (Ben-Yishay *et al.*, 1978a), la coordination visuo-manuelle (Ben-Yishay *et al.*, 1978b), le raisonnement (Ben-Yishay *et al.*, 1978c) ou les désordres comportementaux consécutifs aux lésions préfrontales (Luria et Tsvetkova, 1966) (voir la quatrième partie).

2. Individus et groupes

En deuxième lieu, on voudrait évoquer la diversité des démarches expérimentales destinées à étudier l'efficacité relative des thérapies;

notons cependant d'emblée que les contraintes méthodologiques présentées dans ce chapitre sont d'application dans chacun de ces procédés et qu'il s'agit simplement de les adapter ou d'y ajouter des conditions particulières.

Aussi, une première orientation porte sur *le cas individuel*, c'est l'«*intra-subject-design*». Dans cette formule, un patient est soumis à diverses formes de thérapie dont on se propose de confronter les mérites respectifs. Cette méthode a l'avantage apparent de tenir constantes toutes les variables inhérentes à l'histoire personnelle du sujet et de son déficit, mais d'autres contrôles sont nécessaires, liés à l'ordre dans lequel auront lieu les diverses tentatives thérapeutiques (et à l'effet possible d'une thérapie sur les suivantes) et à la problématique motivationnelle inhérente aux suspensions et/ou modifications de thérapies.

Mais la recherche en neuropsychothérapie comporte également une seconde orientation, dans laquelle l'analyse concerne *des groupes*. On rencontre deux variantes de cette approche. Dans la première, on généralise simplement à tout un groupe de patients la procédure du cas individuel. Cette méthode «intra-groupe» consiste donc à comparer différentes méthodes thérapeutiques en les appliquant l'une après l'autre à un ensemble de patients. On retrouve naturellement ici la problématique des variables temporelles déjà présente dans la méthode individuelle, qui s'ajoute aux contraintes d'échantillonnage: le groupe doit être représentatif de la population pathologique correspondante et les caractéristiques des différents sujets qui composent le groupe doivent répondre à une homogénéité suffisante. Les illustrations de cette démarche sont nombreuses dans la littérature (par exemple: Glass *et al.*, 1973; Smith, 1974; Gardner *et al.*, 1976; Hatfield et Weddel, 1976; Bruyer, 1981; Pillon, 1981).

Dans une seconde variante, «inter-groupes», on étudie l'effet d'une méthode thérapeutique en comparant un groupe de sujets qui reçoit cette thérapie à d'autres groupes qui reçoivent des procédures distinctes. Cette procédure doit remplir toutes les conditions des méthodes précédentes et il faut y ajouter la contrainte selon laquelle les procédures revalidatives doivent être la seule variable différant entre les échantillons (voir par exemple, Vignolo, 1964; Beyn et Shokkor-Trotskaya, 1966; Sarno *et al.*, 1970; Gloning *et al.*, 1976; Seron *et al.*, 1979).

Ajoutons enfin — et ceci s'applique aux diverses démarches qu'on vient de présenter — que la notion de «comparaison» de thérapies est à prendre au sens large. Dans un certain nombre de cas, il s'agit en effet de tester une seule méthode en la confrontant à l'absence de traitement.

3. L'individu en thérapie

En troisième et dernier lieu, il nous faut tempérer quelque peu la sécheresse de cette énumération de critères par des facteurs inhérents à la situation concrète de revalidation du sujet humain.

Tout d'abord, pour les raisons déjà évoquées, il nous semble important de *confier au patient lui-même une part importante du processus thérapeutique*. Cette attitude présente plusieurs avantages, tant sur le plan de l'accession à l'autonomie que sur celui de la motivation du patient par le biais de la connaissance qu'il peut avoir de sa propre évolution.

Ensuite, il paraît utile, lorsque la chose est possible, de faire entrer activement une *tierce personne familière du patient* dans le processus revalidatif. Outre l'intérêt d'une facilitation à l'autonomie par rapport au thérapeute lui-même, cette attitude accroît la possibilité d'une multiplication des séances de travail en dehors du Centre de Revalidation. Le transfert à la vie quotidienne s'en trouve ainsi facilité (voir Rectem *et al.*, 1980).

Mais il peut parfois paraître plus adéquat de faire porter la thérapie sur des *conduites de la vie quotidienne* plutôt que sur des conduites abstraites qui nécessiteront ensuite le transfert à la vie quotidienne. Outre qu'elle permet d'éviter la mise en place de procédures visant à établir un transfert des acquis, cette procédure a l'avantage de motiver le patient en modifiant favorablement et rapidement les conditions de sa vie journalière.

Par ailleurs, il nous semble fondamental de *prendre réellement en compte les plaintes* du patient. Il n'est en effet pas rare de recevoir un patient qui se plaint de la mémoire et illustre ses déficits par des exemples quotidiens concrets, alors que l'investigation psychométrique ne révèle pas d'anomalie franche. Une attitude fréquente dans ce cas consiste à user de « bonnes paroles » en rassurant le patient et en lui indiquant que ses plaintes ne sont pas fondées. Il nous semble plus adéquat de prendre en compte la plainte, au risque de mettre en cause la sensibilité des épreuves psychométriques, et de considérer réellement l'éventualité d'un processus revalidatif.

En outre, il nous semble essentiel, d'un point de vue humain, d'adapter la procédure aux *caractéristiques propres du patient* (personnalité, etc.). Si un cas de Seron *et al.* (1981, cas n° 2), de par sa formation et sa profession, s'est adapté aisément à une thérapie dans laquelle le chronométrage, le calcul et la tenue de graphiques occupaient une part importante du temps de travail, un autre cas des mêmes auteurs (n° 4) ne pouvait recevoir une telle charge.

L'ensemble de ces remarques conduit à rechercher un compromis entre la rigueur scientifique et l'adaptation à la complexité du cas dans ses dimensions humaines. On doit pouvoir courir le risque de l'humanisme en restant efficace. Enfin, il nous semble déterminant de mener la thérapie d'un patient d'une manière interdisciplinaire. Il est en effet rare en neuropsychologie que la perturbation porte exclusivement sur un élément isolé du registre comportemental. Par exemple, nous nous efforçons de construire des programmes thérapeutiques dans lesquels le neuropsychologue (ou l'orthophoniste) et l'ergothérapeute sont activement impliqués et auxquels il nous paraît indiqué d'adjoindre un psychothérapeute. Il ne s'agirait toutefois pas d'installer sans plus un psychothérapeute traditionnel dans le milieu neuropsychologique : une psychothérapie spécifique devrait être créée qui assure, d'une part une relation adéquate entre le patient et ses thérapeutes tout autant qu'entre les patients, d'autre part un soutien psychologique adéquat dans les phases difficiles du traitement et devant l'inquiétude quant au devenir. De plus, la connaissance de la nature des troubles par ce psychothérapeute serait nécessaire à la bonne marche d'un tel travail et on doit s'attendre à un certain nombre de difficultés : en particulier, une stratégie devrait être construite qui permette à des aphasiques de bénéficier de ce type d'aide qui est par nature essentiellement langagier. Enfin, il devrait jeter les bases d'une analyse rigoureuse des réactions psycho-affectives à l'atteinte cérébrale.

TROISIEME PARTIE

NOUVEAUTES DANS LA REEDUCATION DES APHASIQUES

Chapitre 6
Communication non verbale et aphasie

D. LABOUREL

I. Introduction

Le travail présenté ici permet une approche des malades aphasiques très différente de celle qui est faite habituellement, et pratiquée à l'aide de tests visant à évaluer leurs compétences linguistiques. Mon point de vue est en effet d'inspiration éthologique : il s'agit de l'observation de quelques malades à partir d'enregistrement magnétoscopique. Etudier leur mimogestualité sur un écran c'est un peu comme si on regardait la télévision dans un pays étranger ou comme si on voyait gesticuler quelqu'un dans une cabine téléphonique. On essaye de comprendre ce qui est dit à travers les mouvements du corps.

Le langage oral est, de loin, le mode de communication le plus développé; mais quand on parle il n'y a pas que des mots qui sont échangés et, quand on ne parle pas, beaucoup d'autres choses peuvent se passer entre les individus. Dès que deux personnes sont en présence elles communiquent; les différentes attitudes de chacun des interlocuteurs, leurs gestes et leurs mimiques signifient quelque chose. Un regard, une moue, un geste, une contenance, une intonation, un silence n'ont pas de signification si on les analyse isolément, mais ils prennent un sens quand on considère l'individu en situation de communication globalement.

L'échange entre des individus, qui ont chacun un statut particulier, se situe dans un lieu et à un moment donné, il s'inscrit dans l'histoire de leur relation. Cet échange est fonction d'un contexte et des besoins de la situation. On peut facilement imaginer que si un des modes de communication est touché la stratégie de l'échange, et son contenu, vont s'en trouver modifiés. Des compensations sont-elles possibles? De quels types sont-elles? Couvrent-elles tous les déficits? Autrement dit quand «la parole» est touchée peut-on communiquer autrement? Et que communique-t-on? L'aphasie ne touche-t-elle que la partie verbale du langage? Qu'en est-il de la mimogestualité?

En observant six malades qui présentent différents types d'aphasies, nous avons tenté de montrer que leurs capacités de communication ne se limitent pas aux aspects qui sont habituellement évalués dans un bilan de type médical.

II. Matériel et méthodes d'observation

1. Les malades étudiés

Les six malades étudiés présentent différents aspects sémiologiques de l'aphasie. Ce sont des malades que nous connaissions suffisamment pour qu'ils acceptent d'être enregistrés chez eux. Sauf pour le cas de jargonaphasie (sujet 6), les troubles des malades datent de plus de 18 mois; on pouvait ainsi espérer une certaine stabilité dans les comportements qu'ils ont adapté à leur déficit aphasique. Pour tous les malades, les lésions sont importantes et les troubles massifs. Les trois premiers (sujets 1, 2 et 3) ont été initialement classés comme «non fluents», avec des troubles prédominants sur le versant expressif, les trois derniers (sujets 4, 5 et 6) comme «fluents», avec des troubles prédominants sur le versant réceptif.

2. Analyse du corpus

Nous avons observé la mimogestualité de ces malades dans trois situations:
- un examen de langage avec un médecin neuropsychologue;
- un groupe d'expression avec plusieurs malades aphasiques;
- un repas en famille.

Les enregistrements ont une durée approximative de 45 minutes. Chaque enregistrement a été transcrit comme une polygraphie; le

Tableau 7

	Age (en 1978)	Profession	Durée de la maladie (en 1978)	Tableau initial de l'aphasie	Etiologie	Latéralité antérieure
Sujet 1 Monsieur MS	52	Ingénieur en agriculture	10 ans (août 1968)	Aphasie globale + hémiplégie	Thrombose carotide interne gauche	Droitier ambidextre
Sujet 2 Monsieur CR	35	Dessinateur industriel	1 an 1/2 (septembre 1976)	Aphasie globale + hémiplégie	Embolie sylvienne gauche	Droitier
Sujet 3 Monsieur ML	40	Architecte	3 ans (mai 1975)	Aphasie globale avec surdité verbale et anarthrie	Thrombose artère sylvienne gauche	Droitier
Sujet 4 Monsieur BL	57	Avoué	6 ans (juillet 1972)	Aphasie avec surdité verbale, jargon phonologique	Thrombose carotide interne gauche	Droitier
Sujet 5 Monsieur MR	45	Gérant de super-marché	2 ans 1/2 (décembre 1975)	Aphasie postérieure	Fracture temporo-pariétale gauche (trauma)	Gaucher (écriture)
Sujet 6 Monsieur PR	61	Cadre supérieur	6 mois (octobre 1977)	Aphasie de Wernicke jargon	Sténose carotide gauche	Gaucher (écriture)

texte, c'est-à-dire ce qui est dit par le malade et ses différents interlocuteurs, est mis en rapport chronologique avec les éléments mimiques et gestuels observés. Différentes parties du corps ont été individualisées : la tête (les sourcils, les yeux, la bouche), les mains, le buste. Les mouvements observés ont été décrits en langage ordinaire. Par exemple : il lève sa main gauche, il fronce les sourcils, il se penche à droite.

Dans un deuxième temps, chaque geste et chaque mimique ont été interprétés suivant la fonction qu'on pouvait leur attribuer dans la situation de communication. Les résultats de cette analyse vont être à présent exposés de façon détaillée.

III. Les fonctions de la mimogestualité

La fonction d'un geste ou d'une mimique, c'est-à-dire ce à quoi ils servent, fait référence au schéma de la communication de Jakobson (1963) :

$$
\begin{array}{c}
\text{Référent} \\
\text{(fonction référentielle)} \\
\text{Message} \\
\text{(fonction poétique)}
\end{array}
$$

Emetteur		Récepteur
(fonction émotive)		(fonction conative)

$$
\begin{array}{c}
\text{Contact} \\
\text{(fonction phatique)} \\
\text{Code} \\
\text{(fonction métalinguistique)}
\end{array}
$$

Nous avons inclu dans la fonction métalinguistique la fonction métacommunicative qui renvoie directement à la situation de communication car il s'agit, pour l'aphasique et son interlocuteur, de se situer par rapport à l'énonciation, c'est-à-dire à la manière dont on se sert du code, plutôt que par rapport au code lui-même. Les gestes (les mimiques) que nous avons étudiés remplissent souvent plusieurs fonctions en même temps. Il est assez difficile de déterminer précisément les critères qui ont permis de classer un geste plutôt comme référentiel que comme conatif, expressif ou métalinguistique. C'est souvent une question de nuance et de contexte et cela tient au fait que la perception de la mimogestualité reste en partie subjective. La finalité du geste dans la communication, c'est-à-dire sa fonction, se rapporte à plusieurs besoins. Les gestes qu'on fait, comme les mots qu'on dit, servent à transmettre des informations, à réaliser des actes sociaux et à maintenir un équilibre individuel. Les registres utilisés suivant les différentes situations de communication varient d'un moment à l'autre, d'un individu à l'autre.

En gardant ces remarques à l'esprit, nous allons examiner dans quelle mesure les mouvements que nous avons observés remplissent les différentes fonctions: référentielle, communicationnelle (émotive, phatique et conative) et métalinguistique. Nous n'avons pas trouvé d'exemple clair d'un message poétique de mimogestualité, bien que cette fonction ne puisse être exclue a priori. Certains comportements, enfin, servent des fonctions homéostatiques (soins corporels, etc.) et semblent dotés d'un statut spécifique.

1. Fonction référentielle

C'est la fonction illustrative du geste quand il accompagne ou remplace le discours verbal. Le geste peut être mimétique, déictique ou symbolique.

a) Il est mimétique quand il y a un rapport d'analogie avec le référent; le geste mime un objet dans un ou plusieurs de ses attributs ou il mime une action.

Par exemple, le sujet 6 qui, au cours du repas, parle des grosses montagnes où la famille va en vacances.

Figure 17. Geste mimétique: « des grosses montagnes ».

b) Le geste est déictique lorsqu'il existe une relation spatiale précise ou vague avec le référent; celui-ci étant présent ou imaginaire. Le locuteur désigne de la main, du regard ou de la tête un objet, un lieu, une personne.

c) Le geste est symbolique lorsqu'il renvoie à un code culturel ou personnel; la relation avec le référent est arbitraire et conventionnelle.

Selon le contexte certains gestes mimétiques, déictiques et symboliques ont une valeur quasi linguistique et s'analysent sans ambiguïté. Par exemple, le sujet 1 devant un carton où il y a des phrases à lire, fait un geste symbolique de la main gauche signifiant qu'il ne comprend pas, en même temps qu'il fait une moue expressive.

Figure 18. Geste symbolique, expressif, commentaire (devant un carton à lire).

Dans nos observations, la gestualité référentielle semble liée à l'importance de l'expression verbale; par ailleurs, elle varie selon les malades et les situations.

Les gestes déictiques apparaissent plus fréquents que ceux des autres catégories. Ils sont souvent redondants par rapport au discours verbal et montrent la dépendance du comportement communicatif à l'environnement immédiat; ils semblent peu informatifs.

Les gestes mimétiques apparaissent différemment suivant la personnalité du malade et l'existence ou non d'un handicap moteur (de nombreux gestes se font avec les deux mains). Tous les malades ne sont pas capables de mimer un objet ou une action pour remplacer le mot qu'ils ne trouvent pas ou pour appuyer leurs discours. Il existe bien souvent, également, « un manque du geste ».

Les gestes symboliques sont souvent utilisés en commentaire sur le discours ou la situation. Certains gestes appartiennent à la symbolique habituelle mais d'autres ne se décodent que par rapport au contexte verbal et constituent un code particulier à chaque malade.

2. Les fonctions communicationnelles

Le geste, la mimique font référence à la situation et aux interlocuteurs. Ils peuvent avoir une fonction expressive, une fonction phatique ou une fonction conative.

a) La fonction expressive ou émotive

Le geste, la mimique se rapportent à l'émetteur; ils traduisent une émotion, un sentiment, une attitude personnelle. L'individu exprime quelque chose sur lui-même, par rapport à l'autre et à la situation de communication. Cette fonction n'est pas forcément bien perçue par le récepteur. L'intention dont est chargée une expression et son interprétation dépendant de la relation entre l'émetteur et le récepteur et aussi de leur état émotionnel respectif. Ce sont les sourires, les grimaces, les gestes d'impuissance.

b) La fonction conative

Ces signaux mimiques, gestuels sont directement destinés au récepteur. Ils peuvent signifier une question, un appel, une protestation, un ordre, une réponse. Par exemple, le sujet 4 qui conserve toujours une attitude de convenance et qui, par son geste, manifeste au médecin que le message n'est pas passé.

Plusieurs segments du corps sont mis en jeu, suivant l'intention et l'intensité du message:
- le regard d'abord, avec les sourcils en modulation;
- l'avancement de la tête et du corps, la participation de la main et du bras.

Certains gestes ne se révèlent conatifs que suivant l'effet qu'ils provoquent chez l'autre. Il devient évident, ici, qu'il existe une différence entre la fonction que le geste a pour l'émetteur, c'est-à-dire par rapport à son intention, et la fonction que lui donne le récepteur, c'est-à-dire la signification qu'il a pour lui.

Figure 19. Geste conatif.

c) *La fonction phatique ou régulatrice*

Sans être directement destinés à l'autre, de nombreux signaux servent à assurer le bon contact et la poursuite de la communication; c'est un indice de la «présence» des interlocuteurs et de leur distance par rapport au champ de communication. Le contact s'établit, se maintient par le regard, des mouvements de tête, des sourires, des avancées de la main ou du corps. Ces signaux manifestent que le contact est bon. Ils servent d'encouragement et de soutien de la part du récepteur. Ils peuvent être aussi des signaux d'aspect négatif, indices d'une mauvaise communication: froncement de sourcils, grimaces, reculs du corps. Ces mimiques et ces gestes qui sont émis, parfois, involontairement par le récepteur peuvent être perçus par l'émetteur du discours verbal et provoquent alors soit une rupture, soit un réajustement du message par l'émission d'autres signaux.

Pour chacun des six malades le pourcentage des gestes communicationnels est assez important; en particulier dans la situation du repas avec de nombreux gestes conatifs. Les malades essayent d'intervenir sur leur entourage.

La fonction phatique prédomine chez tous les malades, dans les trois situations.

Les gestes et les mimiques à fonction émotive sont rares, mais de nombreux commentaires métalinguistiques ou métacommunicatifs sont assez expressifs. Ce sont les malades les plus fluents qui ont les gestes expressifs les plus variés.

Contrairement à ce qui se passe pour les gestes référentiels, le médecin qui pratique l'examen manifeste plus de gestes communicationnels que le malade et ces gestes constituent une grande partie de la mimogestualité.

3. La fonction métalinguistique

Le geste s'analyse aussi par rapport au discours verbal.

a) Il peut faire partie du discours comme élément de prosodie, il a alors une fonction quasi intonative. Ce sont des mouvements de la tête, des lancés de la main, des avancées du corps.

b) Il peut le renforcer dans sa fonction de redondance. Ce sont des gestes illustratifs quasi linguistiques.

c) Il peut aussi servir à se situer par rapport au discours; il a une fonction de commentaire sur le contenu ou sur la forme du langage verbal.

Par exemple, le sujet 1 qui, à table, n'est pas tout à fait d'accord quand sa femme le mime en train d'appeler sa chienne.

Figure 20. Commentaire sur le jeu intonatif, geste quasi-linguistique (nuance).

Le geste peut apporter une nuance. Les aphasiques ont justement peu de possibilités d'utiliser les nuances linguistiques. Il s'agit aussi de modaliser ce qui est dit, souvent, de façon insatisfaisante. C'est par exemple le haussement d'épaules de l'émetteur qui accompagne un mot mal articulé ou le froncement de sourcils du récepteur à la suite d'un mot incorrect.

La gestualité métalinguistique est particulièrement développée chez tous les sujets observés, surtout pendant l'examen et le groupe.

Les gestes commentaires sont nombreux et ils sont liés à la quantité des messages verbaux émis. Les malades se situent par rapport à ce qu'ils disent (en particulier à la qualité de leur langage) et aussi par rapport à ce que les autres disent (c'est-à-dire ce qu'ils comprennent).

Les gestes ou plutôt les mouvements prosodiques suivent la quantité des messages verbaux. Dans certains cas, ils participent de façon importante aux efforts articulatoires du locuteur handicapé.

D'autres malades utilisent leur mimogestualité en redondance pour soutenir et renforcer leur message verbal qui présente des lacunes.

4. Fonctions homéostatiques

D'autres gestes constituent une quatrième catégorie; ce sont les gestes non directement communicatifs. Nous leur avons attribué une fonction homéostasique. Ils permettent la décharge d'une tension qui parasiterait les autres messages. Ces différents gestes sont perçus plus ou moins consciemment par les participants. Ce sont des gestes d'équilibre qui peuvent avoir une certaine rythmicité. Les gestes de confort ou d'inconfort qui sont des ajustements du corps dans l'espace proxémique (le croisement des jambes, les mouvements de recul, la tête qu'on accoude...). Ce sont des gestes autocentrés (grattage, ajustement des habits, doigt à la bouche...). Ce sont aussi des activités de déplacement: manipulation d'objets, ou certains mouvements du corps.

Ils apparaissent en très grand nombre, dans toutes les situations mais dans des proportions variables suivant les sujets et suivant les moments de la communication. Ce ne sont pas les sujets les plus handicapés dans leur moyen d'expression qui font le plus de gestes autocentrés ou le plus d'activités de déplacement mais ceux qui ont d'importantes difficultés de compréhension. Chaque malade a son registre personnel. L'un tousse et pianote, l'autre touche la main paralysée, un troisième manipule ses lunettes. Il faut remarquer que la gestualité d'homéostasie du médecin qui fait l'examen est importante. En particulier avec le sujet 2 et le sujet 6, il semble qu'il soit difficile de supporter les émissions peu informatives du premier et les éléments de jargon du dernier.

IV. Variables affectant la mimogestualité

La quantité de gestes et de mimiques observée varie considérablement d'un sujet à l'autre (tableau 8). Il ne semble pas que cette variation soit clairement liée au caractère fluent ou non fluent du type d'aphasie. Par ailleurs, il apparaît que c'est pendant l'examen médical que tous les malades sont plus animés.

Tableau 8. Nombre total de gestes observés selon la situation

	Repas	Groupe	Examen
Sujet 1	278	—	464
Sujet 2	159	208	344
Sujet 3	239	297	314
Sujet 4	121	128	295
Sujet 5	109	325	435
Sujet 6	340	—	552

Cela tient au fait qu'ils sont très stimulés, bien que l'initiative de la parole leur soit rarement laissée.

La fonction principale des gestes et des mimiques varie également selon les individus et, *le cadre familial*, avec ses éléments implicites, aide certains pour lesquels la communication semble plus facile et les capacités d'intervention meilleures. D'autres, au contraire, sont particulièrement en difficulté car ils ne peuvent se manifester auprès des enfants. Les difficultés de compréhension dues au mauvais décodage auditif, placent certains dans une position de retrait.

Pour les malades qui ont pu y participer, *le groupe* semble un cadre favorable à une communication relativement bonne et spontanée.

L'adaptation de chacun à *l'examen médical* varie suivant les cas et elle se modifie au cours de la situation. D'une manière générale on remarque qu'ils ont peu l'initiative de la parole et qu'ils ne font, bien souvent, que répondre au médecin. Ils sont cependant capables de manifester de l'humour et de faire des commentaires personnels. Dans une certaine mesure ce sont les malades les plus atteints dans leur capacité d'expression qui dirigent la communication par leur mimogestualité conative.

Nous avons essayé d'évaluer *l'évolution de la mimogestualité* au cours d'une même situation en comparant la quantité de gestes et de mimiques observés à trois moments différents (les cinq premières minutes, cinq minutes du milieu de l'enregistrement et les cinq dernières minutes). On constate, là encore, des modifications suivant les malades et suivant les situations. Chez tous la mimogestualité est à peu près égale au cours du repas. Pendant le groupe elle est liée à leurs moments d'intervention. Pendant l'examen on retrouve, pour tous les sujets, une baisse de la mimogestualité aux environs de 30 minutes, avec un appauvrissement de leur mimogestualité métalinguistique. Ceci est en relation avec une baisse du nombre de prises de paroles chez certains (les «non-fluents») alors que chez d'autres

Tableau 9. *Répartition des fonctions de la mimogestualité selon les individus et les situations (%). La fonction prépondérante est indiquée en italiques*

	Fonction référentielle	Fonction communicat.	Fonction métalinguist.	Fonction homéostatique
REPAS				
Sujet 1	19	27	*35*	19
Sujet 2	12	*38*	36	13
Sujet 3	16	*44*	16	23
Sujet 4	10	*41*	22	26
Sujet 5	*34*	*34*	20	12
Sujet 6	17	26	*50*	6
GROUPE				
Sujet 2	32	12	*48*	8
Sujet 3	14	25	*31*	30
Sujet 4	2	30	*42*	26
Sujet 5	*49*	13	24	13
EXAMEN				
Sujet 1	23	20	*37*	19
Sujet 2	28	14	*53*	5
Sujet 3	8	27	30	*34*
Sujet 4	14	15	*49*	22
Sujet 5	24	16	*32*	28
Sujet 6	19	19	*53*	9

(les plus «fluents») cette diminution de la mimogestualité ne correspond pas à une diminution dans l'émission du langage verbal. A ce changement dans le comportement du malade examiné correspond une diminution du nombre de gestes communicationnels émis par le médecin, sans qu'il n'y ait jamais une diminution du nombre de prises de parole.

V. Quelques éléments de discussion

L'étude du geste dans ses rapports avec le langage évoque deux points importants (examinés sous un éclairage différent par Feyereisen et Seron, sous presse):
- l'apraxie,
- les rapports de la latéralité du geste avec la dominance cérébrale.

En ce qui concerne le premier point, on peut dire que la pathologie du geste qui a pour but la communication est beaucoup plus complexe et plus difficile à évaluer que celle qui est mise en évidence au cours de l'examen médical.

On peut se demander si les adultes qui ont un langage verbal déficitaire réutilisent un moyen de communication plus archaïque comme le langage mimogestuel «préverbal» des enfants. Très tôt l'enfant est capable de faire la relation directe dans l'espace environnant. Quand il parle de quelque chose (généralement parce qu'il le veut), il le montre. Le geste est donc d'abord *indice* (Peirce, 1978).

Les malades aphasiques font beaucoup de gestes déictiques, utilisant l'espace proche comme élément signifiant et obligeant leur interlocuteur à dégager la signification du message, à partir de cet espace commun. Or, parfois, les déictiques de certains malades sont trop flous ou trop lointains pour que l'interlocuteur puisse y trouver les informations nécessaires à la compréhension du message. L'égocentrisme et la perte des nuances font que certains malades aphasiques réduisent leurs «champs sémantiques» à des connotations personnelles et sont incapables d'utiliser des règles plus abstraites et plus générales. Le «là-bas» derrière la fenêtre veut dire souvent beaucoup de choses que seul le malade connaît.

Pour mimer un objet, une action, il faut dégager les traits distinctifs essentiels et les restructurer par l'intermédiaire de son corps. Il y a là un travail d'imagination, d'évocation et une aisance à se servir des différentes parties de son corps pour représenter quelque chose d'absent.

L'utilisation de la gestualité symbolique suit aussi des variations individuelles. Elle nécessite la connaissance d'un code particulier. Il existe de nombreux signes ritualisés selon les différentes situations. Le mauvais emploi ou la mauvaise interprétation des signes habituels peut entraîner des perturbations importantes dans les échanges individuels. Certains de ces gestes illustratifs qui apparaissent dans un contexte verbal, correspondent aux gestes que l'on demande au malade d'effectuer pendant l'examen de ses compétences praxiques (gestes descriptifs d'utilisation d'objets, gestes symboliques, gestes expressifs).

L'apraxie ne concerne qu'un certain type de gestes que l'on demande au malade de produire en dehors de tout contexte verbal et dans une situation particulière. On peut penser qu'il existe pour le geste un phénomène de dissociation automatico-volontaire, comme pour l'apparition du mot. Certains gestes, certaines mimiques se font de manière automatique et sont très liés à la situation. En particulier de nombreux gestes de la symbolique conventionnelle apparaissent dans des situations sociales très ritualisées comme les gestes de politesse. Ils correspondent aux formules toutes faites que la plupart des malades conservent malgré des déficits verbaux massifs.

L'apraxie qui touche surtout la fonction référentielle du geste est sans rapport avec la situation de communication. D'autres fonctions du geste peuvent être atteintes. Elles sont plus difficiles à mettre en évidence, car on ne peut les isoler complètement.

Elles sont liées à la situation et à la stratégie des échanges entre l'aphasique et son interlocuteur. Or, il y a une réorganisation de la communication qui vise à conserver un équilibre chez les deux interlocuteurs. Il est, par ailleurs, plus facile d'évaluer ce qui est émis par le malade que ce qu'il reçoit. Les nuances et les éléments discrets qui accompagnent le langage et qui enrichissent la communication échappent peut-être au malade qui ne comprend que globalement les messages qu'on lui donne. Il existe certainement, pour l'apraxie, des atteintes moins grossières que celles qui sont habituellement mises en évidence au cours d'un examen neuropsychologique. Il faudrait placer le malade dans des situations de langage qui suscitent le recours à la mimogestualité en relation avec le discours verbal, c'est-à-dire favoriser la mise en jeu naturelle du corps.

A propos du deuxième point, les rapports du geste avec la dominance cérébrale, il est bien difficile de faire le lien entre l'aphasie et la latéralité des gestes étudiés. Certains malades sont aussi hémiplégiques et n'ont que la partie gauche de leur corps pour effectuer tous les gestes (les gestes illustratifs, les gestes d'homéostasie). D'autres ont des troubles de la sensibilité touchant la partie droite du corps et ils ont tendance à la négliger dans les gestes quotidiens.

Parmi les malades étudiés, des deux sujets qui n'ont aucun déficit moteur ou sensitif, l'un est ambidextre et utilise plus volontiers sa main gauche dans la vie quotidienne et l'autre est gaucher et utilise indifféremment l'une ou l'autre main pour les gestes prosodiques, les gestes commentaires, les gestes illustratifs. Il faut noter que les trois médecins, observés grâce à la régie, utilisent très fréquemment leur main gauche (alors qu'aucun n'est gaucher!).

VI. Conclusion

L'analyse fonctionnelle d'un geste ou d'une mimique montre leur ambiguïté et leurs différents niveaux d'interprétation. On pouvait penser que chez les malades aphasiques la mimogestualité viendrait pallier la défaillance du langage ou, à l'opposé, que le déficit concernerait autant les gestes que les mots. Notre travail montre que la réponse varie selon le type de gestes observés et selon le malade étudié. Une approche éthologique qui considère le malade dans sa globalité nous permet de dire qu'au niveau du geste le déficit est loin d'être total. Chez les malades que nous avons étudiés une fonction de communication est conservée. Gestes et mimiques leur permettent d'avoir une action sur l'autre, d'exprimer des émotions et des sentiments, de se situer par rapport à leurs discours. Le geste est rarement utilisé à la place d'autre chose dans sa *fonction référentielle*, il sert peu à transmettre des informations.

La pauvreté de la mimogestualité illustrative de certains malades est sans doute liée à leur personnalité et à leur manière de parler et elle est, bien sûr, aussi liée au siège de leur lésion cérébrale. Le déficit peut être considéré comme une atteinte de la fonction linguistique du geste.

Le critère de fluence verbale ne permet pas de classer les malades quant à leur capacité d'expression et de communication sur le plan global; certains pouvant compenser le déficit verbal par la mimogestualité. On pourrait parler alors chez eux de «fluence gestuelle».

Alors que d'autres n'utilisent pas cette possibilité paradigmatique que constitue le registre des gestes et des mimiques.

L'analyse des gestes et des mimiques de ces différents malades dans plusieurs situations de communication nous amène à penser que la mimogestualité des aphasiques doit s'analyser suivant 3 critères :
- la fonction du geste dans la situation de communication,
- la personnalité du malade,
- l'existence ou non de troubles praxiques.

On ne peut dissocier le langage verbal et la mimogestualité. Les capacités d'expression et de compréhension des malades aphasiques doivent s'analyser par rapport à la situation de communication. Ces remarques fondamentales devraient s'appliquer à l'approche thérapeutique de ces malades. Le langage se manifeste avec des éléments d'interaction entre les interlocuteurs, ce n'est pas seulement répondre à une série de tests de compétence linguistique; la communication se fait en partie par des échanges verbaux et en partie par la mimogestualité.

L'examen du langage d'un aphasique est une situation de communication particulière où les rôles sont déterminants, mais on peut la rendre plus naturelle et mieux tenir compte des éléments non verbaux qui accompagnent ou remplacent le langage verbal. Il faut aussi savoir que le comportement de l'examinateur a une influence sur les performances du malade qui est en face de lui.

La situation de rééducation, qui est elle aussi très particulière, doit s'appuyer sur les éléments non verbaux de la communication pour donner aux malades la possibilité de retrouver des capacités d'expression et lui permettre de participer aux échanges de la vie quotidienne. Le thérapeute doit placer le malade dans des situations qui suscitent l'emploi du langage verbal et il doit aussi l'encourager à utiliser des compensations pour conserver un niveau de communication suffisant, malgré son déficit verbal[2].

Chapitre 7
Rééducation des réductions sévères de l'expression orale : la « thérapie mélodique et rythmée »

Ph. VAN EECKHOUT, B. PILLON, J.-L. SIGNORET,
G. DELOCHE, X. SERON

Les réductions sévères du langage posent au rééducateur, un problème très pragmatique : quels moyens utiliser pour faire resurgir un langage propositionnel? Les techniques basées sur la restitution d'automatismes, sur l'ébauche orale, sur la gesticulation bucco-faciale, sur la répétition analytique des phonèmes, comportent un certain nombre de limites (pas de transfert des progrès réalisés en situation de rééducation), qui nous semblent, en partie, levées par la « Melodic Intonation Therapy » telle que définie par Albert *et al.* (1973) ou Sparks *et al.* (1974, 1976). Ces auteurs ont eu le mérite de présenter une méthode suffisamment élaborée pour être utilisable par d'autres rééducateurs et d'encourager ces derniers, une fois qu'ils ont gagné quelque expérience avec cette procédure, à la modifier et à la compléter. Nous avons tenté d'adapter cette méthode à la langue française et d'élargir son champ d'application à d'autres patients que ceux présentés par Sparks *et al.* (Van Eeckhout *et al.*, 1979, 1981). Nous voulons présenter et discuter ici l'essentiel de ce travail.

I. « Melodic intonation therapy » (M.I.T.)

La méthode a été exposé par Sparks et Holland (1976) et résumée en français par l'un d'entre nous (Van Eeckhout et Allichon, 1978). Nous en rappellerons seulement les principes essentiels :

1. L'intonation: Limitée à 3 ou 4 notes, la structure mélodique exagère légèrement la prosodie normale du langage utilisée au nord-est des U.S.A. Le tempo est plus lent et plus lyrique que celui du langage. Le rythme est plus précis, les points d'accentuation sont plus marqués.

2. La progression graduée: Le patient est guidé à travers une série d'étapes qui accroissent la longueur des énoncés et qui diminuent la dépendance par rapport au rééducateur et à l'intonation. Les performances du patient à chacune des étapes déterminent le passage éventuel à l'étape suivante. Le premier niveau n'a pas de composante linguistique: il habitue le patient à utiliser un pattern mélodique et à marquer avec la main, le rythme et l'accentuation. Le deuxième niveau va d'une conduite d'accompagnement du message entonné par le rééducateur, jusqu'à la répétition sur commande. Le troisième niveau estompe l'aide du rééducateur jusqu'à ce que le patient soit capable de répondre avec intonation à des questions concernant le message qui a été émis par le rééducateur. Le dernier niveau assure la transition du langage mélodique au langage normal.

3. Les unités linguistiques: A chaque niveau, le langage comprend 12 à 20 syntagmes ou courtes phrases dont les auteurs ont figé le contenu et l'ordre de présentation.

4. L'exclusion d'autres méthodes de rééducation: Sparks *et al.* (1974) pensent qu'un minimum de trois mois de rééducation journalière est nécessaire avant de passer à une autre forme de rééducation du langage. Pendant cette période, leurs patients, en dehors de leur rééducation individuelle, ont cependant participé à des séances de groupe.

5. La sélection des patients: Selon Sparks *et al.* (1974), le «profil» de l'aphasique le plus susceptible de pouvoir bénéficier de la méthode est le suivant: des productions orales clairement articulées avec des patterns mélodiques variés sont requises, même si elles sont très réduites et plus ou moins proches de la stéréotypie; la compréhension orale doit être très supérieure à l'expression orale; le malade doit avoir une bonne conscience de ses troubles, la possibilité de s'autocorriger, une bonne stabilité émotionnelle et une attention correcte; la répétition doit être défectueuse. Il est hélas, fréquent de rencontrer des tableaux cliniques beaucoup plus perturbés. S'appuyant sur une étude de Sarno *et al.* (1970), Sparks *et al.* (1974, 1976) présument de l'inefficacité de leur méthode pour les aphasies globales. Pourtant d'après les mêmes auteurs, Vignolo et Albert ont obtenu un langage minimum, mais proportionnel dans de telles apha-

sies. Samples et Lanes (1980) confirment ce résultat sur l'analyse longitudinale d'un cas.

II. La thérapie mélodique et rythmée

La pratique de la méthode de Sparks nous a conduit à en modifier et à en compléter certains aspects.

1. Adjonction d'exercices préparatoires. Un pré-entraînement est parfois nécessaire avant la mise en œuvre de la thérapie proprement dite. Celui-ci consiste en des exercices de répétition de rythmes et de mélodies présentés sous une forme sonore avec un support audio-visuel, sur un écran de télévision relié à un micro-ordinateur.

2. Choix d'une mélodie arbitraire. Les variations prosodiques de la langue française, même amplifiées, sont trop peu contrastées pour apporter une aide efficace aux patients aphasiques. L'expérience nous a montré qu'il était préférable d'utiliser des mélodies totalement arbitraires, mais permettant une bonne différenciation de deux hauteurs de tons : des sons graves et des sons aigus.

3. Adaptation à la tessiture du patient. Si la structure mélodique proposée ne convient pas à son registre, le malade la transforme. Le rééducateur doit s'adapter à ce changement et en tenir compte dans l'élaboration de nouveaux schémas mélodiques.

4. Représentation écrite du schéma mélodique. Elle est analogue (Fig. 21) à celle utilisée par Sparks *et al.* (1974), mais nous utilisons ce schéma écrit comme soutien supplémentaire et le plaçons sous les yeux du patient, accompagné ou non du message linguistique. L'intervalle entre graves et aigus est d'une octave.

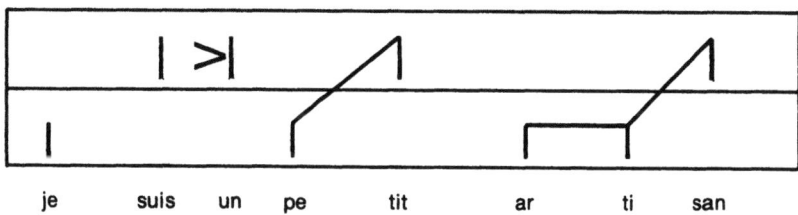

Figure 21. Représentation du schéma mélodique. | *représente une syllabe;* ⊓ *représente un mot de deux syllabes;* > *représente l'accentuation.*

5. Les gestes d'accompagnement. Plutôt que de marquer le rythme en tapant sur la table, nous demandons au patient de dessiner la courbe mélodique dans l'espace, d'abord avec l'aide du rééducateur qui lui tient la main, ensuite seul.

6. Variation et complexification du schéma mélodique. L'utilisation répétée d'un même schéma mélodique pour l'émission de syntagmes différents entraîne des risques de persévérations. L'utilisation précoce de schémas mélodiques comprenant au moins quatre ou cinq notes permet une plus grande variabilité.

7. Utilisation de l'accentuation pour augmenter la différenciation articulatoire ou syntaxique. Lorsque le patient élide ou transforme un phonème ou un monème (Fig. 22), il suffit souvent d'accentuer la note correspondant à l'élément perturbé, ou de transformer partiellement la mélodie, pour parvenir à une performance correcte (même dans le cas de l'élision d'un monème grammatical).

8. Contenu linguistique. La rééducation est conçue comme un dialogue. Pour que le patient puisse véritablement actualiser des énoncés propositionnels, il faut que le contenu linguistique soit pleinement significatif pour lui, c'est-à-dire qu'il en appréhende le sens, que celui-ci corresponde à ses besoins et motivations qu'il s'intègre dans la relation qui s'établit peu à peu entre lui et son thérapeute. Il nous paraît donc y avoir incompatibilité entre cette forme de communication linguistique et un programme rigide de syntagmes figés à l'avance dans leur structure linguistique et leur contenu sémantique.

9. Transformations du contenu linguistique effectuées par le patient. Nous acceptons et renforçons toutes les productions verbales du patient, même si elles s'accompagnent d'une transformation du schéma mélodique, du moment qu'elles sont cohérentes et adaptées au dialogue poursuivi. Ces modifications, qui améliorent généralement la communication, sont d'autant plus fréquentes que les thèmes traités sont proches des intérêts du patient (Fig. 23).

10. Souplesse dans le choix des critères de réussite d'un item. Certains patients peuvent échouer momentanément à la répétition d'une phrase donnée, même si l'on retourne à une étape antérieure du programme. Selon Sparks et Holland (1976), il faudrait abandonner cette phrase. Pourtant, des questions précises peuvent montrer que l'ensemble du message a été intégré par le patient. Ces questions constituent en quelque sorte une boucle de rattrapage dans le programme. Dès que celle-ci est accomplie, on répète à nouveau la phrase dans son intégralité et c'est la réponse du patient à cette ré-

LA THERAPIE MELODIQUE ET RYTHMEE   113

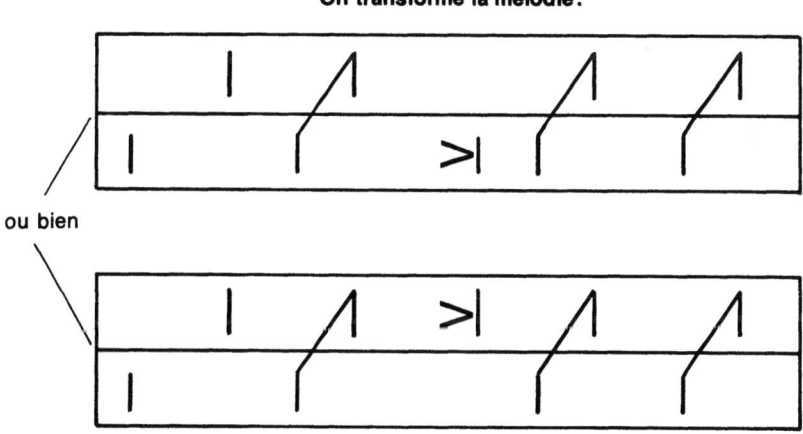

Figure 22.

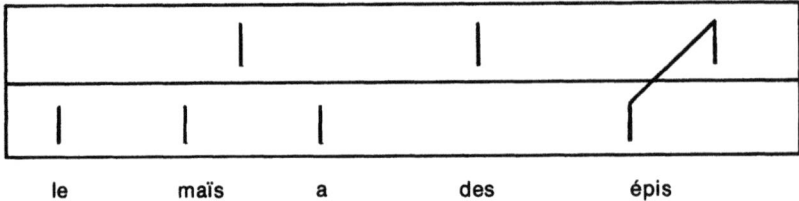

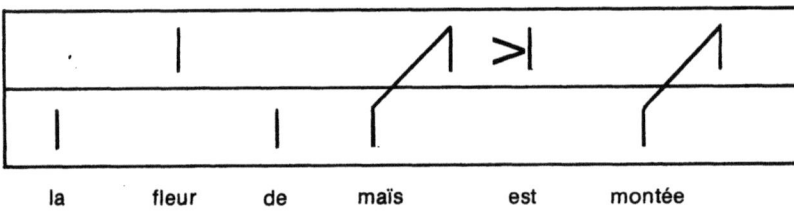

Figure 23.

pétition différée qui est prise en compte (Fig. 24). En cas de nouvel échec, on abandonne alors la phrase.

11. Rôle des proches du patient dans la rééducation. Notre but est d'améliorer l'efficience de la communication globale du patient et pas uniquement de sa communication linguistique. Généralement, c'est son milieu familial et quelques amis proches qui fournissent le réseau relationnel et affectif le plus solide (Kinsella et Duffy, 1978). Avec eux aussi, l'instauration d'un dialogue est nécessaire pour les informer, les orienter, mais aussi acquérir un certain nombre d'informations utiles à l'établissement et à l'évolution de la thérapie: passé socioculturel et professionnel du patient, intérêts, mode de vie, comportement en dehors de la rééducation, progrès effectués dans la vie courante.

III. Démutisation-inhibition des stéréotypies

Pour certains patients murés dans un mutisme total, ou dans certaines formes de stéréotypies, un travail préliminaire est nécessaire avant de pouvoir utiliser la thérapie mélodique et rythmée.

LA THERAPIE MELODIQUE ET RYTHMEE 115

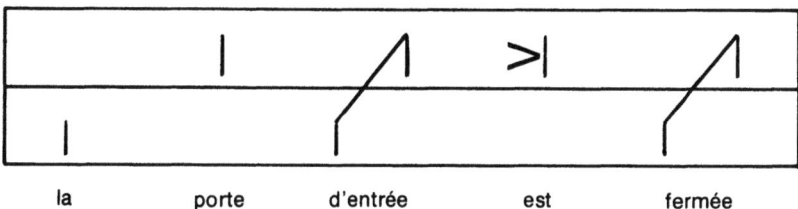

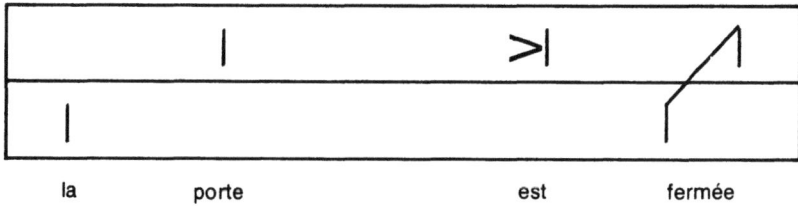

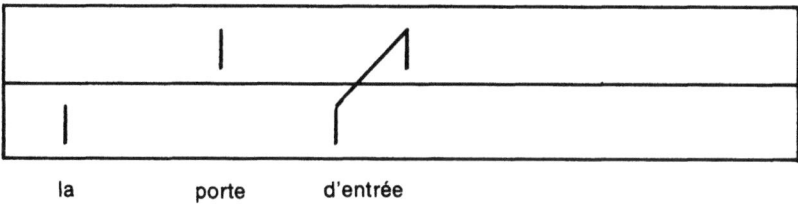

Figure 24. Elision de mot.

1. Démutisation

a) Techniques habituelles: les méthodes classiques essaient de lever cette inhibition, soit en ayant recours aux conditions les plus automatiques de la verbalisation: formules de politesse, interjections émotionnelles, séries ordonnées (jours de la semaine), expressions syntagmatiques figées (Après la pluie, vient le beau...) (Lhermite et Ducarne, 1965); soit en travaillant la gesticulation bucco-faciale et l'articulation des phonèmes (Basso, 1978). Le risque de la première méthode est de susciter seulement un langage de perroquet, sans valeur propositionnelle (Lecours *et al.*, 1979). Les risques de la seconde sont: ou bien d'enfermer définitivement le patient dans son trouble articulatoire, ou bien de le conditionner à la gesticulation bucco-faciale du rééducateur.

b) Apport de la Thérapie Mélodique et Rythmée: il n'est pas question de contester ici l'utilité des techniques de démutisation rappelées au paragraphe précédent. Notre but est d'enrichir l'éventail des outils à la disposition du rééducateur en montrant les potentialités de la Melodic Intonation Therapy et l'efficacité de l'adaptation que nous en avons faite dans un domaine pour lequel elle n'avait pas été conçue.

1. Le contrat. Certains patients sont découragés par l'échec des précédentes tentatives et rééducations. Nous essayons de les convaincre de l'utilité d'entreprendre une démarche différente. Nous leur demandons de ne pas parler, mais d'écouter attentivement.

2. Le contact physique. Nous nous plaçons en face du malade et très proche de lui, de façon à monopoliser son attention. Nous n'hésitons pas à l'encourager par des pressions de la main.

3. Le bain de langage. Nous saoulons littéralement le patient de phrases, dans lesquelles nous reprenons maintes et maintes fois les mêmes mots dans des contextes différents (voir l'exemple au paragraphe 10). Nous parlons sans arrêt.

4. L'exagération de la mélodie du langage. Tous les moyens permettant de stimuler et d'entraîner le patient à l'aide de la voix sont utilisés: changements d'intensité vocale, de hauteur tonale, de débit, accentuation et allongement vocalique des mots que nous désirons mettre en évidence.

5. Le langage propositionnel. A l'aide de membres de la famille, nous choisissons des mots qui ont une valeur affective pour le patient. Nous ne les employons jamais isolés, mais situés dans le contexte d'une phrase.

6. L'imitation spontanée. Le malade, qui doit obéir à la seule consigne d'être attentif à ce qu'il entend, intègre de mieux en mieux le message émis par le rééducateur, s'y associe de plus en plus, et finit par participer à son émission, d'abord passivement et presque inconsciemment, puis de plus en plus volontairement.

7. L'effet facilitateur du premier mot émis. Son émission entraîne un effet favorable qui s'accompagne généralement du déblocage de

plusieurs autres mots dans la même séance. Ces premiers succès constituent pour le patient un encouragement important, qu'il est souvent souhaitable d'amplifier, en invitant la famille ou d'autres membres de l'équipe soignante à constater les progrès accomplis.

8. L'introduction du mot émis dans un contexte. Il nous paraît souhaitable de poursuivre la séance sur le même thème et d'essayer de faire surgir des mots traitant du même sujet (voir l'exemple dans le paragraphe 10).

9. La non-prise en compte des déformations arthriques ou phonémiques. A ce stade de la rééducation, seule nous intéresse l'émission d'unités significatives reconnaissables, qu'elles soient ou non déformées. Le travail relatif à la réalisation des phonèmes ou à leur programmation nous paraît devoir se situer à un stade ultérieur de la rééducation.

10. Un exemple:
- rééducateur: «la plus belle fleur, c'est la rose» (augmentation de l'intensité, changement de la courbe mélodique vers le haut, étirement du mot, geste d'accompagnement de la mélodie avec la main du patient), c'est la rose, c'est la... (geste d'accompagnement)
- patient: «rose»
- rééducateur (retour à une prosodie normale): «oui, la plus belle fleur, c'est la rose»
- rééducateur: «Pour la fête de ma femme, je vais lui offrir des roses (accentuation), je vais lui offrir des...»
- patient: «roses»
- rééducateur: «car de toutes les fleurs, je préfère...?»
- patient: «les roses» (de lui-même, il a ajouté l'article)
- rééducateur: «mais, attention, car elles portent des épines (augmentation de l'intensité, changement de la courbe mélodique vers le bas, étirement du mot, geste d'accompagnement de la mélodie avec la main du patient), oui, elles portent des...»
- patient: «épines» (addition d'un mot associé à «roses»).

2. *Inhibition des stéréotypies*

La stéréotypie correspond à une formule linguistique figée (logatome, mot de la langue, syntagme), émise automatiquement dès que le patient essaie de s'exprimer oralement. Il s'agit donc d'une production incontrôlée, dont le patient est de plus, totalement inconscient dans les formes les plus graves. Les rééducateurs empiriques distinguent rarement les stéréotypies des autres formes sévères de réduction de l'expression orale. Ils utilisent donc les mêmes moyens de rééducation, qui sont malheureusement inefficaces dans un certain nombre de cas. L'expérience nous a montré que l'utilisation d'emblée de la thérapie mélodique et rythmée était totalement inefficace chez ceux de ces patients qui, outre leurs stéréotypies, présentent d'importants troubles de la reproduction des rythmes. Dans ces cas, nous utilisons au préalable un certain nombre d'exercices qui, d'une part, habituent le patient à se servir du rythme, d'autre part, excluent toute verbalisation linguistique, pour tenter de libérer le patient de ses stéréotypies. La méthode se présente donc ainsi :

a) Reproduction de séquences rythmées : par exemple, un intervalle bref suivi d'un intervalle long (...) ou vice versa (...). Nous augmentons ensuite progressivement la longueur et la complexité des structures en utilisant les éléments du test de Stamback (1975).

b) Reproduction des mêmes séquences avec introduction d'un délai entre l'émission et la reproduction. Ce délai est progressivement allongé, ce qui exige un effort de mémorisation auditive. Ceci est un entraînement préparatoire aux exercices de répétition de phrases qui auront lieu ultérieurement, lorsque le patient en sera devenu capable.

c) Introduction d'un code. Par exemple, à une séquence de deux coups, le patient doit répondre par une séquence de quatre coups et vice versa. Il y a donc à la fois ébauche d'un dialogue extra-linguistique et meilleur contrôle de la production.

d) Introduction de schémas mélodiques avec leur représentation graphique. Cette phase ressemble au premier niveau de la thérapie mélodique et rythmée, mais dure beaucoup plus longtemps.

e) Lecture de schémas mélodiques. Le patient doit reproduire la mélodie à partir de la seule représentation graphique. Nous insistons sur l'élaboration de ce contrôle visuel, de façon à compenser les insuffisances éventuelles du contrôle auditivo-moteur.

IV. Résultats et discussion

Notre travail a consisté d'une part à adapter au français la Melodic Intonation Therapy et, d'autre part, à modifier cette technique de rééducation (Thérapie Mélodique et Rythmée) de façon à l'intégrer dans un programme de rééducation efficace des stéréotypies et des mutismes établis. Notre démarche — tout comme l'ensemble des méthodes issues de la MIT — doit davantage à la pratique clinique quotidienne qu'à des hypothèses thérapeutiques dérivées de telle ou telle théorie relative au fonctionnement et au dysfonctionnement du cerveau. L'élaboration de nos méthodes de rééducation a souvent été le fruit d'improvisations liées à notre expérience clinique, à l'enrichissement progressif de nos connaissances, mais aussi à chaque cas particulier que constitue chacun des aphasiques que nous avons rencontrés, ou que l'on nous a adressés.

Les enseignements que nous avons retiré de notre travail ont donc surtout (aujourd'hui) une valeur indicative. La Thérapie Mélodique et Rythmée s'adresse à un éventail de malades plus large que celui susceptible d'être traité par la MIT. Une réduction sévère de l'expression orale spontanée, même associée à d'importants troubles de la répétition, de l'articulation et/ou de la programmation des phonèmes ne constitue pas un pronostic défavorable. Certains de ces patients font, grâce à la thérapie mélodique et rythmée, des progrès tout à fait spectaculaires; même après un quasi-mutisme de plusieurs mois, ils sont capables au bout de quelques séances non seulement de répéter des phrases de plusieurs mots («Mes deux filles s'appellent Lucie et Sylvie»), mais encore d'utiliser ces mots en réponse à des questions («Comment s'appellent vos filles?»). Si l'existence d'une stéréotypie n'est pas forcément un facteur de mauvais pronostic, sauf si elle est associée à une anosognosie et à des troubles de l'intégration et du contrôle auditif, elle demande toutefois l'addition d'exercices préliminaires, destinés à l'inhiber et à compenser les troubles du rythme. Des troubles de compréhension, suffisants au début pour entraîner le diagnostic d'aphasie globale, ne sont pas non plus forcément d'un mauvais pronostic, sauf s'ils sont associés à une anosognosie et à des troubles du contrôle auditif. C'est donc l'association de ces deux derniers éléments à une réduction sévère, qui semblerait associée à l'échec de la thérapie mélodique et rythmée. Signalons que nous n'avons pas d'expérience portant sur l'application de notre méthode aux cas d'aphasie transcorticale motrice ou sensorielle, ou d'aphasie de conduction.

Les patients qui bénéficient de la thérapie mélodique et rythmée gardent le plus souvent dans l'expression spontanée, une réduction grammaticale sévère, dont la rééducation demande l'utilisation prolongée d'exercices appropriés (Lecours *et al.*, 1979); leur langage écrit doit aussi faire l'objet d'une rééducation. Quant aux aphasies globales qui récupèrent, leur rééducation pour être pleinement bénéfique s'étend sur plusieurs années et demande l'utilisation de techniques variées (Samples et Lanes, 1980).

Les problèmes méthodologiques posés par l'évaluation des facteurs pertinents dans la récupération fonctionnelle ont été discutés par Sarno (1976) et Seron (1979b). Eu égard à ces travaux, nous sommes conscients des limites des conclusions à tirer de notre travail. Notre démarche, à la fois pragmatique et heuristique, ne se prêtait pas à la constitution de groupes de patients homogènes qui auraient permis de tester l'influence de ces divers paramètres. Nous avons eu un nombre limité de patients, d'âges très différents, d'étiologies variées, et pour lesquels le délai écoulé depuis l'apparition de l'aphasie était fort variable. L'évaluation neuro-psychologique des différents troubles et de leur évolution était bien souvent insuffisante; les exercices préliminaires à la Thérapie Mélodique et Rythmée, ainsi que ceux qui l'ont accompagnée, étaient souvent différents d'un cas à l'autre. On pourrait citer encore: l'hétérogénéité dans la fréquence des séances, la participation de différents rééducateurs, l'hétérogénéité du milieu culturel et socio-familial, l'absence d'évaluation de la communication dans d'autres situations que dans celle de la rééducation. Si tous ces facteurs n'ont pu être contrôlés, il n'en demeure pas moins que nous avons, chemin faisant, pu mettre au point des techniques de rééducation qui se sont avérées efficaces là où les méthodes classiquement employées étaient inopérantes. En effet, la plupart des patients que nous avons eu à rééduquer avaient auparavant subi une tentative de rééducation qui s'était soldée par un échec et tous ont été pris par nous en rééducation, trois mois au moins (délai moyen: six mois) après l'apparition des troubles.

Comme nous l'avons signalé déjà, ce n'est pas une réflexion théorique qui est à l'origine de notre travail mais, d'une part, la prise de conscience d'échecs thérapeutiques répétés et la curiosité (scientifique) d'adapter et de rendre plus puissante encore une méthode originale, la MIT. Il serait cependant souhaitable maintenant que la théorie intègre les résultats obtenus. Signalons quelques points qui, dans ce contexte, nous paraissent mériter réflexion :

- Le fait de choisir des contenus communicatifs à haute valeur affective pour le patient est-il important? Si c'est le cas, on pourrait parfaitement introduire cette variable dans les thérapies classiques.

- Le bain de langage auquel on soumet le patient développe-t-il une hypersensibilisation aux stimuli auditifs? Si c'est le cas, on devrait se référer à Schuell (1974) qui insiste sur l'importance de l'audition, aux techniques de déblocage de Weigl (1970), et à l'étude des divers facteurs de stimulation (Alajouanine *et al.*, 1939; Luria, 1970;

Lebrun et Hoops, 1976; Shane et Darley, 1978; Laughlin *et al.*, 1979).

- L'écoute «totale» requise du patient joue-t-elle un rôle fondamental? Si c'est le cas, les travaux développés en théorie de l'attention pourraient nous éclairer quelque peu. Il en va de même pour l'importance des facteurs motivationnels (Shill, 1979).

- Comment agit l'accentuation de la mélodie? Sans discuter ici du rôle de la mélodie et du rythme dans le cadre d'une théorie de la spécialisation interhémisphérique, on rapprochera la possibilité de faire émettre par un agrammatique, une phrase entière, y compris les monèmes grammaticaux de l'interprétation linguistique de ce type d'aphasie donnée par Kean (1977). Selon cet auteur, le déficit est de nature phonologique dans l'agrammatisme, les fonctionnels n'étant pas accentués et n'affectant pas le schéma mélodique de la phrase, ne sont pas émis. Il est remarquable de constater que c'est justement en déplaçant l'accent sur ces éléments que l'on parvient à les faire émettre!

Nous nous sommes contentés, dans cette dernière partie, d'indiquer quelques réflexions sur le mode interrogatif, laissant aux chercheurs le soin d'en changer le (la) mode...

Chapitre 8
La méthode roumaine de lecture verticale dans la thérapie de l'aphasie

M.C. DOMS, A. BOURLARD

I. Introduction

Les techniques de rééducation des troubles de lecture secondaires à une lésion cérébrale ne font que rarement l'objet de publications. Les articles traitant de thérapie d'aphasie insistent surtout sur les méthodes visant à rééduquer le langage oral, tandis que le langage écrit n'est fréquemment abordé qu'en tant que support de cette rééducation. Si l'on cherche néanmoins à établir une liste des techniques les plus couramment utilisées et si l'on tente de les grouper selon les types de dyslexies pour lesquelles elles sont d'application, on obtiendra la classification suivante :

1. Alexie littérale

a) association de la perception tactile et des perceptions auditive et visuelle (ex. certaines manipulations de lettres tridimensionnelles);
b) amélioration du processus de différenciation et de la fixation mnésique par la mise en jeu de facteurs kinesthésiques (ex. découpage de lettres);
c) techniques de fixation mnésique (ex. barrer une lettre donnée dans un texte);
d) combinaison de stimuli optiques et kinesthésiques (ex. dessiner les lettres du doigt). Dans cette méthode, utilisée pour la première fois par Goldstein (1948), on compense le trouble gnosique visuel en accentuant les feedbacks proprioceptifs liés aux gestes de l'écriture;

e) techniques associatives également décrites par Goldstein (ex. association d'une lettre à un objet puis à un phonème).

2. Dyslexie visuelle (selon Marshall et Newcombe, 1973): correction des paralexies consistant en confusion de lettres ou de mots qui se ressemblent graphiquement par la

a) lecture de mots commençant par la même lettre ou la classification de mots d'après la même lettre initiale;
b) lecture de paires telles que «bon - don», «belle - pelle».

3. Deep dyslexia (selon Marschall et Newcombe, 1973): correction des paralexies syntactico-sémantiques par la

a) lecture de syllabes;
b) lecture de logatomes;
c) lecture de mots avec séparations entre les lettres ou les syllabes.

4. Alexies secondaires, associées à des troubles de la compréhension du code écrit:

a) appariement entre langage écrit et représentation visuelle;
b) exécution d'ordres écrits;
c) reconstitution de phrases écrites et de textes découpés;
d) complétion de phrases à trous ...

Dans le cas où des troubles tels que l'hémianopsie et la négligence spatiale accompagnent la dyslexie, on conseille:

a) l'utilisation temporaire d'un cache, afin de faciliter la séquentialisation des lettres et des mots, ainsi que pour éviter les passages indus d'une ligne à l'autre;
b) l'indication du début et de la fin des lignes par des signes colorés, incitant le patient à un balayage visuel complet.

Cette liste de techniques, quoique loin d'être exhaustive, est néanmoins représentative de ce qui s'utilise classiquement en thérapie d'alexie. On remarquera qu'elles s'inspirent toutes fortement des techniques pédagogiques en usage dans l'enseignement primaire traditionnel. Quelle est en effet l'institutrice qui n'en arrivait pas un jour ou l'autre à faire barrer toutes les lettres P contenues dans un article de journal ou à exiger de l'enfant qu'il trouve une série de mots commençant par la lettre A.

Un des aspects intéressants de la méthode verticale est peut-être qu'en opposition à cela, elle aborde davantage la lecture en tant que modalité linguistique acquise et maîtrisée au moment de l'accident cérébral.

II. Historique et description de la méthode

La lecture verticale, méthode de rééducation des troubles de la lecture, a été introduite dans les pays occidentaux par Natalie Gheorghita. Une revue chronologique des publications de cet auteur reflète l'évolution suivie par l'auteur de la méthode quant à l'interprétation des résultats.

1. Le premier article, « Méthode de Lecture Verticale pour la Réhabilitation des Aphasiques et des Dyslexiques » (1977), contient bien évidemment une description de la méthode et de ses cas d'application. La méthode se compose de trois variantes, appliquées suivant la nature du déficit de lecture.

a) Lecture de mots présentés lettre sous lettre (L/L)
ex. b
a
n
a
n
e

Cette variante s'applique, selon l'auteur, dans les cas de déficience de nature phonétique.

b) Lecture de mots présentés une syllabe sous la précédente (S/S)
ex. res
tau
rant

L'auteur prône son utilisation « chez les sujets connaissant les lettres mais incapables de les synthétiser correctement dans une unité syllabique ».

c) Lecture de texte présenté chaque mot sous le précédent (M/M)
ex. La
chaise
est
sur
la
table

L'auteur préconise l'utilisation de cette variante dans les cas de troubles syntagmatiques qu'elle décrit comme « consistant en l'omission ou la substitution sémantique des mots, avec retour fréquent aux mots antérieurs et/ou perte de la succession horizontale des mots compris dans le texte».

Dans ce premier article, Gheorghita établit sans plus de détail l'influence favorable de la méthode verticale dans la rééducation des aphasiques et des dyslexiques. L'interprétation des causes de l'efficience de la méthode est donnée en référence à quelques études des mouvements oculaires chez des normaux (Javal, 1905), chez des lecteurs lents et rapides (Richaudeau, 1969), ainsi que chez des dyslexiques (Zangwill et Blakemore, 1972). Les conclusions de ces travaux tendaient à prouver que les individus chez qui la lecture est déficiente présentent des anomalies au niveau des mouvements oculaires, dont de fréquents retours en arrière.

Gheorghita en déduit que la lecture verticale élimine cette régression des yeux en sens horizontal. Remarquons que cette démarche, qui revient à considérer les anomalies des mouvements oculaires comme la cause des troubles de la lecture, est aujourd'hui fort contestée. Goldberg et Schiffman (1972) notamment, ont montré, à l'aide d'un électronystagmographe, que pendant la lecture correcte de mots simples, les résultats des dyslexiques étaient analogues à ceux des normaux. Les anomalies n'apparaissaient qu'à la lecture de mots qui leur posaient des difficultés.

2. Dans le deuxième travail, «La Lecture Verticale, une méthode de Rééducation des Troubles lexiques» (1980), est adjointe la présentation du mot en angle droit afin de faciliter la période de transition entre la lecture verticale et la lecture normale.

ex. livre
    i
    v
    r
    e

L'auteur ajoute également des précisions quant à la conduite de la thérapie: «Les aphasiques — et ils s'opposent en cela aux enfants dyslexiques — doivent être aidés au début à déchiffrer correctement afin qu'ils s'habituent à l'arrangement vertical». Il s'agit là d'un des éléments qui nous a conduit à la question: S'agit-il pour tous les types d'aphasie d'un réel apprentissage ou, au contraire, existe-t-il des types d'aphasie pour lesquels l'arrangement vertical constitue d'emblée un élément facilitateur? Les résultats favorables de la méthode sont à nouveau interprétés en termes de mouvements oculaires plus adéquats.

3. L'article le plus récent, «Vertical Reading: a New Method of Therapy for Reading Disturbances in Aphasics» (1981), fait part d'une investigation ayant porté sur 60 cas d'aphasiques rééduqués par la méthode verticale (la durée de la thérapie étant toutefois variable).

Les étiologies sont diverses avec cependant une grosse majorité d'accidents vasculaires cérébraux (56/60). Les types de troubles aphasiques présentés par les patients sont également diversifiés: expressifs de manière prédominante dans 35 cas, essentiellement réceptifs dans 12 cas et mixtes dans 13. Les cas d'alexie totale ont été éliminés. L'investigation a porté sur les trois variantes de la méthode et cela pour tous les patients. Le matériel comprenait une série de 50 mots isolés (appartenant aux diverses catégories grammaticales) présentés dans les variantes L/L et S/S ainsi qu'un petit texte de 120 mots présenté selon la troisième variante. Le même matériel était représenté horizontalement après un intervalle de 6 à 7 jours.

Les résultats sont analysés de manière quantitative et qualitative. Chaque patient est comparé à lui-même.

a) Quantitativement, l'auteur constate que d'une manière globale, les performances sont meilleures en arrangement vertical qu'horizontal, et cela tant pour les phrases que pour les mots isolés. Il faut souligner qu'ont été inclues dans les réponses considérées comme correctes, les «paralexies intelligibles». L'imprécision que comporte cette appellation est évidemment fort gênante. L'auteur établit également qu'il n'y a pas de relation entre les performances et les divers types d'aphasie.

b) De l'analyse qualitative, il ressort que:
- en vertical, la longueur des mots n'est pas un facteur relevant;
- dans les phrases, les prépositions et conjonctions sont fréquemment omises dans la présentation horizontale; ces mêmes mots-fonctions sont par contre tous correctement lus par tous les patients dans la présentation M/M;
- les mots isolés contenant des diphtongues sont mieux lus en vertical (à savoir une lettre de la diphtongue sous l'autre) qu'en horizontal.

Dans la discussion des résultats, on ne trouve pas de tentative d'explication théorique. Les notions relatives aux mouvements oculaires ont été abandonnées. L'auteur conclut que la présentation verticale aide l'aphasique à appréhender chaque lettre individuellement, à se concentrer sur les composants lexicaux, ce qui l'amène à se corriger graduellement et à réaliser des performances supérieures.

Il semble donc que ceci revient à dire que tous les aphasiques — après thérapie — en arrivent à utiliser un procédé de lecture plus analytique et à en bénéficier. Ce caractère de « panacée » conféré à la méthode, a éveillé à la fois notre intérêt et notre scepticisme. L'objet de cette première étude fut dès lors de savoir si certains types d'aphasiques réagissent d'emblée favorablement à une présentation verticale du matériel à lire.

III. Procédure

1. Epreuves

Epreuve 1

lecture de 10 trios sémantiques
ex.   CERISE   B   O
                         A   RAN
                         N   GE
                         A
                         N
                         E
liste de mots simples destinée à éliminer les cas d'aphasie totale.

Epreuve 2

lecture de 2 séries de 10 mots simples, bisyllabiques
lecture de 2 séries de 10 mots polysyllabiques
le même matériel fut utilisé dans les trois présentations (horizontal, L/L et S/S), avec un intervalle de 7 jours entre les séances.

Epreuve 3

lecture de 20 trios morphologiques
ex.   PLAQUE   F   CLA
                         L   QUE
                         A
                         Q
                         U
                         E
les trois mots constituant un trio étaient de fréquence à peu près équivalente; les éléments des trios avaient été dispersés et furent présentés lors de deux séances différentes, à un intervalle d'une semaine.

Epreuve 4
lecture de 20 paires morphologiques
ex.   PLA   PLA-TI-NE
        TA
        NE
épreuve destinée à comparer deux présentations syllabiques; le système de présentation fut similaire à celui de l'épreuve précédente.

Epreuve 5
lecture de 20 phrases
ex. Elle est assise et lui mange une pomme.

> Elle
> est
> assise
> et
> lui
> mange
> une
> pomme

le même matériel fut utilisé en vertical et en horizontal, à une semaine d'intervalle. La compréhension à la lecture fut investiguée simultanément par l'entremise d'un appariement phrase-image (Fig. 25).

2. Sujets

Pour l'analyse finale des résultats, nous avons retenu 7 des 12 patients examinés, en éliminant pour l'épreuve 1, les alexies importantes ne permettant pas l'accès aux autres parties du test. Les 7 cas retenus présentaient des troubles de la lecture au niveau du mot isolé et de la phrase. Leur dyslexie était secondaire aux aphasies suivantes: trois aphasies de Wernicke de type I[3], une aphasie motrice sévère, une aphasie motrice légère, une aphasie de conduction, un agrammatisme sévère. Ces aphasies s'étaient toutes manifestées suite à un accident vasculaire cérébral. Remarquons que notre groupe était fort semblable à celui de la dernière étude de Gheorghita en ce qui concerne l'étiologie et la diversité des aphasies. Le groupe était composé de 4 hommes et de 3 femmes. Deux hommes étant néerlandophones, toutes les épreuves furent conçues dans les deux langues nationales.

Figure 25. Exemple d'item utilisé pour investiguer la compréhension en lecture. Le patient doit opérer l'appariement de la phrase « elle est assise et lui mange une pomme » avec l'une des 4 images.

IV. Résultats et discussion

Dans les analyses quantitatives, l'évaluation a été faite en termes de « tout ou rien ». Une bonne réponse intervenant après une série de paralexies, mais sans intervention de l'examinateur, a cependant été considérée comme correcte.

1. Résultats globaux (épreuves concernant les mots isolés + épreuves concernant les phrases).

Le tableau 10 illustre de manière théorique la grille de résultats établie pour chaque patient. Il s'agit de comparer les résultats a, b et c ainsi que les totaux I, II et III et de voir si globalement certains types d'aphasiques obtenaient des performances supérieures dans l'une des trois présentations. Aucun renseignement intéressant ne semble devoir ressortir d'une telle analyse.

Tableau 10

ex. M. Y	Vertical	Horiz.	Syll.
épreuve 1	a_1	b_1	c_1
2	a_2	b_2	c_2
3	a_3	b_3	c_3
4	a_4	b_4	—
5	a_5	b_5	—
Total	I	II	III

2. Résultats des épreuves portant sur le mot isolé

a) Pour les aphasiques moteurs, la présentation horizontale est plus aisée. Les aphasiques de Wernicke, par contre, réalisent des performances nettement supérieures lors des lectures verticale et syllabique. Il est par ailleurs très fréquent que ces lectures correctes s'accompagnent d'une incompréhension de la signification du mot. On pourrait en déduire que, dans ces cas-là, les présentations verticale et syllabique permettent à ces patients de déchiffrer le mot, c'est-à-dire de faire la correspondance graphème-phonème, mais que cette lecture ne donne pas accès à l'aspect sémantique du mot. Cette dissociation n'est évidemment pas inhabituelle chez les Wernicke de type I. On pourrait néanmoins supposer, au vu des présents résultats, que l'arrangement vertical serait de nature à favoriser cette dissociation.

b) Les présentations L/L et S/S incitent tous les patients à un plus grand nombre d'essais (on ne tient pas compte dans le calcul du caractère correct ou incorrect de la réponse finale). Deux hypothèses explicatives se présentent :
- le vertical et le syllabique inciteraient davantage à analyser le mot ;
- le caractère inhabituel de la présentation provoquerait une certaine déroute et par là des essais répétitifs.

c) Analyse d'erreurs. Les erreurs de lecture furent classées en plusieurs types : paralexies formelles, paralexies sémantiques, erreurs dérivatives (ex: « sécher » - « sèche »), néologismes, paralexies non identifiées (ex: « savon » - « vacances »), persévérations et absence de réponse.

Ce type d'analyse ne fournit que peu de renseignements; on ne peut par exemple dégager aucun type d'erreur prédominant qui serait commun à une majorité de patients dans un même mode de présentation.

d) Indice de similarité. Cet autre type d'analyse d'erreurs avait pour but de déterminer la qualité des erreurs avec plus de précision. Le système utilisé a été calqué sur celui décrit par Lecours et Lhermitte (1970) et repris par Seron *et al.* (1979). Tel que nous l'avons utilisé, il s'agit d'un indice basé sur deux paramètres:
- le pourcentage de correspondances graphème-phonème correctes entre le stimulus et la réponse;
- le pourcentage de correspondances graphème-phonème correctes, reproduites dans le bon ordre.

ex.:

stimulus	réponse du patient
CHATEAU	CHATON
4 phonèmes	3 phonèmes corrects

paramètre 1: $3/4 = 0.75$
paramètre 2: $3/3 = 1$

total: 1.75

indice de similarité: $\dfrac{1.75}{2} = 0.88$

0.88 est l'indice de similarité de la paralexie « chaton » par rapport à l'item « chateau ».

Ce calcul a été effectué pour 240 paralexies au total. On a pu dès lors observer que les indices des paralexies horizontales sont supérieurs et cela quelle que soit l'aphasie présentée par le patient. En d'autres termes, tous les patients commettent de « meilleures erreurs » lorsque la présentation est horizontale.

3. Comparaison entre elles des lectures syllabiques, horizontale et verticale

Ces résultats se dégagent de l'épreuve 4 (cfr supra). Remarquons qu'il s'agit ici de comparer deux présentations de lecture fournissant au patient un « pré-découpage » en syllabes. C'est l'arrangement spatial des syllabes qui diffère. Il ressort de cette épreuve que, exception faite d'un cas, les performances sont supérieures en syllabique horizontal. Ceci fait donc ressurgir la question de savoir si un effet facilitateur ne doit pas être attribué également au découpage en syllabes en soi et/ou au caractère inusité du matériel.

4. Résultats de l'épreuve portant sur les phrases

Rappelons que la procédure utilisée permettait d'examiner tout à la fois la lecture à voix haute et la compréhension à la lecture. Les résultats obtenus peuvent être traduits dans le tableau 11.

Tableau 11. Résultats de l'épreuve 5 (lecture et compréhension de phrases)

	H. = V.	V. > H.	V. < H.
Lecture à haute voix	W.3 M.3	W.2 M.2 CO	W.1 M.1
Compréhension	W.3 M.1	W.2 M.3	W.1 M.2 CO

W. = Wernicke
M. = aph. moteur
CO = aphasie de conduction

W.1 = patient 1...
M.1 = patient 1...

On ne remarque donc:

a) pas de réaction favorable à l'arrangement vertical ni de manière globale pour tous les patients, ni par type d'aphasie (contrairement à ce qui apparaissait pour la lecture des mots isolés);

b) pas de correspondance entre les tâches de lecture à voix haute et de compréhension. En d'autres termes, une meilleure lecture en vertical ne va pas nécessairement de pair avec une meilleure compréhension dans cette même présentation (cfr M1, M2, CO).

Il est à noter qu'à côté de ces résultats basés sur l'ensemble des performances, il a été procédé à de nombreuses analyses de détails; aucune d'entre elles ne devait toutefois permettre de dégager quelque constante que ce soit. Il reste bien évidemment à se demander pourquoi, au niveau de la phrase, les aphasiques sensoriels ne tirent pas bénéfice de la présentation verticale alors que c'était le cas au niveau du mot isolé. Une des hypothèses qui vient bien entendu d'emblée à l'esprit, est que dans l'arrangement des phrases utilisé par Gheorghita et repris ici, chaque mot en soi est horizontal. Il serait dès lors intéressant de voir si une présentation combinant un arrangement vertical global et une disposition syllabique verticale de chaque mot ne modifierait pas les résultats.

V. Conclusion

A la lumière des résultats du présent travail, nous serions enclins à penser que les bonnes performances réalisées par les patients de Gheorghita (1981) sont effectivement à mettre en relation avec un effet thérapeutique efficace de la méthode.

Des études ultérieures devraient toutefois permettre de clarifier les points suivants:

1. La légère prédisposition à bénéficier d'emblée de la lecture verticale, notée chez les aphasiques de Wernicke, constitue-t-elle un critère thérapeutique favorable ou défavorable ?
2. Ne pourrait-on pas dégager des types de troubles de lecture (et non pas des types d'aphasies) pour lesquels l'efficacité de la méthode serait particulièrement marquée ainsi que les fondements théoriques rendant compte de cette efficacité ?
3. Ne conviendrait-il pas de modifier légèrement la dernière variante de la méthode, à savoir d'y adjoindre l'arrangement syllabique vertical des mots polysyllabiques ?

Chapitre 9
Diverses formes de désintégration du langage écrit et implications pour la rééducation

F.M. HATFIELD[4]

I. Introduction

Dans l'histoire des neurosciences, il s'est trouvé quelques rares mais heureuses occasions où les données de la recherche psychologique et les théories les sous-tendant ont été directement appliquées par les thérapeutes dans la rééducation des patients. Une synthèse de ce type s'est accomplie il y a quelques années avec l'apparition d'un nouveau type d'analyse de la dyslexie acquise accompagnée du développement de modèles théoriques originaux comme ceux de Marshall et Newcombe (1973), Shallice et Warrington (1980) ou Morton et Patterson (1980) et quelques autres auteurs. Plus précisément, l'identification de désordres graves touchant des processus de transcodage des graphèmes en phonèmes et l'importance des facteurs sémantiques dans les cas de « dyslexie profonde » (voir infra) ont changé l'orientation de la thérapie pour ce groupe de patients. Il en résulte que les dimensions pertinentes à prendre en considération dans les premières étapes de la thérapie ne sont plus seulement la longueur des mots et le caractère régulier de leur épellation mais plutôt la dimension plus ou moins concrète de ces mots et leur catégorie d'appartenance grammaticale. D'autres exemples d'intégration entre réflexion théorique et pratiques thérapeutiques se retrouvent dans certaines des techniques rééducatives concernant des patients aphasiques proposées par Luria et dans les recherches de Beauvois et Derouesné exposées dans ce volume (chapitre 11).

1. Cadre et objectif général de cette étude

Les modèles cités plus haut en relation avec l'activité de lecture sont à présent étendus à d'autres secteurs de l'activité verbale et ils couvrent différents types de désorganisations survenant dans l'écriture et la lecture après lésions cérébrales. Nous présentons à la figure 26 un modèle très simplifié illustrant les deux processus principaux intervenant chez le sujet normal entre les entrées et les sorties dans la lecture à voix haute et dans l'écriture sous dictée.

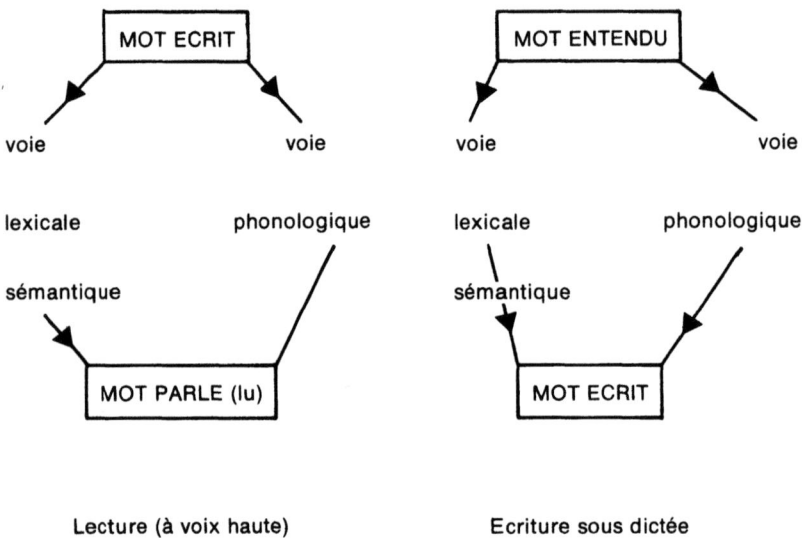

Figure 26.

En entamant cette étude, nous espérions qu'un cadrage serré et critique des applications thérapeutiques en regard de ces nouveaux modèles décrivant les traitements de l'information impliqués dans ces activités entraînerait une amélioration de l'efficacité des thérapies proposées.

2. Une nouvelle classification des désordres du langage écrit

a) Typologie des dyslexies acquises

La nouvelle classification des dyslexies acquises est basée sur l'atteinte ou le maintien des voies principales présentées dans le modèle et illustré à la figure 26. Selon Marshall et Newcombe (1973), dans la «dyslexie profonde» c'est le système non lexical de règles par lequel les lettres ou les combinaisons de lettres sont converties en sons ou phonèmes qui est le plus altéré. Dans une autre forme de troubles de la lecture, «la dyslexie de surface» c'est au contraire le processus lexical-sémantique qui est altéré, tandis que le patient garde des possibilités quasi normales pour l'analyse d'un mot écrit en ses constituants graphiques et pour le transcodage des graphèmes en phonèmes. Les différences entre ces deux types de dyslexie ont été clairement mises en évidence par les résultats obtenus à certains tests spécifiques. Shallice et Warrington (1975) ont montré que les dyslexiques profonds lisent les mots lexicaux (noms, verbes, adjectifs) plus aisément que les mots fonctionnels ou les mots grammaticaux (prépositions, auxiliaires, pronoms, etc.). Selon ces auteurs, l'explication de cette différence résulterait du fait qu'en l'absence d'une voie assurant la correspondance graphème-phonème (appelée voie phonologique) la lecture à voix haute de ces patients reposerait essentiellement sur des facteurs sémantiques concrets.

De plus, Shallice et Warrington ont montré qu'à l'intérieur de la classe des mots concrets, les items qui sont élevés dans la valeur d'imagerie au sens de Richardson (1976) sont mieux lus par les dyslexiques profonds que les mots faibles en valeur d'imagerie: des mots tels que *couverture, lézard, pull-over,* sont des exemples d'items à haute imagerie, tandis que *insinuation, crédo* et *consentement* n'engendrent une image mentale qu'avec beaucoup de difficultés (il faut rappeler qu'il existe une corrélation positive bien qu'imparfaite entre la valeur «forte imagerie» et le caractère concret, et entre la valeur «faible imagerie» et le caractère abstrait). Pour la même raison, les patients dyslexiques profonds[5] non seulement lisent les mots de la langue nettement mieux que des non-mots (logatomes) même simples et à orthographe régulière mais ils peuvent dans certains cas être dans l'impossibilité de lire ces derniers (Patterson et Marcel, 1977). D'un autre côté, la lecture de ce groupe de patients est peu affectée par certains paramètres des stimuli, comme la régularité de l'orthographe ou la longueur des mots (Shallice et Warrington, 1975; Patterson, 1981). Au contraire, les dyslexiques de surface ne peuvent utiliser correctement la route lexicale sémantique (Marshall et Newcombe, 1973), ils lisent de manière égale les mots fonctionnels et les mots lexicaux, sans doute en utilisant la voie phonologique. Pour eux cependant, la régularité de l'orthographe est un facteur critique (Coltheart *et al.*, 1981; Kremin, 1979).

Deux autres formes au moins de dyslexies ont été décrites, dans le cadre de modèles identiques, mais la présente étude est limitée aux deux types de dysgraphies qui correspondent par beaucoup d'aspects aux deux formes de dyslexies mentionnées ci-dessus. Ainsi, par exemple, les caractéristiques de la dyslexie phonologique et de la lecture lettre par lettre ne seront pas directement pertinentes pour l'objet de ce travail. On trouvera dans Patterson (1981), Shallice (1981) et Coltheart (sous presse) des revues récentes sur les diverses formes de dyslexies aujourd'hui isolées.

b) Typologie provisoire des dysgraphies acquises

A ce jour, beaucoup moins de travaux ont été consacrés aux dysgraphies acquises mais récemment certaines études importantes ont vu le jour sur ce sujet, notamment celle de Beauvois et Derouesné (1981) qui proposent un modèle et une classification des désordres de l'écriture analogues à ceux décrits pour les dyslexies (voir aussi Fig. 26).

Les syndromes suivants ont été provisoirement identifiés pour la dysgraphie acquise :

1º La dysgraphie profonde, dans laquelle on observe une altération plus sévère du système phonologique de l'écriture que du système lexical-sémantique, ce dernier étant cependant altéré lui aussi.

2º La dysgraphie phonologique, dans laquelle on observe une altération des opérations de transcodage des phonèmes en graphèmes et une quasi-absence de troubles du système lexical sémantique (Shallice, 1981).

3º La dysgraphie de surface, avec altération des opérations orthographiques lorsqu'elles dépendent de connaissances spécifiques relatives au mot, mais sans altération notable du système des règles générales de transcodage des phonèmes en graphèmes. Ce type de patient est capable d'opérer la décomposition de mots tels que PAIL (*le seau*) (/pei/) en phonèmes et peut appliquer à peu près correctement les règles de conversion en graphèmes, mais il ne sait pas s'il faut l'écrire PAIL (transcription correcte pour *seau*), ou PALE (transcription qui serait correcte pour l'équivalent français *Pâle*) ou encore PEIL, PAYLE, etc. ces deux dernières transcriptions étant des non-mots, mais dont l'orthographe présente une certaine analogie avec /Veil/ (en français, voile), SAYLE (qui est un nom de famille), etc. (Beauvois et Derouesné, 1981; Kremin, 1980; Patterson et Hatfield, 1980).

II. Nécessité d'instruments diagnostiques en liaison avec ces modèles d'agraphies

On trouvera plus loin les résultats aux épreuves construites pour l'identification des différents types de dyslexies, mais utilisées ici pour la première fois pour l'analyse des désordres graphiques. Quatre sujets ont été choisis, tous sont aphasiques, dyslexiques et dysgraphiques. Trois d'entre eux ont été sélectionnés comme représentants possibles de la «dysgraphie profonde» et un à titre de représentant de la «dysgraphie de surface». Ce travail est centré sur deux sujets seulement présentant l'un et l'autre des deux désordres graphiques. On insérera cependant certaines données issues de l'analyse des deux sujets restants afin de montrer que certains ensembles de désordres graphiques se reproduisent inchangés dans des groupes de patients. Ces données rapprochées d'autres faits existant dans la littérature, rendront légitime l'utilisation d'expressions génériques telles que *«groupe»* de patients dysgraphiques ou «types» de dysgraphie.

1. Les sujets

Les quatre sujets, droitiers manuels, écrivaient tous normalement, avant leur atteinte cérébrale. Tous ont subi une atteinte cérébrale au moins un an et demi avant le début de l'investigation, pour deux d'entre eux l'atteinte a eu lieu dix ans auparavant. On peut donc considérer que l'éventuelle période de récupération spontanée est terminée.

- B.B., grossiste en alimentation, est âgé de 43 ans et de niveau d'instruction moyen. Il a subi un accident vasculaire deux ans auparavant impliquant la région fronto-temporale. Il présente alors une hémiparésie droite et une aphasie importante, son expression verbale est celle d'un Broca selon les critères de Goodglass et Kaplan (1972), sa compréhension verbale n'est que modérément perturbée. Dans la période post-lésionnelle immédiate on observe une importante récupération de la lecture à voix haute, mais ceci concerne surtout la lecture des mots lexicaux. Sur base d'une investigation détaillée de la lecture de ce patient, le diagnostic de dyslexie profonde est posé (Patterson, 1981). L'écriture tant sous dictée qu'en dénomination reste longtemps inchangée, mais commence à s'améliorer juste avant notre investigation.

- D.E. est âgé de 26 ans au moment de l'investigation et travaille comme magasinier dans une firme pharmaceutique (il est donc capable de travailler malgré son handicap). Il a reçu une instruction moyenne (il a réussi son examen d'entrée au lycée (grammar school) à onze ans, mais, peu motivé pour les études, il n'a pas terminé ce cycle). D.E. a subi une importante lésion hémisphérique gauche impliquant les lobes frontaux et temporaux, à la suite d'une occlusion carotidienne causée par une blessure au cou survenue à l'âge de 16 ans. Il présente alors une hémiplégie droite et une aphasie avec une chute de la fluence verbale et une expression agrammatique qui ne s'est guère améliorée avec le temps. La compréhension verbale est assez bonne au moment de cette investigation. Les troubles lexiques de type « dyslexie profonde » ont été décrits en détail par Patterson (1978, 1979) et Patterson et Marcel (1977). La lecture est nettement supérieure à l'écriture qui est très pauvre.

- P.W. est âgé de 72 ans, il est fonctionnaire dans une administration communale et a subi un accident cérébro-vasculaire quinze ans avant cette étude. Il présente une hémiparésie droite permanente. Le CT Scan montre des lésions frontale, temporale et pariétale. Il présente une expression verbale de type Broca, comme D.E., mais avec un agrammatisme plus marqué et rebelle à toute thérapie. Sa parole est par moments raisonnablement expressive. Sa lecture est caractéristique de la « dyslexie profonde » (voir Patterson et Marcel, 1977; Morton et Patterson, 1980); mais ce patient utilise déjà différentes stratégies, dont certaines qu'il a inventées, pour accéder à la lecture des mots fonctionnels. Son écriture demeure très pauvre.

- T.P., âgée de 51 ans, était antérieurement assistante-chef dans un service de radiographie. Elle a présenté une hémorragie sous-arachnoïdienne provoquée par un angiome un an et demi avant l'investigation et affectant la région temporo-occipitale gauche. Elle présente une hémianopsie homonyme droite, une aphasie fluente avec un manque du mot sévère (au début il y a un épisode de jargon et un peu de confusion) et quelques troubles de compréhension. Durant les premières semaines qui suivent l'accident cérébral, la patiente est incapable de lire et ne peut ni réaliser des appariements entre des mots et des images d'objets usuels, ni identifier les lettres sur base de leur valeur phonémique. Cependant, une période de thérapie intensive améliore considérablement sa lecture. La stratégie utilisée par la patiente consiste à analyser le mot écrit en identifiant les séquences de lettres (parfois, bien que non habituellement, en disant les lettres à voix haute, aitch (en français, « ach » → h), EM (en français, « em » → m), double-u (en français, « double vé » → W, etc.) et en leur assignant une prononciation par l'utilisation de règles de transcodage. Dans certains cas, la patiente est capable de prononcer le mot à voix haute, et parfois bien que la prononciation soit exacte la patiente n'est pas capable d'attribuer une signification au mot qu'elle vient de prononcer; ce mot reste donc pour elle l'équivalent d'un non-mot (Patterson et Hatfield, 1980).

Les trois premiers sujets (B.B., D.E., P.W.) écrivaient avec une aisance relative avec leur main gauche. B.B. occasionnellement, et P.W. fréquemment, utilisaient spontanément l'écriture des mots simples comme stratégie pour combler un manque du mot présent par oral. Mais aucun des trois n'écrivaient spontanément une suite organisée de mots.

T.P. est la seule patiente qui ait reçu une thérapie régulière pour ses troubles de l'écriture avant notre investigation. Les essais thérapeutiques visant une amélioration de l'écriture ont été interrompus quelques années plus tôt pour P.W. et D.E., car les méthodes classiques, spécifiquement celles d'inspiration phonétique ont échoué. Enfin B.B. n'avait bénéficié que d'une très courte rééducation de l'écriture car ses besoins de communication en modalité orale étaient bien plus urgents.

2. Les tests

Les deux premiers tests comparent la dictée de mots lexicaux et de mots fonctionnels, appariés pour la longueur. Les deux listes de mots sont aussi homogènes que possibles pour la fréquence d'usage. Ceci étant réalisé par le choix de mots lexicaux de très haute fréquence[6]. Les sujets sont invités à répéter chaque mot avant toute tentative d'écriture (aucun sujet n'éprouve de difficulté à cet égard). Un contexte est fourni pour les mots ayant des homophones, exemple *their* (prononcé de la même façon que *there*), *would* (prononcé de la même façon que *wood*). L'épreuve se déroule sans contrainte temporelle. Il y a 60 items de chaque sorte. Un test complémentaire est administré, il vise la comparaison des mots à «haute valeur d'imagerie» et des mots à «faible valeur d'imagerie». Il y a 26 mots de chaque catégorie, les deux listes étant homogènes en ce qui concerne la longueur des mots et leur fréquence d'usage.

Un troisième test compare l'écriture sous dictée de mots et de non-mots (logatomes) appariés pour la longueur et la structure phonémique. Par exemple, le mot «rain» (pluie) est apparié au non-mot «raib» et le mot «prim» (guindé) au non-mot «prid».

Le quatrième test compare les mots à orthographe régulière aux mots à orthographe irrégulière, appariés pour la longueur et approximativement pour la fréquence. Les lecteurs n'ayant qu'une connaissance imparfaite de l'anglais doivent savoir que le système orthographique anglais est extrêmement compliqué, ces inconsistances apparentes sont dues à la diversité considérable des langues qui ont contribué à la création de l'anglais contemporain, aux changements de prononciation qui ont marqué l'évolution de l'anglais à travers les siècles et à d'autres influences linguistiques. Ainsi le phonème /u/ peut être représenté par les lettres (ou le graphème) *ue (due, blue)*, par *u* et *e* séparés par une consonne *(Flute)*, par *ew (blew)*, par *oo (room)*, occasionnellement par un seul o *(do, who)*, plus rarement par *ough (through)*, etc. Mais, il ne s'ensuit pas que la lettre o représente toujours le phonème /u/ comme dans *do* ou *who* : ceci n'est vrai que dans certains mots. Dans *go, no* et *so* le o se prononce /ou/; dans *pot* et *gone* /ə/, et dans *done* et *some* /ʌ/. Il existe une variété similaire dans la représentation d'autres phonèmes. Certes, dans certains cas des règles relativement simples peuvent être invoquées pour rendre compte de l'épellation, mais dans les cas susmentionnés l'orthographe correcte est dépendante de l'histoire du mot dans la langue. Et la connaissance de son orthographe est, soit un savoir isolé et arbitraire, soit renvoit à la connaissance d'une règle particulière, limitée à un groupe spécifique de mots[7].

III Résultats des tests

1. *Données quantitatives*

Le tableau 12 présente les résultats du premier test. Ce sont aussi les plus intéressants.

B.B., P.W. et D.E. montrent une supériorité frappante dans l'écriture des mots lexicaux comparée à l'écriture des mots fonctionnels. Les performances globales de T.P. sont les meilleures mais in-

Tableau 12. Ecriture sous dictée de mots lexicaux et de mots fonctionnels

Sujets	Mots correctement écrits	
	Mots lexicaux	Mots fonctionnels
	N = 60	N = 60
B.B.	20	4
P.W.	20	5
D.E.	25	6
T.P.	57	48

diquent aussi un biais discret des erreurs dans la même direction. Une partie des mots lexicaux a une signification très générale, liée à leur haute fréquence d'usage (comme *put*, *set*, *way*, *place*) et il y a de bonnes raisons pour penser que les trois premiers patients, surtout P.W. et D.E., auraient obtenu plus de succès dans l'écriture de ces mots s'ils avaient eu un contenu sémantique plus concret et plus spécifique. Mais la présence de tels mots concrets eut modifié la fréquence d'usage moyenne des mots lexicaux et aurait donc créé un biais dans les analyses. Un autre point doit être souligné: la liste des mots fonctionnels contient une proportion plus élevée de mots irréguliers du point de vue orthographique, ce qui pourrait avoir influencé négativement les scores de T.P.

Au test comparant les deux niveaux d'imagerie, les mots étant plus longs et moins fréquents, seuls les résultats de D.E. et T.P. sont suffisants pour en permettre l'analyse. D.E. écrit correctement 8 des 26 mots à haute imagerie contre seulement 1 des 26 mots à faible imagerie. Les scores de T.P. sont plus homogènes: 17 mots corrects dans la liste à haute imagerie et 14 dans la liste à faible imagerie.

Dans le test comparant l'écriture sous dictée des mots réels et des non-mots, B.B. et P.W. ont peu de réussite avec les mots et n'en ont aucune avec les non-mots. Dans d'autres épreuves administrées au cours de la même période, ces deux sujets n'ont jamais pu écrire correctement les non-mots, mais réussirent de temps en temps à écrire des mots. Enfin les résultats de D.E. sont nettement différents de ceux de T.P. qui présente un score équivalent aux deux séries (18/20).

Tableau 13. Ecriture sous dictée de mots et de non-mots (logatomes)

Sujets	Ecriture correcte	
	Mots	Non-mots
	N = 20	N = 20
B.B.	2	0
P.W.	4	0
D.E.	10	0
T.P.	18	18

Dans le troisième test qui compare l'écriture des mots réguliers aux mots irréguliers, P.W. et D.E. font approximativement le même nombre de réponses correctes aux deux séries, ceci est vrai aussi de

B.B. mais son score est beaucoup plus faible (1 mot correct à chacune des deux listes de 22 items!). T.P. écrit correctement 12 mots réguliers et 9 mots irréguliers, mais quelques mois plus tôt, l'avantage en faveur des mots réguliers s'est accru nettement.

Tableau 14. Ecriture sous dictée de mots à orthographe régulière et irrégulière

Sujets	Mots écrits correctement	
	Orthographe régulière	Orthographe irrégulière
	N = 22	N = 22
B.B.	1	1
P.W.	6	7
D.E.	4	4
T.P.	12	9

Le tableau 15 résume les résultats obtenus aux quatre tests, on y observe de grandes similitudes entre B.B., P.W. et D.E. et un contraste dans les réponses de T.P. aux différentes variables introduites.

Tableau 15. Traits distinctifs des 4 patients dysgraphiques; > supériorité à gauche du signe d'inégalité; 0 absence de données suffisantes pour effectuer la comparaison; ++ supériorité très nette pour la classe mentionnée à gauche du signe >; + supériorité modérée; +/0 supériorité à peine significative (erreurs nombreuses dans les 2 classes); = pas de différence significative; ? ininterprétable (variables non contrôlées)

Sujets	Mots lexicaux	>	Mots fonct.	Mots	>	Non-mots	Réguliers	>	Irréguliers
B.B.	++			0			0		
P.W.	++			+/0			=		
D.E.	++			++			=/0		
T.P.	+?			=			+		

2. Résultats qualitatifs

Le nombre des erreurs n'explique pas tout, la nature des erreurs est au moins aussi importante. Comme on peut le constater au tableau 16, pour B.B. comme pour P.W., la majeure partie des mots produits ne ressemblent pas aux mots à produire, ni phonologiquement ni visuellement. Néanmoins comme l'indique le tableau 17, certaines ressemblances visuelles peuvent s'observer, particulièrement dans les productions de B.B. De temps à autre les deux sujets font des paragraphies sémantiques et particulièrement P.W. Dans quasi tous les cas les deux patients essayaient d'écrire quelque chose, mais ceci n'est pas toujours vérifié si le mot présenté est un mot fonctionnel. D.E. se comporte assez différemment: soit il écrit un mot correctement et sans hésitation, soit il n'écrit rien du tout. Il commet donc en fait peu d'erreurs véritables qui sont, quand il en produit, des paragraphies visuelles et sémantiques. Ces trois sujets font quelques erreurs morphologiques et dérivationnelles (voir tableau 16). Le tableau 16 reprend quelques exemples des différents types d'erreurs produites par ces patients.

Tableau 16. Les erreurs

---

a) Quelques exemples d'erreurs atypiques

B.B.
once → fecounds   shore → feat
dirt → clengs   system → sespint

P.W.
within → lentherd   part → tool
gain → senter   corner → warewood

---

b) Quelques exemples d'erreurs visuelles, y compris des inversions de lettres (spécialement B.B.)

B.B.
way → why   often → after
end → ned, neas   meat → matty, walls
humidity → himtold   major → wother

P.W.
world → worth   life → safe
much → such   nightfall → nighteen

D.E.
topic → tropic
dough → dought

---

c) Paragraphies sémantiques et associations

B.B.
Little → tiny → (autocorrection →) small   stove → shiver

P.W.
time → hour   stove → cooking
sew → Singers   caution → danger

D.E.
sum → add

---

d) Erreurs dérivationelles

B.B.
whose → who came → come
sees → seen

P.W.
eyes → eye beds → bedding
built → builds

D.E.
called → calling beds → bed

A la fois les résultats de ces tests comparant l'effet des différentes variables et la nature des erreurs produites indiquent que ces trois sujets B.B., D.E. et P.W. ne tentent pas d'utiliser la voie phonologique en écrivant ou, si un tel essai a lieu, il est infructueux. Leurs performances incontestablement supérieures pour les mots lexicaux et leurs occasionnelles paragraphies sémantiques montrent que leurs performances sont fortement influencées par les facteurs sémantiques et donc qu'ils utilisent la voie lexicale-sémantique. Pour ce type de désordre de l'écriture le terme de *dysgraphie profonde* peut être utilisé. Pour son équivalent en lecture, Marshall et Newcombe ont décrit des erreurs de trois types: visuelles, sémantiques et dérivationnelles; trois types d'erreurs qui ont été retrouvés à l'examen de l'écriture de B.B., P.W. et D.E.

Les erreurs de T.P. sont d'un autre ordre. Elle tente d'écrire tous les items qui lui sont présentés et dans leur quasi-totalité ces erreurs peuvent être considérées comme des représentations approchées de la forme sonore du mot, en accord avec les règles de transcription propres à la langue anglaise. La lettre initiale (la plus prégnante) est toujours correcte (sauf à une occasion où l'épellation de mot est très anormale), alors que cette première lettre est incorrecte dans la plupart des réponses erronées de B.B. et P.W. Chez T.P. on relève seulement un petit groupe de mots erronément transcrits où la représentation phonologique est incorrecte et même dans ces cas la plupart des erreurs sont interprétables en termes phonologiques. Par exemple, l'erreur consistant à transcrire *group* → *grop* peut être expliquée en se rappelant que la prononciation de *o* est /u/ dans un certain nombre de mots communs comme *do, who, lose*, etc.; l'erreur *though* transcrit → *thowe* peut être expliquée par la prononciation fréquente de *ow* comme /ou/ dans *snow, throw*, etc., et l'écriture redondante d'un *e* expliquée par référence aux nombreux cas de « e final » sans effet sur la prononciation, comme *gone, fore*, etc. Dans très peu de cas, il y a changement réel de phonème, et lorsque cela se produit ce changement est discret, comme dans *residence* écrit *ressidence* (changement de sonorisation sur le *s* seulement), *prim* transcrit → *priem* (changement de longueur et d'élévation de la voyelle). Et même dans ce dernier cas on peut trouver dans la langue écrite un cas au moins où les lettres *ie* représentent le phonème /I/ : le mot SIEVE.

Tableau 17. Quelques exemples des erreurs de T.P.

---

a) Orthographe alternative (mot homophone)

pear → pair
seize → sees

---

b) Orthographe alternative (non-mot homophone; certains sont une « régularisation » d'une forme orthographique inhabituelle)

injury → ingerry	ghost → goast
silhouette → silluet	sole → sowl
major → mager	mode → moed

---

c) Application erronée de la règle du « e final »

pans → panes

---

d) Ecriture lettre par lettre

break → brack	accuracy → aquracy
doe → doo	treat → tret

---

e) Erreur ambiguë

group → grop	would → whode
those → thouse	though → thowe

---

f) Erreur phonétiquement inadéquate (nombre peu élevé)

some → soom	mayor → meure
prim → priem	residence → ressidence

Les conclusions qu'il est possible de tirer du comportement de T.P. aux différents tests et de l'analyse de ses erreurs est que cette patiente fait un effort évident, premièrement pour analyser le mot dicté dans ses constituants phonétiques et deuxièmement pour représenter ces constituants dans le code écrit selon les patterns habituels de l'orthographe anglaise et en respectant certaines règles de transcodage, qui bien que correctes en elles-mêmes sont souvent inadéquates pour le mot spécifique en question. Donc, dans le cas de cette patiente, la voie phonologique fonctionne raisonnablement bien mais le plus souvent sans le secours du système lexical. A quelques détails près, la nature des désordres d'écriture observés ressemblent à ceux décrits par Beauvois et Derouesné sous l'étiquette de « dysgraphie lexicale ou orthographique » et que d'autres ont appelé la « dysgraphie de surface » (Coltheart *et al.*, 1981; Patterson et Hatfield, 1980).

En se référant à la figure 26, on peut proposer que dans la dysgraphie profonde illustrée par B.B., P.W. et D.E., la voie phonologique est la plus altérée, tandis que dans la dysgraphie de surface, illustrée par T.P., c'est la voie lexicale sémantique qui est la plus touchée.

L'explication des difficultés rencontrées par ces deux types de patients et le modèle y afférant peuvent être utilisés comme point de départ à la thérapie. Mais une observation supplémentaire est encore pertinente; les trois dyslexiques profonds incapables d'écrire certains mots fonctionnels sont souvent capables d'écrire un mot lexical, homophone ou presque homophone au mot fonctionnel.

Par exemple, incapables d'écrire sous dictée la préposition *in*, ces patients peuvent écrire le substantif *inn* (homophone de IN)[8]; ils ne peuvent écrire la préposition « over » dans une phrase telle que « the mice ran *over* the table » (les souris courent sur la table) mais peuvent écrire le même mot quand il fonctionne comme un élément lexicalisé, comme cela sera expliqué plus loin.

Ces exemples spécifiques indiquent un mauvais fonctionnement de la voie phonologique quand la signification du mot à écrire est trop ténue pour mettre en jeu la voie lexicale-sémantique; mais dès qu'on substitue au mot fonctionnel un mot lexical de prononciation identique et chargé de signification pour le sujet, il est capable de l'écrire avec peu ou sans aucune hésitation. On ne retrouve pas cette distinction chez les dysgraphiques de surface.

IV. La thérapie

1. Objectifs immédiats pour le premier type de patients « les dyslexiques profonds »

a) Détails de procédure

L'objectif immédiat pour les trois premiers patients vise à les aider dans l'écriture des mots fonctionnels les plus usuels. Un principe général à la base de la thérapie est de noter très précieusement, non seulement l'étendue des déficits, mais aussi les habilités résiduelles. Chaque fois que cela est possible, on essaie de développer et d'élargir ce que l'on pourrait appeler « les îlots » de savoir-faire verbaux encore à disposition, ceci plutôt que de se centrer uniquement sur les lacunes. Cela a été aussi la logique de notre approche de certains cas d'agrammatismes particulièrement résistants (Hatfield, 1979; Hatfield et Elvin, 1978). Comme signalé plus haut, on a observé à plusieurs reprises au cours de notre investigation que lorsqu'un de ces trois patients dysgraphiques profonds est incapable d'écrire un mot fonctionnel il peut cependant écrire le mot lexical homophone (souvent sans hésitation). De plus, écrire le mot lexical facilitait parfois l'accès à la forme graphémique du mot fonctionnel. P.W. avait d'ailleurs déjà élaboré lui-même quelques stratégies de ce type pour lire à voix haute (Morton et Patterson, 1980).

On sélectionna d'abord un petit nombre de mots à travailler, selon leur utilité pour le patient et sur base de l'existence de mots lexicaux homophones ou quasi homophones appropriés: il s'agissait de sept prépositions spatiales, de six auxiliaires verbaux et de cinq pronoms. Si le patient ne découvrait pas par lui-même une stratégie, un mot-lien lui était suggéré, c'est-à-dire un mot lexical homophone qui devait servir de lien pour accéder au mot fonctionnel cible dans la situation de dictée. Au préalable on s'assurait que le patient pouvait écrire aisément le mot-lien utilisé. Ces mots-liens différaient selon le patient. Par exemple, pour la préposition *on* P.W. avait déjà choisi le prénom Donald ou Don [(D)on(ald), (D)on], d'un joueur de cricket australien des années trente; mais pour B.B., qui était trop jeune pour connaître quoi que ce soit au sujet du fameux Donald Bradman, le prénom *Ron* a été trouvé plus approprié. Pour la préposition *over*, P.W., un fanatique du cricket, choisit le terme *over* qui signifie une série de six balles lancée par un joueur (cela dérive du fait qu'après les six balles les équipes doivent changer de côté: en anglais «cross over»), mais pour B.B., qui n'est pas du tout intéressé par le jeu de cricket, le nom d'un village qu'il connaissait bien «Over» (qui se prononce et s'écrit comme la préposition) fut proposé et accepté, D.E. choisit le mot *history* pour accéder au pronom *his*, mais B.B. préférait Histon, le nom d'un village des alentours. Tous trois utilisèrent le mot *hymn* pour le pronom *him* et *bean* pour l'auxiliaire *been*, etc.

La première étape pour ce groupe de sujets fut donc l'association d'un mot-lien au mot-cible. Un petit nombre de mots fonctionnels est choisi à chaque session qui se déroule comme suit: d'abord dictée du mot-lien lexical (souvent accompagné d'une petite saynette) à écrire, suivie immédiatement par la dictée d'une courte phrase contenant le mot fonctionnel cible (cfr Fig. 27). Après deux ou trois sessions consacrées à ce type d'exercices, la phase suivante commençait. Elle

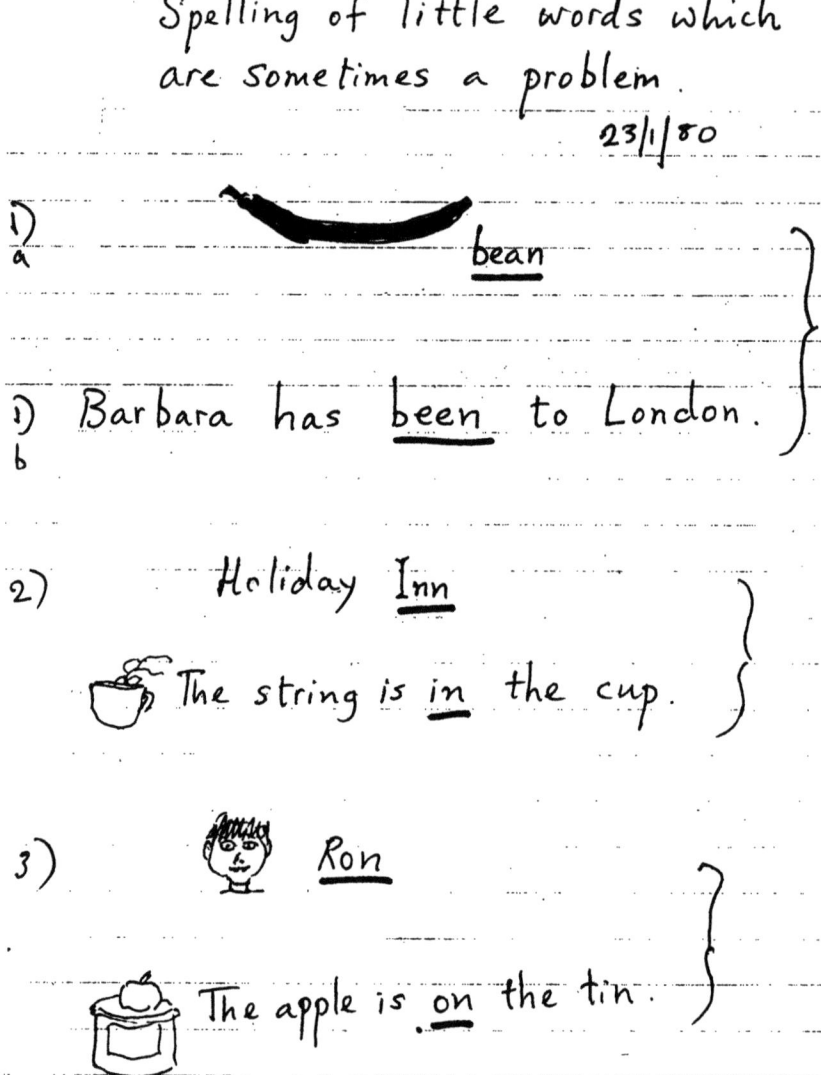

Figure 27. On présente d'abord un contexte pour le mot lexical (bean: le dessin d'un haricot; Ron: le visage de Ron), ensuite le mot fonctionnel est à insérer dans une phrase.

consistait dans la dictée sans indiçage préalable d'une courte phrase contenant le mot fonctionnel. En plus du pré-test des séances contrôles de tests furent administrées pendant la première et la seconde phases. La seconde phase était complétée par des exercices à domicile où le patient avait à utiliser des mots fonctionnels dans des tâches de complètement de phrases lacunaires accompagnées des images ou des contextes.

b) Résultats de la thérapie pour le groupe des dysgraphiques profonds

Avec des patients aussi sévèrement handicapés que B.B., D.E. et P.W., on ne pouvait espérer qu'un degré modéré d'amélioration. Le fait que l'utilisation de certains mots lexicaux aidait fréquemment les patients dysgraphiques profonds dans l'écriture de mots fonctionnels homophones nous a conduit à entamer des exercices systématiques pour renforcer cette stratégie et ensuite à constater que ces patients parvenaient à écrire avec un succès relatif *directement* des mots fonctionnels. Par «directement» il faut comprendre: sans la dictée préalable de mots-liens lexicaux; mais les patients continuaient à utiliser la stratégie de recours à un mot-lien «dans leur tête». Parfois, les patients attendaient un temps très long avant d'écrire un mot fonctionnel et quand on leur demandait comment ils avaient finalement réussi à l'écrire, ils répondaient que c'était grâce au recours à l'une des stratégies préalablement apprises.

Le tableau 18 donne les résultats obtenus par B.B. et D.E. La période de rééducation y est divisée en trois étapes. La première

Tableau 18. Patients dysgraphiques profonds: amélioration en cours de thérapie de l'écriture sous dictée de mots fonctionnels

B.B.					
		Réponses correctes			
	7 prépositions	6 auxiliaires	5 pronoms	Total	
1re étape	7/21	6/17	4/13	17/51	34 %
2e étape	13/17	10/20	8/11	31/40	61 %
3e étape	15/21	16/20	9/12	40/63	63,5 %

D.E.	
	Réponses correctes (Total)
1re étape	49 %
2e étape	68 %
3e étape	67 %

reprend les performances produites immédiatement avant et au moment du début de l'expérience; la seconde correspond à la période de dictée des mots-cibles fonctionnels (insérés dans une phrase) avec présentation préalable de mots-liens lexicaux; la troisième corespond à la période de dictée *directe* des mots-cibles.

Les résultats des deux sujets sont présentés un peu différemment. B.B., le plus représentatif (pour ce travail) de ce groupe, a été en mesure de participer régulièrement aux exercices; il reçut donc la thérapie la plus intensive. D.E. ne pouvait venir à la clinique aussi souvent (bien qu'il apprît plus vite) et donc moins d'items furent testés à chaque étape du programme. Pour cette raison on a regroupé dans le tableau les trois catégories de mots (mais leurs proportions respectives est la même que pour B.B.). Les résultats de P.W. ne sont pas présentés ici car la méthode utilisée avec ce patient fut un peu différente. Ce patient utilisait déjà en lecture comme en écriture quelques-unes des stratégies décrites bien longtemps avant notre investigation. Soumis aux mêmes types d'exercices et aidé par l'introduction de quelques items supplémentaires, il fit encore des progrès. Les progrès obtenus par nos patients ne peuvent assurément s'expliquer par la simple répétition des items. Ce fait est bien mis en lumière par le fait qu'on observait de fréquentes indications d'utilisation des stratégies spécifiques chez ces trois malades, ceci, soit d'une manière ouverte, soit d'une manière privée (dans ce dernier cas on n'avait la preuve d'utilisation de la stratégie de recours au mot-lien qu'en questionnant après coup le patient).

Plusieurs observations au début et au cours de l'expérience ont révélé que les trois patients eurent plus de difficultés avec les pronoms qu'avec les prépositions, les premiers requérant de nombreuses explications quant à leur fonction dans la phrase.

2. *Objectifs à court terme pour le patient « dysgraphique de surface »*

a) La thérapie

La procédure utilisée pour T.P. fut tout à fait différente. Ce que cette patiente avait bien conservé c'était la capacité d'analyser un mot prononcé dans ses constituants phonémiques et d'opérer leur représentation graphique selon les règles de conversion phonème-graphème respectant les patterns généraux de l'épellation en langue anglaise (conversion se faisant donc sans référence à d'éventuelles spécificités lexicales).

Outre l'absence d'influence d'un traitement lexical-sémantique sur l'épellation, cette patiente avait aussi perdu quelques-unes des règles les plus compliquées de transcodage des phonèmes en graphèmes. La thérapie s'est construite sur ce qu'elle avait retenu (c'est-à-dire sur le processus de transcodage des phonèmes en graphèmes), et une des priorités a été le ré-enseignement de la règle du redoublement des consonnes qui préserve le caractère « court » de la voyelle (a *rat*, /ræt/ *ratting* /rætin/, *ratted* /rætid/, *sloppy* /slopi/, etc.). Une autre tâche fut d'aider la patiente à épeler correctement les différentes représentations possibles d'entités lexicales spécifiques, ce travail a porté initialement sur trois groupes de mots avec les voyelles ou les diphtongues /i/, /ei/ et /ou/ représentées par différents graphèmes: deux formes écrites de /i/ (comme dans *meat* et *meet*), deux formes de /ei/ (comme dans *pain* et *pane*, *tail* et *tale*) et trois formes de /ou/ (comme dans *road*, *rode* et *rowed*). Pour la règle du redoublement des consonnes, des explications furent données et les exercices réalisés à domicile; pour les trois différents groupes de sons à transcoder des mots-clefs furent fournis, il s'agissait de mots que la patiente était capable d'épeler correctement. Pour une part ce travail faisait appel à la mémoire, pour une autre il impliquait la découverte d'une stratégie capable d'établir une convention d'épellation quelque peu arbitraire (par exemple, si la patiente avait retenu l'épellation correcte de *Spain*, on l'associait à *rain* — en opposition à *rein* ou *reign* — à *mainly* (opposé à *manely*) et à *plain* (opposé à *plane*) par l'intermédiaire d'une citation connue: « the *rain* in *Spain* falls *mainly* on the *plain* ».

b) Résultats de la thérapie

Non seulement l'objectif mais aussi la méthode d'évaluation furent différents de ceux utilisés pour le groupe des dysgraphiques profonds. La procédure d'entraînement fut ici plus classiquement didactique et ressemble à certains égards aux méthodes habituellement en usage dans l'enseignement de l'épellation aux enfants de 8 à 10 ans. Elle s'adaptait cependant, dans le lexique proposé et les explications fournies, au niveau d'un adulte intelligent ayant conservé d'importantes compétences linguistiques. Cette rééducation comme les trois précédentes est loin d'être finie, mais des progrès sont déjà enregistrés. Le tableau 19 donne les résultats actuellement obtenus. L'étape un correspond aux débuts de la thérapie, l'étape deux débute après cinq sessions d'exercices entrecoupées de séances de travail à domicile.

Tableau 19. *Résultats de la thérapie du patient dysgraphique de surface*

T.P.	Réponses correctes	
	Règle du redoublement de la consonne	Epellation de mots contenant les phonèmes /ou/, /ei/, /i/
1re étape	12/20	11/20
2e étape	16/20	17/20

V. Résumé

1. Les tests administrés ont indiqué l'existence de différences profondes entre certains patients dysgraphiques, qui auraient probablement été, dans le passé, classés dans un groupe homogène. Cependant la solidité de cette investigation ne réside pas dans les tests eux-mêmes mais dans la théorie et les modèles qui les sous-tendent. Les résultats obtenus aux tests et leur rapport au modèle constituent la validation d'une nouvelle classification des dysgraphiques; classification qui répartit les sujets de cette étude en deux types: les dysgraphiques profonds et les dysgraphiques de surface.

2. Cette nouvelle classification et cette orientation originale ont permis l'élaboration d'une méthode rééducative possédant des bases théoriques précises et mieux adaptées aux besoins des patients que les méthodes antérieures.

3. Les méthodes décrites ci-dessus ont conduit à des résultats intéressants chez des patients présentant un degré sévère ou modéré d'aphasie et de dysgraphie, leur succès reste cependant lié à l'introduction graduelle d'un nombre limité d'items, à un entraînement intensif et à des révisions fréquentes.

4. Les interprétations proposées plus haut sur certains des problèmes d'écriture rencontrés par les patients et les mesures développées pour les aider sont un exemple de plus de la manière dont pratique et théorie peuvent interagir. Des approches récentes comme celles utilisant les modèles de transfert de l'information, incluant le «logogen» de Morton et sa version simplifiée de Beauvois et Derouesné peuvent avoir une application directe dans la rééducation des patients atteints de lésion cérébrale.

5. Ce travail est plus qu'un exercice académique pour démontrer qu'il est possible d'asseoir une thérapie sur un modèle théorique, se confinant à des dimensions du langage qu'on pourrait a priori considérer comme secondaires. L'écriture peut en effet consolider et assister le langage oral et il y a des cas traités où la modalité écrite est devenue supérieure à la modalité orale dans le traitement de certains mots fonctionnels (Hatfield, 1980; Kotten, 1977). Il s'ensuit qu'une amélioration dans le domaine de l'écrit peut être tout autant un moyen (améliorer l'oral) qu'une fin en soi.

6. Avec les patients dysgraphiques profonds présentant un agrammatisme et des problèmes de compréhension, le but général du travail n'est pas seulement de les amener à écrire correctement un nombre précis de mots sans égard à leur compréhension. Au contraire, à chaque étape le thérapeute s'assure que le sujet comprend le mot-cible, même si, comme on l'a vu, le sujet doit souvent être informé de la stratégie à utiliser pour retrouver la forme écrite du mot-cible. Nous avons donc l'impression que la thérapie aide indirectement à la fois l'expression et la compréhension orale des items travaillés.

7. Avec la patiente dysgraphique de surface, les problèmes sous-jacents et donc la thérapie sont tout à fait différents. Pour comprendre la nature des erreurs, un système de règles de conversion univoques phonèmes-graphèmes (à la Weigh) ne suffit pas. Quand T.P. épelle *public* → *pubblick*, *which* → *whitch*, *injury* → *ingerry*, *mode* → *moed*, *dance* → *danse*, etc. il est inexact d'affirmer que la patiente ne connaît pas les règles de transcodage. En anglais, nous sommes en fait confrontés à des ensembles de règles de fréquence variable (les formes orthographiques *plain - main-tail* et *plane - mane - tale* sont fréquentes; les formes *vein - rein - veil - feint* sont un peu moins fréquentes; *reign - feign* et *weight - inveigh* le sont encore moins et la forme *demesne* se produit très rarement). Il est sans doute peu utile d'essayer de diviser tout l'anglais écrit en deux systèmes, l'un à orthographe régulière, l'autre à orthographe irrégulière. Cette remarque semble s'appliquer dans une certaine mesure aussi au français. D'autres langues cependant ont un système orthographique «régulier» avec peu d'exceptions (le russe, le serbo-croate, l'allemand, etc.). En ce qui concerne l'anglais, certaines règles peuvent être établies pour des unités plus larges que la lettre (Marcel, 1980; Patterson et Hatfield, 1980) mais elles sont compliquées et truffées d'exceptions. Des connaissances en étymologie et en linguistique diachronique peuvent faciliter jusqu'à un certain point la maîtrise de l'ortho-

graphe mais bien peu de sujets parlant anglais ont accès à ces connaissances.

Ces dernières remarques illustrent la complexité des opérations impliquées dans le transcodage de l'oral à l'écrit et montrent les limites actuelles du modèle simplifié de la figure 26.

Chapitre 10
Rééducation des aphasiques : le travail en groupes

J. BUTTET, T. HIRSBRUNNER

I. Position du problème

Certains principes méthodologiques énoncés par Bruyer *et al.*, (chap. 5) s'appliquent à la rééducation des aphasiques, même s'ils ne sont pas soumis à une thérapie d'inspiration behavioriste. En effet, nous établissons pour chaque aphasique un examen pré-thérapeutique très détaillé, afin de déterminer non seulement ce qui est perturbé, mais également ce qui est resté intact; ceci permet d'une part de décider si le patient sera pris en charge et, d'autre part, de déterminer quel type de programme peut lui être appliqué. Les stratégies que nous utilisons sont de divers ordres (voir Seron, au chap. 4). Nous n'avons pas, a priori, de préférence pour un type d'approche plutôt qu'un autre, et seules les performances (positives et négatives) du patient déterminent notre mode d'action. Celui-ci d'ailleurs peut être plurimodal. En effet, non seulement les méthodes de rééducation changent d'un patient à l'autre, mais elles peuvent aussi varier pour un même patient d'une séance à l'autre, voire au cours d'une même séance. Un exemple typique est celui de la rééducation par l'intonation mélodique (voir van Eeckhout *et al.*, chap. 7). Nous ne l'utilisons jamais de manière isolée, mais très volontiers au début de chaque séance, comme une sorte de mise en train (Buttet et Aubert, 1980).

A intervalles réguliers, nous pratiquons des évaluations afin non seulement de mesurer les effets thérapeutiques, mais également de permettre soit un changement de stratégies ou de modalités de rééducation (nombre de séances hebdomadaires, séances individuelles ou en groupe), soit un arrêt du traitement (Buttet *et al.*, 1980).

Nous n'insistons pas davantage sur les principes méthodologiques et thérapeutiques qui sont présentés ailleurs dans cet ouvrage. Par contre, nous voulons évoquer le problème de la fin du traitement. En effet, le patient ne faisant plus de progrès après une période de rééducation individuelle, à l'hôpital ou ambulatoirement, il arrive un moment où l'on doit décider d'interrompre le traitement. Or, cette décision ne correspond que trop rarement à une restauration ou une réorganisation complète des fonctions langagières. C'est alors un moment souvent dramatique pour l'aphasique. C'est aussi un moment difficile pour le (la) thérapeute qui sent qu'il (elle) reste le dernier espoir de ces patients, ne pouvant ni les garder ni les rejeter sans se culpabiliser.

II. Les groupes

Nous pensons avoir partiellement résolu ce problème grâce aux groupes d'aphasiques [9]. A Lausanne, les aphasiques ont le choix entre deux types de groupe, qui chacun se réunit une fois par semaine. Leur lieu de réunion ainsi que leur contenu sont différents. En effet, certains aphasiques, plus indépendants, se retrouvent dans un restaurant de la ville, alors que d'autres passent une partie de l'après-midi dans un local de l'hôpital. Les premiers, au nombre de 4 à 10, présentent des troubles phasiques très variables, et même parfois assez sévères. Par contre, ils sont tous indépendants sur le plan locomoteur. Ils discutent de choses et d'autres, relatent des faits vécus ou exposent des projets et des opinions. Leur préoccupation majeure porte sur leurs difficultés de langage. Ils s'encouragent et se valorisent mutuellement. Ils prennent des nouvelles des absents et organisent de temps en temps une visite. En général, une personne faisant partie de l'équipe du Centre de Neuropsychologie vient passer un moment avec eux afin de garder le contact.

La structure du second groupe est très différente. La majorité des participants (4 à 8) souffre d'une hémiplégie plus ou moins importante et d'une aphasie globale. Deux thérapeutes sont présentes pour chaque activité. Pendant la première heure, des exercices de physiothérapie sont proposés. Après une pause café, deux heures alternativement d'ergothérapie ou de logopédie terminent la séance hebdomadaire. Les aphasiques préparent eux-mêmes le café autour duquel un thème de conversation est abordé. Le rôle des logopédistes est d'animer la séance, soit en prolongeant la discussion, soit en proposant des exerces à visée linguistique. Les malades y apprennent aussi à accepter leur handicap et à développer un sentiment de solidarité. Ce groupe fonctionne depuis bientôt 10 ans et a subi des modifications au fur et à mesure de notre expérience. Certains patients y viennent depuis de nombreuses années. Chaque semestre, un engagement écrit à une participation régulière pour les six prochains mois est demandé à l'aphasique. Ainsi, la possibilité d'interrompre la fréquentation du groupe en est facilitée. De plus, cet engagement les oblige à une réflexion sur l'existence du groupe et à rompre la monotonie engendrée par l'habitude.

Comme on le voit, le but de ces groupes est plus socio-thérapeutique que logopédique ou neuropsychologique au sens strict du terme, bien que les principes thérapeutiques généraux soient toujours en vigueur. Ces groupes visent à un transfert des acquisitions, ainsi qu'à un maintien à long terme de certaines d'entre elles. En effet, souvent les patients ne font plus de progrès manifestes, en particulier dans les tests qui ne parviennent qu'à identifier des performances, et jamais — ou presque — à mettre en évidence la qualité de l'utilisation de ces performances. Or, le groupe leur permet au moins de ne pas perdre ce qu'ils ont acquis, voire à l'utiliser mieux. Et nous avons plusieurs témoignages de conjoints ou de parents, et même de patients, qui confirment le rôle de soutien de ces groupes. Finalement, nous cherchons à obtenir une plus grande autonomie, en renouant avec la vie sociale dans un cadre plus ou moins protégé.

La littérature est pauvre en données sur les thérapies de groupes (Seron, 1979b). Toutefois, les rares auteurs qui en font mention ne les envisagent pas tous de la même manière. Pour certains, le travail en groupe intervient dès le début de la rééducation. Il s'agit alors d'appliquer des méthodes individuelles à un petit nombre d'aphasiques présentant des difficultés parfois très dissemblables (Lecours et Lhermitte, 1979). D'autres recourent au groupe plus volontiers en fin de traitement, mais avec cependant des approches différentes. Par exemple, pour les adeptes du conditionnement opérant, le groupe permet de reproduire des situations de la vie courante, tout en contrôlant la complexité des événements (Bloom, 1962). Cette méthode très structurée s'oppose à d'autres plus empiriques, où le groupe est laissé sans programme aux soins de personnes non spécialisées (Godfrey, 1959).

Plus haut, nous avons mentionné le recours au groupe comme un moyen de résoudre le problème des fins de traitement. Toutefois, une rééducation individuelle n'est pas incompatible avec une activité de groupe. Cette dernière, en effet, nous permet de suivre l'évolution des patients et, dans certains cas, de proposer une nouvelle période de séances plus intensives. Notre approche reste essentiellement empirique, cherchant à susciter la meilleure utilisation possible des potentialités présentes. Notre expérience nous a montré que des exercices trop structurés et rigides ont tendance à rebuter ce type de patients; ils sont arrivés à la limite de leurs progrès en termes quantitatifs et seule une évaluation clinique permet à ce niveau-là de juger les améliorations qualitatives. La participation régulière et durable à ces groupes nous semble le meilleur témoignage en faveur de leur nécessité et de leur validité.

QUATRIEME PARTIE

NAISSANCE DE LA REEDUCATION NEUROPSYCHOLOGIQUE

Chapitre 11
Recherche en neuropsychologie et rééducation : Quels rapports ?

Marie-France BEAUVOIS et Jacqueline DEROUESNÉ
(avec la collaboration de N. Bestaoui, H. Champeville de Boisjolly-Guilbert, N. Hermand, D. Marinolli, E. Poileux, B. Roland et B. Saillant)

I. Introduction

1. Lorsqu'on demande à des chercheurs en neuropsychologie s'il leur est arrivé de faire des recherches sur la rééducation, on obtient généralement les réponses suivantes [10] :

- Première catégorie (Fig. 28) : « Non jamais. Mon travail consiste à faire de la recherche, non de la thérapie ! ». Autrement dit, un chercheur est un chercheur, un thérapeute un thérapeute. Non seulement recherche et rééducation sont dans la pratique des activités entièrement séparées, mais il est bien qu'il en soit ainsi. Au nom du principe de séparation des tâches, on érige un mur entre la recherche (fondamentale ?) en neuropsychologie et la rééducation. En fait, ce premier type de réponse s'accompagne souvent de remarques qui visent à en atténuer le caractère extrême, telles que (Fig. 29) : « Naturellement mes recherches ont des implications importantes pour la rééducation, mais ce n'est pas à moi de les trouver. C'est à l'orthophoniste de faire un effort pour se tenir au courant des théories existant et en tirer les conséquences concrètes ».

- Deuxième catégorie (Fig. 30) : « Non. Dans la plupart des cas, il n'y a rien à faire. Prenez tel syndrome que j'ai particulièrement étudié et essayez de situer les perturbations sur mon modèle. Vous verrez que les systèmes désorganisés par la lésion sont si nombreux, si complexes ou si essentiels qu'il est évident qu'il n'y a rien à faire ! ».

Figure 28. Rapports entre recherche et rééducation. Premier exemple.

Figure 29. Rapports entre recherche et rééducation. Premier exemple (suite).

Figure 30. Rapports entre recherche et rééducation. Second exemple.

Figure 31. Rapports entre recherche et rééducation. Troisième exemple.

- Troisième catégorie (Fig. 31): « Oui, bien sûr, je m'intéresse à la rééducation. Je tente *d'évaluer* l'effet des méthodes employées par les orthophonistes sur l'amélioration de tel ou tel déficit ».

En général, il semble donc que ce qui intéresse le chercheur, ce soit plus de localiser le trouble sur un modèle pour savoir s'il doit préciser son modèle (Fig. 32) et comment, que de tenter de poser les principes d'une rééducation à partir de l'hypothèse qu'il a sur le trouble (Fig. 33). Ces trois catégories de réponses, réellement obtenues, traduisent assez bien l'attitude des chercheurs face à ce problème. En effet, comme Seron (1979b) l'a déjà remarqué, la plupart des recherches sur la rééducation ont été faites par des orthophonistes qui décrivent leurs propres méthodes: il n'existe pratiquement pas de recherches sur la rééducation faites par des chercheurs, si l'on excepte les travaux d'évaluation.

2. Bien que chercheurs, nous ne sommes pas d'accord avec les réponses précédentes. En effet, l'un de nos principaux intérêts quand nous travaillons avec un malade est de tenter de formuler une hypothèse qui nous permette de faire « disparaître » le trouble étudié ou

Figure 32. Rapports entre recherche et rééducation. Résumé.

RAPPORTS ENTRE RECHERCHE ET REEDUCATION

CE QUI N'EXISTE PAS

Figure 33. *Rapports entre recherche et rééducation. Ce qui n'existe pas.*

du moins d'en atténuer considérablement les conséquences. C'est pourquoi nous tenterons de démontrer: a) qu'il peut y avoir un *rapport direct entre recherche et rééducation*; b) que la rééducation, si elle est *spécifique* et *basée sur des hypothèses correctes*, peut être efficace; c) que le rôle du chercheur n'est pas seulement d'évaluer le travail du thérapeute: il pourrait aussi consister à *formuler l'hypothèse spécifique* sur laquelle doit s'appuyer la rééducation de tel ou tel trouble pour être efficace.

Nous allons donc considérer quelques-uns des syndromes que nous avons étudiés. Nous décrirons ensuite pour chacun d'entre eux comment, à partir de l'hypothèse que nous avions formulée sur le trouble, nous avons tenté de dériver une hypothèse sur la stratégie à adopter pour le faire « disparaître », et quels résultats nous avons obtenus. En même temps, nous tenterons de dégager les principes généraux et les postulats sur lesquels s'appuyaient ces tentatives.

Les syndromes dont il sera question dans ce chapitre sont : l'aphasie tactile, une forme particulière d'alexie sans agraphie, l'alexie phonologique et l'aphasie dynamique. Ces syndromes ne seront pas décrits en détail ici. Dans chaque cas, nous fournirons seulement au lecteur les caractéristiques des troubles qui sont indispensables à la compréhension des différentes hypothèses à la base de nos rééducations [11]. Il faut toutefois souligner que la recherche d'une forme possible de rééducation nous a amenées soit à étudier ces syndromes sous un angle nouveau, soit à prendre en considération des aspects habituellement peu connus de ces syndromes.

3. Avant d'aller plus loin, deux points doivent être soulignés.

En premier lieu, pas plus que toute autre forme de rééducation, nos tentatives ne peuvent aboutir à la restauration du comportement normal existant avant la maladie. Elles visent simplement à donner au malade la possibilité d'effectuer une tâche qu'à la suite de son accident cérébral il ne pouvait plus effectuer. Elles ne peuvent en aucun cas lui donner les moyens de réaliser cette tâche exactement comme il la réalisait avant son accident, c'est-à-dire avec la même stratégie et la même efficacité.

En second lieu, c'est en tant que chercheurs que nous nous intéressons à la rééducation, et non en tant que thérapeutes. Notre point de vue et notre contribution à ce problème sont donc fondamentalement différents de ceux des thérapeutes. C'est pourquoi nous mettrons l'accent sur le lien entre l'hypothèse de recherche et le principe de rééducation et *non* sur les méthodes utilisées pour appliquer ce principe.

II. Quelques syndromes et comment les modifier

1. *Aphasie tactile bilatérale*

Nous illustrerons d'abord brièvement l'un des principes essentiels qui permettent d'agir sur un syndrome, à l'aide d'une expérience effectuée avec un patient, R.G., qui présentait une aphasie tactile bilatérale (Beauvois, Saillant, Meininger et Lhermitte, 1978).

a) Les *caractéristiques principales de ce syndrome* étaient les suivantes :

- La dénomination d'objets présentés tactilement était très perturbée, les erreurs étant des omissions, des persévérations et surtout des paraphasies sémantiques.

— Le sujet faisait aussi des erreurs dans une épreuve « symétrique », c'est-à-dire quand on lui demandait de dire si un objet placé dans sa main correspondait au nom prononcé au même moment par l'examinateur. Ces erreurs étaient uniquement dues à l'acceptation de mots incorrects qui, pour la plupart, avaient un lien sémantique avec l'objet placé dans la main.

— A l'exception du trouble pour les objets présentés tactilement, le langage oral était entièrement normal. En particulier, le patient dénommait sans difficulté les objets qui lui étaient présentés visuellement ou auditivement.

— L'identification tactile semblait normale puisque le patient pouvait mimer correctement l'utilisation des objets présentés tactilement.

Ces résultats furent interprétés comme indiquant que l'identification tactile d'une part, le langage d'autre part, fonctionnaient normalement et que le trouble se situait entre les deux, c'est-à-dire qu'il était tacto-verbal et verbo-tactile.

b) *Principe de modification du syndrome.*

Si cette interprétation des résultats était exacte et si le patient n'avait pas d'autres troubles, il devait être possible de modifier les performances en remplaçant la route tacto-verbale par une autre route. Ceci pouvait être fait en plaçant un relais entre l'identification tactile et le langage, par exemple un relais visuel. C'est ce qui a été tenté en utilisant comme relais l'imagerie visuelle. Afin de tester l'efficacité de ce relais sur les performances de ce patient en dénomination d'objets présentés tactilement, deux conditions expérimentales ont été opposées : 1) dénomination tactile d'objets qui sont faciles à identifier tactilement mais difficiles à visualiser parce qu'ils n'ont pas de forme précise (par exemple, morceaux de papier, de tissu, de toile émeri, etc...); 2) dénomination tactile d'objets qui sont très faciles à visualiser parce qu'on a l'habitude de les reconnaître visuellement et dont on peut penser que même quand ils sont présentés tactilement, leur dénomination nécessite une représentation visuelle intermédiaire (par exemple, une chaise). Dans cette dernière condition, l'examinateur induisait très fortement une stratégie d'imagerie visuelle. Pour cela, au lieu de demander au patient de dénommer immédiatement l'objet placé dans sa main, on lui a demandé d'essayer d'abord d'évoquer l'image visuelle précise de cet objet (« de le voir intérieurement au point de pouvoir le dessiner »), puis seulement alors de le dénommer, et ceci à partir de cette représentation visuelle, et non à partir de la sensation tactile. Autrement dit, on lui a demandé de donner un nom à ce qu'il «voyait» et non à ce qu'il sentait. Une différence statistiquement significative a été obtenue entre ces deux types de dénomination tactile, les performances du malade étant meilleures lorsqu'il lui était possible d'utiliser un relais visuel et d'éviter ainsi la route visuo-verbale que lorsqu'il ne lui était pas possible d'utiliser ce relais (Tableau 20).

Tableau 20. Pourcentages de réussite en dénomination tactile d'objets dans deux conditions dans l'aphasie tactile bilatérale

Visualisation difficile	Visualisation possible et induite	Comparaison
50 %	75 %	$X_1^2 = 20,73; P < .001$

c) Cette étude illustre clairement la *possibilité d'un lien direct entre recherche et rééducation* puisque la vérification d'une hypothèse de recherche peut entraîner, momentanément ou non, la disparition ou la diminution des conséquences du syndrome étudié. S'il en est ainsi, l'étude expérimentale d'un syndrome peut nous donner un moyen d'agir sur lui. Elle peut peut-être nous fournir le principe de rééducation de ce syndrome.

Dans cette expérience, ce principe a consisté à découvrir et mettre en œuvre une *stratégie alternative* à la stratégie qui ne fonctionnait plus : la route tacto-verbale perturbée a été transformée en route tacto-visuo-verbale. L'utilisation de cette stratégie alternative présentait en outre les caractéristiques suivantes : a) il s'agissait d'une *stratégie-relais* puisqu'on a introduit une étape supplémentaire, le passage par l'imagerie visuelle; b) cette stratégie alternative ne nécessitait aucune acquisition nouvelle, les processus ou traitements psychologiques requis (par exemple, l'évocation visuelle) étant normalement réalisables chez l'adulte; c) par contre, il est difficile de dire si la stratégie alternative elle-même (c'est-à-dire l'ordre de réalisation de ces différents traitements) était nouvelle, c'est-à-dire créée de toutes pièces par cette expérience, ou s'il s'agissait d'une stratégie utilisée parfois secondairement dans la dénomination tactile normale.

Quoi qu'il en soit, le principe général de l'utilisation d'une stratégie alternative appliqué dans cette expérimentation peut probablement être étendu à la rééducation de nombreux syndromes. C'est du moins notre conviction. C'est pourquoi nous avons tenté d'appliquer ce principe à chaque syndrome que nous avons étudié, afin de voir si nous pourrions ainsi le faire disparaître. Nous allons maintenant présenter quelques-unes de ces tentatives.

2. *Alexie totale sans agraphie*

a) *Le syndrome*

M.P., femme de 61 ans, licenciée en droit, présente brusquement, à la suite d'un accident dans le territoire de l'artère cérébrale postérieure gauche, une hémianopsie latérale homonyme droite, une aphasie optique pour les objets (pour ce syndrome, voir Lhermitte et Beauvois, 1973; Beauvois, 1982) et les couleurs et une alexie totale sans agraphie. Un an et demi après cet accident, malgré une tentative de rééducation intensive (3 séances par semaine pendant 16 mois) et un haut degré de motivation (la patiente est pratiquement impotente et très isolée socialement et la lecture constituait sa distraction favorite), elle reste totalement alexique : elle ne lit correctement qu'environ 40 % des lettres isolées, 30 % des mots concrets très fréquents, 2 % des logatomes; elle ne peut apparier un mot et une image; elle ne peut pas non plus apparier la forme majuscule et la forme minuscule de la même lettre. A cause, en particulier, de ce dernier élément son alexie avait été étiquetée « agnosique ».

b) *Principe habituel de rééducation de ce syndrome*

La rééducation généralement employée en France dans les cas d'alexie dite agnosique est basée sur le principe suivant (Ducarne, 1965) : on suppose que le patient souffre d'un trouble de l'identification visuelle de la lettre (une agnosie pour les symboles graphiques) alors qu'il peut l'identifier si celle-ci lui est présentée dans une autre modalité, gestuelle ou tactile (Lecours et Lhermitte, 1979). La rééducation consiste donc à remplacer l'afférence visuelle par une afférence gestuelle : le patient apprend à repasser la lettre avec son doigt, afin d'avoir accès à une représentation interne de cette lettre. Il devient ainsi capable d'acquérir une lecture lente, lettre par lettre, mais correcte.

Il est incontestable que cette méthode est assez efficace dans la rééducation de certains cas d'alexie pure; mais il est vrai aussi qu'elle échoue totalement dans d'autres. Il est probablement possible, en analysant le principe de cette rééducation, de comprendre les raisons de ces échecs. En effet, habituellement nous ne percevons pas les lettres gestuellement; nous sommes seulement accoutumés à les produire de cette façon dans l'écriture, ce qui est totalement différent (le programme moteur utilisé dans l'écriture ne saurait être confondu avec un système de reconnaissance des formes). Il est donc probable que nous ne puissions pas identifier directement une lettre perçue gestuellement mais que nous devions, après avoir perçu gestuellement une forme, passer par un intermédiaire visuel qui seul permettra l'identification. S'il en est ainsi, les alexies pures qui disparaissent quand on utilise une afférence gestuelle sont forcément des alexies en rapport avec un trouble des processus antérieurs au stade d'identification, c'est-à-dire des agnosies « aperceptives ». S'il existe une forme d'agnosie « associative » pour les lettres, elle ne pourra pas être rééduquée de cette manière. Quoi qu'il en soit, cette forme de rééducation (tentée pendant 16 mois) avait totalement échoué chez M.P. En particulier, sa lecture « gestuelle » restait tout aussi perturbée que sa lecture visuelle. Est-ce donc que M.P. présentait un trouble de l'identification des lettres, une agnosie visuelle associative pour les lettres ? Cette hypothèse, théoriquement plausible, nous semblait cependant peu probable chez cette malade. Voici pourquoi.

c) *Principe de rééducation adopté chez M.P.*

Au cours d'une recherche sur les troubles de perception et de dénomination des couleurs (Beauvois et Saillant, 1976 et 1982) nous avions pu démontrer que M.P., qui paraissait souffrir d'une agnosie des couleurs très sévère, n'était en fait pas agnosique, et que ses erreurs de type agnosique étaient dues à un dysfonctionnement visuo-verbal, à une interférence entre les processus visuels et les processus linguistiques. Nous nous sommes alors demandé s'il ne pouvait pas en être de même pour la lecture, qui est en effet l'activité la plus visuo-verbale qui soit (bien entendu nous ne pensons pas qu'une aphasie optique pour les couleurs est toujours associée à une aphasie optique pour les symboles graphiques et réciproquement, ni que toutes les formes d'alexie pure sont dues à un dysfonctionnement visuo-verbal : simplement il pouvait en être ainsi dans ce cas-là). Pour tester cette hypothèse, nous avons tenté de démontrer que M.P. pouvait lire quand on inhibait toute verbalisation, même implicite (expérience réalisée par B. Saillant). Sachant à quel point il est difficile d'inhiber la verbalisation dans l'aphasie optique, nous avons soumis M.P. à un entraînement de plusieurs jours. Nous lui présentions des mots en lui demandant de ne rien prononcer, de regarder ce qu'elle voyait et de penser à ce que ça signifiait, mais surtout pas à un mot ! Et pour renforcer cette attitude pendant tout l'entraînement, M.P. avait un sparadrap sur la bouche. Après l'entraînement, nous l'avons soumise au test suivant: nous lui présentions 3 mots et une image et elle devait apparier cette image à l'un de ces mots. Ceci permettait donc de voir si, lorsqu'on inhibait la verbalisation, M.P. pouvait identifier et comprendre ces mots. Par ailleurs, les mots étaient écrits en écriture manuscrite peu lisible, c'est-à-dire que les lettres étaient individuellement peu identifiables. Cette condition, perceptivement difficile, est bien connue pour être extrêmement difficile dans l'alexie agnosique ou alexie lettre par lettre (Warrington et Shallice, 1980). M.P. réussit cet appariement, difficile pour un agnosique mais n'impliquant pas la verbalisation, 35 fois sur 35. Elle ne présentait donc aucune «agnosie» pour les symboles graphiques et souffrait plus probablement d'une interférence visuo-verbale. La méthode de rééducation utilisée dans l'alexie agnosique ne pouvait donc être efficace car l'aide apportée n'intervenait pas au niveau adéquat (Fig. 34).

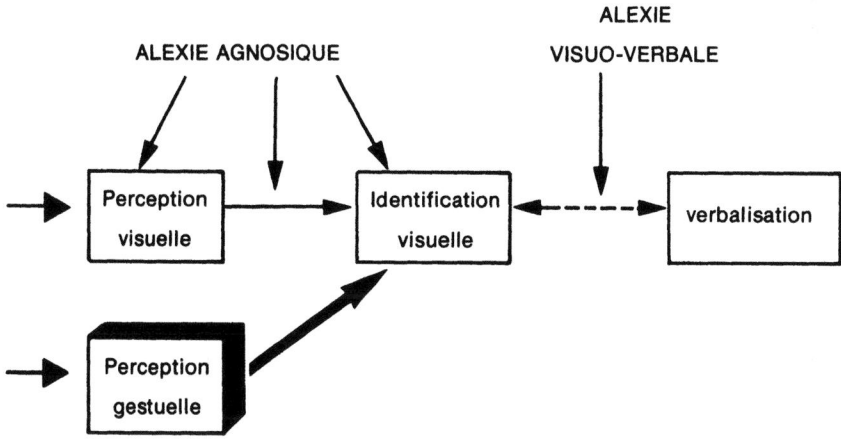

Figure 34. *Alexie agnosique et alexie visuo-verbale.*

Cependant, nous ne pouvions pas non plus utiliser comme principe de rééducation la méthode qui nous avait permis de mettre en évidence le niveau du trouble. Ceci pour deux raisons. En premier lieu, la lecture qui intervient est non verbalisée et donc probablement non phonologique; or, on sait que la lecture non phonologique ne permet probablement pas de lire toutes les catégories de mots (Beauvois et Derouesné, 1979b; Patterson, 1982). En second lieu, l'inhibition de la verbalisation avait été extrêmement difficile à réaliser dans une simple épreuve expérimentale d'appariement mot-image et il était probable qu'elle deviendrait extrêmement difficile à réaliser dans la lecture de phrases par exemple. Changeant donc de principe, nous avons tenté de redonner une lecture lettre par lettre à cette malade, en appliquant le principe du relais utilisé dans l'étude sur l'aphasie tactile.

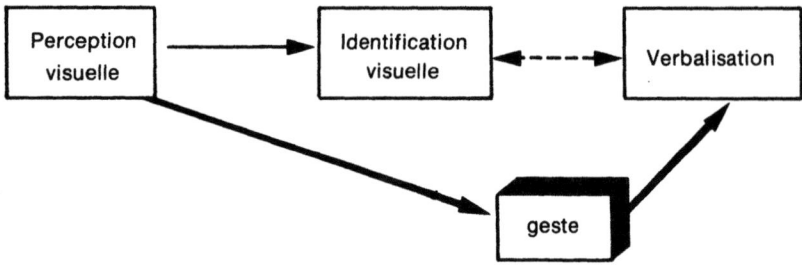

Figure 35. Principe de rééducation adopté pour l'alexie visuo-verbale.

Ici, il s'agissait d'introduire un relais entre l'identification visuelle et la verbalisation et nous avons utilisé le relais gestuel (la rééducation détaillée est exposée dans Marinolli, 1977). Selon ce principe, le geste est utilisé non plus comme afférence permettant l'identification, mais comme relais entre la perception visuelle et la verbalisation, afin d'éviter la stratégie visuo-verbale. Nous avons donc utilisé, comme dans l'expérimentation sur l'aphasie tactile, le principe d'une stratégie-relais. Mais l'application de ce principe présente ici certaines différences avec ce qui avait été fait alors : 1) la stratégie utilisée est extrêmement artificielle, elle n'est jamais employée chez l'adulte normal; 2) une stratégie fortement établie et automatisée, la lecture visuo-verbale, doit être inhibée; 3) l'application de cette stratégie requiert des acquisitions complémentaires, celles des associations entre la forme perçue gestuellement et le nom de la lettre, puisque rien, à part un traitement visuel, ne permet de passer de la perception gestuelle de la lettre à son identification et à son nom.

La figure 36 illustre la façon dont nous avons procédé concrètement. Afin d'éviter au maximum une verbalisation automatique à partir de la lettre vue, nous avons d'abord travaillé séparément les 4 étapes impliquées dans la stratégie-relais : 1) perception visuelle de la lettre et copie gestuelle de cette lettre; 2) perception du geste effectué; 3) association du geste perçu et d'un code verbal arbitraire (étape nécessaire pour éviter le recours immédiat au nom de la lettre à partir d'une image visuelle); 4) apprentissage des associations entre code verbal et nom de la lettre. Ces 4 étapes ont ensuite été enchaî-

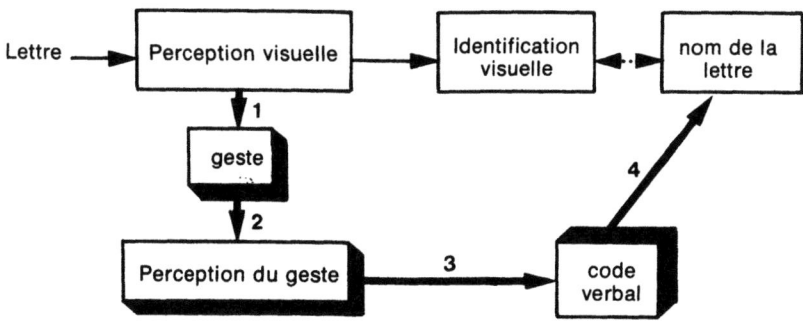

Figure 36. Etapes d'acquisition de la stratégie gestuelle dans la rééducation de l'alexie visuo-verbale.

nées. Afin d'éviter qu'une verbalisation précède le travail gestuel, nous avons travaillé au départ avec des logatomes.

La rééducation systématique a commencé environ deux ans après l'accident et a duré cinq mois, à raison d'environ huit séances par semaine. A la fin de cette période la lecture était possible, les progrès pouvant être constatés aussi bien sur le pourcentage de stimuli lus correctement (Tableau 21) que sur les temps de lecture (Tableau 22).

Tableau 21. Pourcentages de stimuli lus correctement avant et après rééducation dans l'alexie visuo-verbale

	Avant rééducation	Après rééducation	Comparaison
Lettres	45 %	100 %	$X_1^2 = 30,34; P < .001$
Mots	30 %	85 %	$X_1^2 = 24,76; P < .001$
Logatomes	2 %	55 %	$X_1^2 = 26,91; P < .001$

Tableau 22. Temps moyen de lecture avant et après rééducation dans l'alexie visuo-verbale (en secondes)

	Avant rééducation	Après rééducation
Lettres	18''	3''
Mots	25''	10''
Logatomes	30''	12''

Quatre ans après la fin de la rééducation cette malade, âgée maintenant de 75 ans et pratiquement impotente, lit des romans, très lentement certes, mais la lecture constitue sa seule distraction.

3. Alexie phonologique

a) Problème

Dans l'exemple précédent, un résultat assez spectaculaire a été obtenu en utilisant un principe de rééducation relativement simple. Avant la rééducation la malade était totalement alexique, après la rééducation elle pouvait lire. La lésion avait désorganisé toutes les stratégies de lecture existant potentiellement chez un adulte normal. La rééducation a donc consisté à créer de toutes pièces une nouvelle stratégie de lecture, grâce à l'utilisation d'un relais artificiel, qui est en fait une véritable «prothèse». Les choses deviennent beaucoup plus complexes lorsque, pour réaliser un comportement donné, plusieurs processus existent chez l'adulte normal et que la lésion a perturbé un seul de ces processus. Dans ce cas on pourrait croire que, si le processus restant est suffisamment efficace, le malade l'utilisera spontanément et qu'il aura peu de troubles. C'est d'ailleurs ce qui est implicitement admis dans de nombreuses recherches neuropsychologiques où on considère que la performance du malade résulte du fonctionnement optimum des processus non perturbés; autrement dit, on suppose implicitement que le patient adopte de lui-même une stratégie d'utilisation maximale du processus non perturbé. Nous allons voir, en prenant l'exemple concret de l'alexie phonologique, que le choix d'utilisation d'une stratégie adaptée ne découle pas automatiquement de l'intégrité du processus sur lequel elle s'appuie.

b) Le syndrome

Il faut d'abord souligner que nous examinerons un aspect peu connu de l'alexie phonologique: le trouble de lecture des phrases. La rééducation exposée ici ne concernera que cet aspect du syndrome et non l'aspect plus classique portant sur la lecture de stimuli isolés. Rappelons que l'alexie phonologique se caractérise par la présence d'un trouble du processus phonologique de lecture qui implique une conversion graphème-phonème (le b.a.ba), alors que le processus lexical qui n'implique pas cette conversion est préservé (Beauvois et Derouesné, 1979a; Derouesné et Beauvois, 1979; Shallice et Warrington, 1980; Patterson, 1982). Cliniquement, les malades qui présentent ce syndrome ne peuvent pas lire les logatomes (qui ne peuvent être lus que par la conversion graphème-phonème), alors qu'ils lisent bien les mots, à l'exception de certains mots grammaticaux ayant très peu de sens et des terminaisons de verbes (Beauvois et Derouesné, 1979b; Beauvois, Derouesné et Saillant, 1980). On devrait donc s'attendre à ce que ces malades lisent assez bien les phrases et les textes, sauf peut-être dans des cas exceptionnels (par exemple, lorsque les phrases comportent de nombreux éléments grammaticaux). On peut en effet penser que les éléments d'information tirés des nombreux mots qu'ils lisent correctement sont susceptibles de les aider à compenser leur déficit de lecture portant sur quelques mots; ceci, en principe, devrait avoir pour conséquence de meilleures performances au niveau de la phrase qu'au niveau du mot isolé. Or ce n'est pas toujours le cas. Considérons les performances du cas d'alexie phonologique que nous avons publié, R.G. En lecture d'un texte, le test de l'Alouette de Lefavrais, sa performance était comparable à celle d'un enfant qui commence à apprendre à lire (niveau 6 ans, début de CP). Sur 40 phrases de difficulté variée, il n'en lisait que 7 correctement. Bien plus, le pourcentage de mots lus passe de 72 % pour les mots isolés à 63 % dans les phrases ($X^2_1 = 6,18$; $P < .02$). Contrairement à ce qu'on aurait pu attendre, ce malade lisait donc plus mal les mots quand ils étaient placés dans une phrase que quand ils lui étaient présentés isolément.

L'examen qualitatif des performances du patient à la lecture de phrases indique, comme on pouvait s'y attendre, que parmi les 40 phrases présentées, les 7 phrases lues correctement comportent peu d'éléments grammaticaux; ce sont des phrases du genre: «La maison est entourée de grands arbres». Alors que les phrases mal lues sont beaucoup plus grammaticales (par exemple, «Est-ce qu'elle partira demain?»). Mais le point important est que, dans ce dernier type de phrases, les mots grammaticaux et les terminaisons de verbes ne sont pas simplement omis mais sont remplacés par d'autres afin de produire une phrase complète, et ceci sans même tenir compte du nombre de mots de la phrase. Ainsi, la phrase «Est-ce qu'elle partira demain?» est lue: «Je partirai demain»; de même, la phrase «Quelle ressemblance entre elle et sa cousine!» est lue: «Je ressemble à mon cousin». Ceci d'ailleurs se produit même pour des phrases très peu grammaticales, lorsque le sens de ces phrases ne correspond pas au sens le plus probable pouvant être dérivé des mots du contenu de la phrase. Ainsi (Beauvois et Desrouesné, 1976), alors que le malade lit correctement les prépositions quand elles sont présentées isolément (100 %) ou dans une phrase au sens attendu («La rivière passe sous le vieux pont»), il les lit incorrectement (0 %) dans une phrase au sens inattendu («La rivière passe sur le vieux pont»); en fait, dans ce dernier cas, il les transforme pour que la phrase corresponde au sens attendu (« sur » est alors lu « sous »). Ce qui se passe ici ne résulte donc pas seulement du fait que le malade est incapable de lire les prépositions ou les mots grammaticaux en général, mais du fait qu'il n'en tient pas compte quand ils sont placés dans une phrase et les remplace par d'autres, résultat des inférences faites à partir des mots de contenu qui sont les seuls qu'il prenne en considération. Il est évident que, comme ce malade, nous évitons tous d'utiliser une lecture mot à mot et que nous faisons tous des inférences quand nous lisons des phrases. Mais, à la différence de ce malade, nous ne produisons pas une phrase qui serait seulement le produit des mots de contenu et des inférences dérivées de ces mots: nous vérifions que ces inférences correspondent à la phrase réellement écrite.

Comment interpréter le comportement de R.G. dans la lecture de phrases ? Comme nous l'avons vu, l'absence de contrôle des inférences ne porte pas indifféremment sur n'importe quel mot. R.G., qui lit bien les éléments très sémantiques (mots de contenu) quand ils sont présentés isolément, effectue une vérification des inférences sur ces mots quand ils sont présentés dans une phrase. Par ailleurs, il lit mal les éléments très syntaxiques présentés isolément et ne les prend absolument pas en considération quand ils sont présentés dans des phrases. Mais ce qui est surprenant c'est que même pour des mots mi-sémantiques, mi-syntaxiques (mots grammaticaux avec sens, tels que les prépositions) qu'il lit bien quand ils sont présentés isolément, il n'effectue pas ce contrôle. Il semble généraliser cette absence de contrôle des inférences à tout élément syntaxique, quelle que soit sa possibilité réelle de lecture de ces éléments.

Ce patient semble donc appliquer une sorte d'attention sélective à la lecture des mots de la phrase, étant attentif aux mots de contenu et inattentif aux éléments grammaticaux. On peut se demander si cette attention sélective est déterminée directement par le déficit lui-même ou s'il s'agit d'une stratégie alternative utilisée par le malade pour compenser son déficit (il « ignorerait » délibérément les mots qu'il sait ne pas pouvoir lire). Nous penchons plutôt pour la première hypothèse. En effet, cette inattention sélective et la production d'erreurs qui en résultait étaient parfaitement automatiques et incontrôlables, et le malade en était inconscient. Ainsi, dans un test de lecture de phrases où on demandait au malade après qu'il ait lu chaque phrase s'il pensait avoir fait des erreurs, il a répondu chaque fois négativement; or 40 % des mots de ces phrases avaient été mal lus.

c) Rééducation

Quoi qu'il en soit, le patient utilisait une stratégie qui n'était pas optimale par rapport aux possibilités de lecture qui lui restaient et il le faisait de façon automatique et totalement inconsciente. Nous avons donc tenté de changer sa stratégie de lecture afin d'améliorer ses performances (Champeville de Boisjolly et Poilleux, 1977). La rééducation a consisté à inhiber la stratégie de lecture inférentielle et à induire une lecture mot à mot pour la contrer. Nous n'avons donc pas eu ici, comme dans les exemples précédents, à trouver une stratégie alternative, mais au contraire à inhiber une stratégie qu'il employait spontanément (et qui est aussi utilisée par les sujets normaux) et à renforcer l'utilisation d'une autre stratégie.

La rééducation a duré environ un mois. A la fin de cette période, on a constaté une amélioration sensible de la lecture des mots dans la phrase, en particulier des mots grammaticaux et des verbes (Tableau 23), alors qu'il n'y avait aucune amélioration de la lecture de ces mêmes mots présentés isolément (Tableau 24). L'amélioration était donc bien due au changement de stratégie induit et non à une meilleure possibilité de lire ces catégories de mots.

Tableau 23. Pourcentage de mots correctement lus dans une phrase avant et après rééducation dans l'alexie phonologique

	Avant	Après	Comparaisons
Moyenne sur tous les mots	63 %	85 %	$X_1^2 = 38,08; P < .001$
Mots grammaticaux	50 %	82 %	$X_1^2 = 33,14; P < .001$
Verbes conjugués	59 %	77 %	$X_1^2 = 4,08; P < .05$

Tableau 24. Pourcentage de mots isolés lus correctement avant et après rééducation dans l'alexie phonologique

	Avant	Après	Comparaisons
Mots grammaticaux	73 %	70 %	$X_1^2 = 0,11;$ N.S.
Verbes conjugués	38 %	40 %	$X_1^2 = 0,44;$ N.S.

4. L'aphasie dynamique

Les rééducations décrites jusqu'ici portaient sur des syndromes assez simples en ce sens qu'ils affectaient des aspects assez « instrumentaux » du langage : dénomination et lecture. Ces mêmes principes peuvent être utilisés pour la rééducation de troubles qui touchent des processus plus complexes tels qu'on peut les observer dans l'aphasie transcorticale motrice de Goldstein (1948) et dans l'aphasie dynamique décrite plus récemment par Luria (1966 et 1970).

a) Le syndrome

Cette étude a été faite chez un homme de 62 ans, A.D., qui, un an et demi après une occlusion de la carotide interne gauche, présentait toujours un tableau d'aphasie dynamique sévère.

Cliniquement, ce malade présentait un trouble essentiellement expressif, caractérisé par une grande réduction, une difficulté extrême à élaborer des phrases et des récits. Son langage spontané était très réduit : en 5 minutes, il pouvait produire laborieusement seulement 16 phrases simples, de type sujet - verbe - complément (par exemple : « Je... j'ai été garde »). Le nombre de mots produits (168) était 3 à 4 fois moindre que celui d'un sujet normal (d'après les normes de Shallice et Butterworth, 1977); les pauses et les répétitions de mots étaient nombreuses; le récit n'était pas élaboré, consistant en une juxtaposition de phrases simples et de phrases avortées. Cette réduction se manifestait dans toute épreuve nécessitant la production de phrases. Par exemple, au subtest de vocabulaire de la WAIS, le patient obtenait un score très faible (3).

Niveau du trouble. Ce trouble expressif ne semblait pas dû à une difficulté à produire les différents constituants du langage, lexicaux, sémantiques ou syntaxiques. En premier lieu, A.D. produisait sans aucune difficulté des mots isolés : il dénommait correctement des images (180/200), il trouvait facilement le contraire d'un mot donné (42/50), et il était capable de répondre correctement à une question précise comme en témoigne sa note au subtest d'information de la WAIS (10). En second lieu, dans l'ensemble il n'avait pas de difficulté à traiter les mots grammaticaux et les marques morphologiques : son langage spontané n'était pas agrammatique, il pouvait produire des terminaisons de verbes présentés à l'infinitif avec un pronom (12/16) et les marques morphologiques manquantes dans une phrase (14/17); il complétait assez bien les phrases dans lesquelles il manquait un mot grammatical (21/26). Enfin, le patient ne présentait pas de trouble syntaxique : à partir des mots d'une phrase donnés par écrit en désordre, il pouvait reconstituer la phrase (12/13), même pour certaines phrases longues et complexes (par exemple : « dans Paris le part heure train une pour »).

Comme par ailleurs le patient pouvait répéter et lire à haute voix des phrases longues et complexes (par exemple : « il est extrêmement fatigué depuis qu'il a subi cet accident »), on aurait pu penser que sa difficulté à élaborer des phrases et des récits était liée à une apathie ou à une détérioration intellectuelle. Il n'en était rien puisque ses résultats aux Progressive Matrices 1938 (centile 50.75) et aux cubes de Kohs (note standard 9) étaient en accord avec son niveau socio-culturel antérieur (CEP, chef de gare).

On a donc fait l'hypothèse que le trouble se situait soit au *niveau de la pensée verbale* (production idéique spécifiquement nécessaire à la production linguistique, en particulier à la production des phrases et du récit), soit au *niveau de la transformation des idées en langage*. Puis on a tenté de tester ces deux possibilités à travers les résultats aux épreuves cliniques dont on disposait. La pensée verbale (ou structure des idées à produire pour construire une phrase ou un récit) a été considérée comme simple quand il y a une relation directe entre la question et la réponse à produire, comme dans le subtest d'information de la WAIS (exemple : « Qui est Victor Hugo ? »); elle a été considérée comme complexe quand la réponse ne peut être produite qu'en comparant deux idées entre elles, comme dans le subtest de similitudes de la WAIS. La transformation des idées en langage a été considérée comme simple quand une seule idée doit être transformée en langage à un moment donné; elle a été considérée comme complexe quand plusieurs idées doivent être prises en compte en même temps pour être transformées en langage. La complexité de cette transformation est liée au fait que les idées sont quelquefois organisées dans une structure qui n'est pas successive, alors que le langage doit être produit dans un ordre séquentiel. Par exemple, dans l'association de mots à partir d'un mot donné, chaque mot produit correspond à une seule idée; tandis que la phrase « il a quitté ce travail qui était trop pénible en espérant trouver un emploi qui lui conviendrait mieux » correspond à plusieurs idées qui doivent être ordonnées en séquence pour être transformées en langage. En plus de ces deux variables, on a aussi recherché, à titre de contrôle, si la longueur de la tâche linguistique à effectuer affectait les performances du patient (effet d'une éventuelle fatigabilité). Le langage a été considéré comme court quand le sujet devait produire des mots isolés ou des phrases comprenant 7 mots au plus, et comme long lorsque le sujet devait produire des phrases ou suites de mots composées de 8 mots ou plus.

Le tableau 25 montre que les deux variables, complexité de la pensée verbale et complexité de la transformation des idées en langage, affectent les performances de A.D., puisque ses résultats ne sont normaux que lorsque ces deux variables sont simples (Information de la WAIS et Dénomination d'images). Par contre, la longueur de la tâche linguistique n'affecte pas ses performances. Ce patient semble donc présenter un trouble à la fois dans l'élaboration des structures idéiques sous-tendant la pensée verbale et dans la transformation des idées en langage. Il est donc tout à fait possible qu'il ne présente pas un syndrome neuropsychologique pur et que l'aphasie dynamique, entité clinique, puisse correspondre à l'atteinte de plusieurs processus. Toutefois ceci reste du domaine des hypothèses puisque, à l'heure actuelle, aucune recherche en neuropsychologie n'a apporté d'argument expérimental en faveur de l'indépendance des processus nécessaires à l'élaboration des structures idéiques d'une part et à la transformation des idées en langage d'autre part.

b) Rééducations habituellement utilisées dans l'aphasie dynamique

Le trouble dans la production des phrases persistait depuis un an et demi chez ce malade, en dépit d'une rééducation effectuée 2 fois par semaine. Cette rééducation consistait en stimulations variées: linguistiques (comme «et alors?», «continuez», «et ensuite?») et visuelles (images, films devant lesquels le sujet devait essayer de parler). Si, comme nous l'avons supposé, le sujet présente bien une difficulté dans l'élaboration des structures idéiques et dans leur transformation en langage, il est normal que ce type de rééducation n'ait pas été réellement efficace chez ce malade. Elle est en effet basée sur une interprétation du trouble en termes de manque d'incitation, de perte de l'intention de parler (Golstein, 1948): c'est-à-dire qu'elle suppose que tous les traitements impliqués dans la production du langage sont intacts mais que le sujet ne les utilise pas.

Luria et Tsvetkova (1968) ont décrit un autre type de rééducation des troubles de la production de la phrase dans l'aphasie dynamique. On place devant le sujet une série d'indices externes, par exemple des jetons, et le sujet essaie de générer sa phrase en produisant chaque mot en même temps qu'il tape sur un jeton. Pour ces auteurs, cette aide fournirait au sujet le schéma linéaire de la phrase et compenserait ainsi le déficit de base de ces patients: trouble dans la formation du langage interne qui a une structure prédicative (Luria et Tsvetkova) ou dans le passage de l'idée initiale aux structures syn-

Tableau 25. *Niveau du trouble dans l'aphasie dynamique: étude du rôle de la structure idéique, de la transformation idée-langage et de la longueur du langage sur les performances linguistiques*

Structure des idées	Transformation idée-langage	Longueur du langage	Tests	Résultats
simple	simple	court	Information de la WAIS	note = 10
		long	Dénomination de 200 images	90 %
	complexe	court	Production de phrases comme: « ma femme est en colère parce que je fume des cigarettes et que c'est mauvais pour la santé »	
		long	En langage spontané A partir de 2 mots	0 phrase / 16 0 phrase / 23
complexe	simple	court	Similitudes de la WAIS	note = 4
		long	Association de mots à partir d'un mot stimulus	moyenne = 5
	complexe	court	Production de phrases comme: « il a quitté ce travail qui était trop pénible en espérant trouver un emploi qui lui conviendrait mieux »	
		long	En langage spontané. A partir de 2 mots	0 phrase / 16 0 phrase / 23

taxiques profondes (Luria, 1976). Mais ces auteurs rapportent que cette aide entraîne aussi la disparition des persévérations verbales et des stéréotypes moteurs qui sont pourtant plus une caractéristique des aphasies kinétiques que des aphasies dynamiques. Et nous avons nous-mêmes observé que cette aide pouvait apporter une certaine amélioration dans l'aphasie kinétique qui est caractérisée, par Luria (1966, 1970), par un déficit dans la réalisation de la succession linguistique. La rééducation proposée par Luria et Tsvetkova ne paraît donc pas spécifique à l'aphasie dynamique. Et c'est sans doute l'une des raisons pour lesquelles elle n'est pas toujours d'une grande efficacité dans ce syndrome.

Luria (1970, 1976) a aussi proposé des aides au niveau des troubles du récit dans l'aphasie dynamique : elles consistent à donner au sujet des mots lexicaux, grammaticaux ou des images. A partir de ces indices, le sujet serait capable de produire un récit. Lorsque nous avons utilisé ces aides, nous avons remarqué qu'elles pouvaient améliorer non seulement la production de récits mais aussi celles de phrases. Mais si ces mots ou ces images ne sont plus fournis, le sujet ne peut à nouveau plus produire de phrases ni de récits. Ce problème, déjà signalé par Derouesné et *al.* (1975) à propos des rééducations proposées par Luria pour les déficits intellectuels consécutifs à une lésion frontale, est lié au fait que ce type de rééducation ne vise pas à fournir au patient la possibilité d'utiliser de lui-même une stratégie capable de l'aider à pallier son déficit : elle le rend dépendant de l'aide fournie par le rééducateur.

c) *Rééducation adoptée (voir Bestaoui et Roland, 1977)*

La rééducation qui a été tentée a porté uniquement sur une tentative d'amélioration de l'élaboration des structures idéiques nécessaires à la production linguistique, et non sur le trouble de la transformation des idées en langage. Le principe de rééducation adopté a consisté à apprendre au patient à utiliser une stratégie qui lui permette d'élaborer de lui-même une structure idéique verbale complexe. Ceci a été réalisé en plusieurs étapes. Dans un premier temps, on lui a fourni un cadre à partir duquel il allait pouvoir élaborer une structure. Ce cadre donne explicitement certains principes des relations qui existent entre un concept et d'autres concepts. Ceci permettait au sujet de produire une suite de concepts organisés par rapport à un autre concept et donc relativement organisés entre eux. Concrètement, ceci a été travaillé dans la production de phrases à partir de 2 mots. Nous indiquerons la procédure concrète à partir d'un exemple simple (Tableau 26). Dans une première étape, on pré-

Tableau 26. Rééducation adoptée dans l'aphasie dynamique: exemple de la procédure utilisée dans la production d'une phrase à partir des 2 mots: « Directeur - Lettre »

Questions sur le mot « Directeur »	Réponses du patient
• Où le voit-on ?	• Dans l'usine
• Quelles sont ses habitudes ?	• Il surveille l'usine, il fait des lettres
• Avec qui est-il en relation ?	• La secrétaire
	Phrase produite : Le directeur dicte des lettres à sa secrétaire

sentait au sujet deux mots, ici « directeur-lettre », en même temps qu'une série de questions. Le sujet travaillait d'abord l'un des deux mots, par exemple « directeur », en tentant de répondre aux questions posées. Chaque question permettait d'évoquer une relation entre le mot stimulus et un autre concept. Après avoir répondu aux questions, le sujet disposait d'une série de mots ayant tous un rapport avec le mot stimulus. Il devait alors produire une phrase qui comportait les 2 mots en s'aidant des mots produits en réponse aux questions. Il est à noter que le sujet n'avait aucun mal à répondre aux questions et que la construction de la phrase après qu'il ait répondu aux questions était possible bien que laborieuse. Dans une seconde étape, le sujet devait générer les questions lui-même et explicitement. Le passage entre la première étape et la deuxième étape a été effectué progressivement par une technique d'estompage. Dans une troisième étape, qui a constitué la fin de rééducation, tout intermédiaire explicite entre la présentation des mots-stimulus et la production de phrases a été supprimé.

Après deux mois de rééducation (30 séances), alors qu'aucune aide n'était plus fournie par l'examinateur, les résultats suivants ont été obtenus : le nombre de phrases correctes produites à partir de deux mots était nettement plus important et les phrases produites étaient plus longues (Tableau 27); en outre, ces phrases correspondaient à une structure des idées plus complexe : par exemple, la phrase produite à partir des mots « auto » et « cage » était, avant rééducation : « la cage est partie d'une auto », et après rééducation : « les volatiles sont enfermés dans une cage pour aller au marché en auto ». Il faut remarquer que cette amélioration, loin de se limiter à cette situation de test, se retrouvait dans le langage spontané produit en 5 minutes (Tableau 28). En particulier, le nombre de phrases idéiquement et

Tableau 27. Phrases produites à partir de 2 mots avant et après rééducation dans l'aphasie dynamique

	Avant rééducation	Après rééducation	Comparaisons
Phrases correctes	35 %	72 %	$X_1^2 = 12,62; P <.001$
Phrases longues (11 à 17 mots)	0 %	61 %	$X_1^2 = 16,38; P <.001$

Tableau 28. Langage spontané produit en 5 minutes avant et après rééducation dans l'aphasie dynamique

	Avant rééducation	Après rééducation	Comparaisons
Phrases produites	16	24	
Phrases longues (11 à 17 mots)	12 %	25 %	$X_1^2 = 0,94; N.S.$
Phrases ayant une structure syntaxique simple (sujet + verbe + complément)	69 %	29 %	$X_1^2 = 6,08; P <.02$

syntaxiquement complexes était beaucoup plus important, le patient produisant des phrases du type: «Je suis revenu à Amiens et j'ai passé un examen pour être facteur enregistrant».

En résumé, cette rééducation d'un cas d'aphasie dynamique s'est révélée efficace. Comme dans l'alexie pure, cette rééducation reposait sur la mise en place d'une stratégie alternative. A la différence de l'alexie pure, cette stratégie a été mise en place pour compenser un processus qui, apparemment, ne fonctionnait plus du tout et non pour inhiber un processus qui fonctionnait mal, ou à tort.

III. Conclusion

Dans ce chapitre nous avons tenté de montrer, à l'aide de quelques exemples, que la recherche en Neuropsychologie Cognitive peut avoir des applications directes pour la rééducation des troubles des fonctions supérieures consécutifs à une lésion cérébrale. Il est en effet frappant de constater que si la Neuropsychologie devient de plus en plus scientifique, s'appuyant sur et participant au développement des modèles de la psychologie cognitive (voir par exemple Shallice, 1979), les recherches sur la rééducation restent le plus souvent empiriques et portent encore beaucoup plus sur la façon de rééduquer que sur la définition précise de ce qui doit être rééduqué. Au cours des dernières années, cependant, quelques chercheurs ont tenté d'établir un lien entre la recherche en Neuropsychologie Cognitive et la rééducation. Leur perspective était néanmoins assez différente de la nôtre. D'une part, le but premier de ces travaux était la vérification d'une hypothèse de recherche, la rééducation étant considérée beaucoup plus comme un moyen que comme une fin en soi. D'autre part, la démarche était différente : il s'agissait en général de considérer une manifestation *clinique* donnée, de poser une hypothèse sur le niveau du processus perturbé, puis de vérifier cette hypothèse en posant un principe général de rééducation applicable à *tous* les patients présentant ce symptôme clinique. Ainsi, un certain nombre de recherches ont porté sur une difficulté très fréquente en aphasiologie, le «manque du mot» (voir par exemple, Hatfield et al., 1977; Seron et al., 1979; Patterson et al., 1982), et ont tenté, à l'aide d'une étude de *groupe*, d'établir la cause de ce déficit ou l'efficacité de telle méthode de facilitation (ébauche orale, contexte, etc.) chez tous les patients présentant ce déficit. Nos recherches se distinguent de ces travaux en ce sens qu'elles sont basées sur la présupposition que des déficits cliniquement identiques (par exemple la présence d'une anomie ou de paraphasies sémantiques) peuvent être dus à la perturbation de processus sous-jacents très différents. C'est pourquoi nous pensons que la rééducation doit être hautement spécifique. Cette spécificité concerne d'une part l'aspect théorique : c'est dans la mesure où les processus sous-jacents à une tâche donnée sont identifiés avec suffisamment de précision qu'il devient possible de poser des principes de rééducation; en ce sens, les progrès thérapeutiques dépendent de l'état de la recherche. Elle concerne d'autre part le syndrome étudié : si un même symptôme clinique peut être provoqué par la perturbation de multiples processus, il est nécessaire d'identifier le niveau et la nature de la perturbation avec le plus de précision possible pour chaque malade. C'est pourquoi nous pensons que ce type de recherche ne peut être réalisé que grâce à l'étude expérimentale approfondie de cas individuels. Dans un premier temps, il semble nécessaire de travailler avec des syndromes purs, c'est-à-dire des cas chez lesquels on peut supposer que le trouble est lié à une seule composante d'un modèle d'«information processing». Ce n'est que dans un second temps, quand l'état de la recherche sera suffisamment avancé, que des principes généralisables à des syndromes mixtes pourront être posés. On ne peut donc attendre de ces recherches des applications pratiques immédiates, applicables à la majorité des malades atteints de lésions cérébrales. Il s'agit de recherches expérimentales, qui auront des répercussions certaines à long terme dans la mesure où elles se multiplieront. Il est nécessaire de souligner que ceci implique de la part des chercheurs un souci particulier: le principe de rééducation ne découle pas «naturellement» d'une recherche. Il demande à être posé et vérifié. A notre avis, ceci est néanmoins extrêmement gratifiant au niveau théorique: d'une part, il s'agit d'un excellent moyen de vérifier une hypothèse; d'autre part, la recherche d'un moyen de rééducation «qui marche» peut faire avancer la recherche de façon tout à fait inattendue.

Les tentatives qui ont été présentées ici sont basées sur l'idée que, pour réaliser une tâche donnée (lire, écrire, trouver un mot précis, etc.), il y a souvent plusieurs façons de s'y prendre, c'est-à-dire plusieurs stratégies possibles et relativement efficaces. Il en résulte que si on connaît les différentes stratégies utilisées par un sujet normal, ou si on en imagine d'autres, on peut redonner au malade la possibilité de réaliser une tâche que plusieurs années après son accident, de lui-même ou à l'aide d'une rééducation classique, il ne pouvait plus effectuer. Ceci peut être fait soit en amenant le malade à utiliser une stratégie latente (imagerie visuelle utilisée comme relais dans l'Aphasie Tactile), soit en créant de toutes pièces une stratégie artificielle (relais gestuel dans l'Alexie Visuo-Verbale), soit en tentant de *simuler* (et non de reconstituer) la stratégie normale (utilisation d'un cadre permettant de produire la pensée verbale dans l'Aphasie Dynamique), soit simplement en amenant le malade à utiliser de façon optimale la seule stratégie qui chez lui fonctionne normalement (Alexie Phonologique). Dans la classification des thérapies de Seron (ce livre), ces tentatives rentrent dans le cadre des thérapies de réorganisation des processus centraux. Elles s'opposent clairement aux thérapies de rétablissement de la conduite antérieure, puisqu'elles ont pour but de fournir au malade une stratégie alternative à celle qui ne fonctionne plus, qui fonctionne mal, ou qui fonctionne à tort (c'est-à-dire de façon inappropriée au déficit). Nous pensons que les progrès réalisés dans les recherches rapportées ici sont très différents des types de réorganisation décrits chez l'animal par Jeannerod (ce livre). D'une part, elles sont intervenues plusieurs années après l'accident vasculaire, chez des sujets âgés, ce qui rend une restauration anatomique très improbable. D'autre part, elles sont basées sur une activité consciente, volontaire, parfois très artificielle, qui est extrêmement différente des récupérations, quasi automatiques et probablement involontaires et inconscientes, décrites chez l'animal.

Chapitre 12
Récupération du champ visuel chez des patients porteurs d'une lésion occipitale

J. ZIHL [12, 13]

I. Introduction

Il est connu depuis longtemps qu'une lésion des lobes occipitaux ne produit pas toujours des déficits visuels permanents et irréversibles. Les études de l'évolution des patients ont montré que si quelques cécités corticales ont récupéré, dans la majorité des cas le degré de récupération demeure plutôt limité (Wilbrand et Sänger, 1917). Le principal problème des hémianopsiques concerne l'évitement d'obstacles ou de personnes qui apparaissent du côté défectueux, ainsi que des difficultés de lecture. Ce trouble particulier se rencontre surtout en cas d'hémianopsie complète ou lorsqu'il y a un scotome paracentral unilatéral. Chez ces patients, bien que la macula soit généralement épargnée et que l'acuité visuelle ne soit pas nettement réduite, la lecture normale n'est plus possible dans la mesure où le sujet ne peut plus voir les mots en entier (Wilbrand, 1907; Williams et Gassel, 1962). Il arrive que les patients s'adaptent au déficit du champ visuel, par exemple en utilisant leur index comme cible pour diriger les yeux vers les mots ou comme indicateur de la ligne qu'ils sont occupés à lire. Cette utilisation de l'index dans la lecture et l'accroissement du nombre de mouvements spontanés de la tête et des yeux du côté hémianopsique constituent des moyens de substitution de la perte de la vision.

Du point de vue de la revalidation, il est clair que ces patients pourraient bénéficier de tous les moyens possibles d'atténuation des conséquences fonctionnelles de la réduction du champ visuel. On peut distinguer au moins deux procédures thérapeutiques: les méthodes de restitution du champ visuel réduit par un scotome, ou les procédés de substitution de la vision en cas de perte d'un hémichamp (ou d'une partie de celui-ci) au moyen de mouvements compensatoires de la tête et des yeux (Poppelreuter, 1917).

On peut également se demander si une restitution sous forme d'un élargissement du champ visuel est possible par des exercices spécifiques. Une collaboratrice de Luria, Preobrazhenskaya (citée dans Luria, 1963), a fourni des faits attestant un accroissement de la taille du champ visuel après un entraînement particulier. Elle a obtenu une amélioration du champ visuel chez des patients atteints d'une lésion occipitale qui ont bénéficié d'une thérapie systématique de la lecture. Des résultats similaires ont été rapportés par Poppelreuter dès 1917: cet auteur avait entraîné des hémianopsiques par des exercices systématiques de lecture. Malheureusement, aucun de ces auteurs n'a précisé l'ampleur de l'accroissement du champ visuel après thérapie. En dépit de l'intérêt considérable, tant scientifique que clinique, que suscite la récupération fonctionnelle après lésion cérébrale, ces deux études sont les seules qui aient été consacrées à la restitution du champ visuel après une cécité cérébrale. De plus, on ne trouve que deux recherches consacrées à la récupération systématique à partir de scotomes, chez des primates rendus partiellement aveugles par des lésions du cortex strié. Néanmoins, ces deux études ont indiqué que le champ visuel peut récupérer à condition que l'animal soit forcé de faire attention à la région du champ qui est l'objet de l'exercice et dans une tâche de détection et localisation de stimuli lumineux présentés brièvement dans cette région. Le fait que la récupération à partir du scotome ne soit pas spontanée indique que l'accroissement du champ visuel résulte de la thérapie spécifique (Cowey, 1967; Mohler et Wurtz, 1977). Sur base de ces travaux consacrés à l'effet d'un traitement spécifique sur la récupération à partir d'un scotome, des procédures similaires ont été appliquées à des patients atteints d'une lésion occipitale (généralement vasculaire). Une première série d'expériences a consisté en une thérapie systématique par la lecture de patients souffrant d'une hémianopsie homonyme complète ou d'un scotome paracentral. La seconde procédure d'apprentissage était basée sur l'expérimentation animale de Mohler et Wurtz (1977): entraînement spécifique de la localisation saccadique de cibles lumineuses dans la partie aveugle du champ visuel.

II. Effet d'une thérapie systématique par la lecture sur la récupération du champ visuel chez des hémianopsiques

Pour l'entraînement spécifique par la lecture, on a utilisé une nouvelle aide de lecture par la télévision avec des textes encodés de manière digitale (construite pour les gens partiellement voyants). Cet appareillage pour la lecture est composé d'un générateur TV du texte, une installation TV de présentation du texte et un enregistreur à cassette pour le stockage du texte encodé. Le texte peut être stationnaire ou se déplacer de manière continue, de droite à gauche par ligne. La vitesse du déplacement, la taille des caractères et le contraste peuvent être réglés séparément (pour une présentation détaillée, voir Weigelin *et al.*, 1979). Puisque le texte se déplace devant la fovea, il n'est pas nécessaire que les patients produisent d'importants mouvements de la tête ou des yeux pour trouver le début ou la fin des mots. Ils ont pour instruction de regarder attentivement au centre de l'écran et, pour s'assurer qu'ils appréhendent le mot en entier, de faire très attention au début (hémianopsies gauches) ou à la fin (hémianopsies droites) du mot. Ils doivent alors lire à voix haute le mot entier. Comme tous les patients avaient une acuité visuelle relative d'au moins 80 %, on a utilisé les caractères les plus petits (1° d'angle visuel à 120 cm de distance). Le texte était généralement présenté avec un mouvement plutôt lent (entre 3,5 et 7 cm/sec.).

Vingt patients ont participé à cet exercice systématique de lecture. Leur âge au moment de la lésion s'étalait entre 14 et 69 ans (moyenne: 46 ans); le délai entre le moment de la lésion et le début de l'exercice variait entre 1 et 20 mois (moyenne: 6.6 mois). Dans 17 cas, la lésion occipitale résultait d'une pathologie cérébro-vasculaire (ramollissement, hémorragie); 2 patients avaient subi un traumatisme cérébral avec contusion occipitale; le dernier sujet avait été opéré d'une tumeur cérébelleuse.

Les lésions ont été vérifiées par la tomographie computérisée. Neuf patients présentaient une hémianopsie homonyme gauche complète et 6 une perte totale du champ droit; 5 sujets souffraient d'un scotome paracentral, 3 à gauche et 2 à droite. Les sessions d'exercices avaient lieu quotidiennement ou au moins deux fois par semaine; chaque session durait habituellement environ une heure. Par session, quelques unités (de 2 à 5) du programme étaient accomplies, chacune consistant en un texte d'une longueur correspondant à environ une demi-page imprimée. Pour éviter la fatigue, un break de 3 à 5 minutes était inséré entre ces unités d'apprentissage. Lors des premières séances d'entraînement, les patients ont présenté d'importantes difficultés de lecture: d'une manière caractéristique, ils omettaient le début ou la fin du mot, ou encore les mots courts. Après quelques sessions, le nombre d'erreurs a cependant diminué de manière importante. La figure 37 présente l'exemple d'une telle amélioration de la lecture chez un patient avec une hémianopsie droite totale. Les exercices ont débuté 4 mois après l'atteinte; durant cette période, aucune amélioration spontanée ne s'était produite. Le nombre d'erreurs de lecture était plutôt élevé au début de l'apprentissage. Après 18 unités d'apprentissage (en 6 séances), le nombre d'erreurs est descendu à 2 ou 3 par unité. Une périmétrie détaillée, dynamique et statique (au moyen d'une variante du périmètre de Tübinger), fut pratiquée avant et après l'apprentissage systématique par la lecture. Le pouvoir de résolution spatiale pour la partie interne du champ visuel (c'est-à-dire jusqu'à 15° d'excentricité) était d'au moins 15 minutes d'arc.

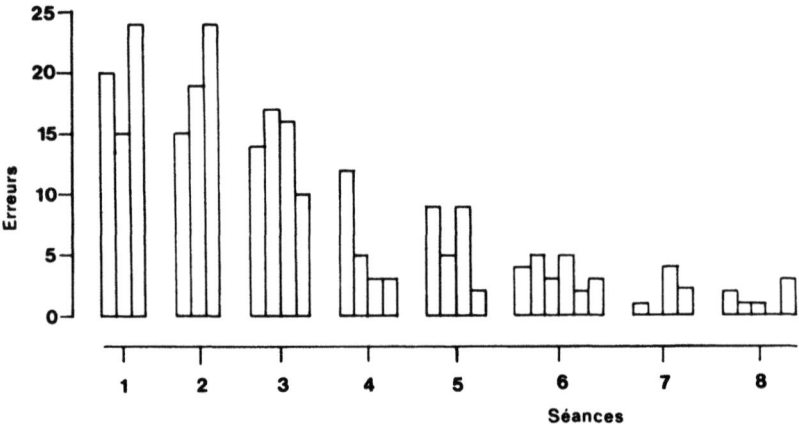

Figure 37. Diminution du nombre d'erreurs de lecture par suite de l'entraînement spécifique chez un patient souffrant d'une hémianopsie droite complète (pour le champ visuel: fig. 38a). Chaque colonne indique le nombre d'erreurs par unité d'entraînement.

Cet examen révéla un élargissement, modéré mais significatif, de 3° d'angle visuel le long du méridien horizontal droit (Fig. 38a). Un accroissement de même ampleur fut observé chez tous les patients après les exercices systématiques de lecture, quel que soit le côté atteint du champ (Fig. 38b). L'augmentation moyenne de la taille du champ était de 2.3° (extrêmes: 1 et 4°) le long de l'axe horizontal. Le

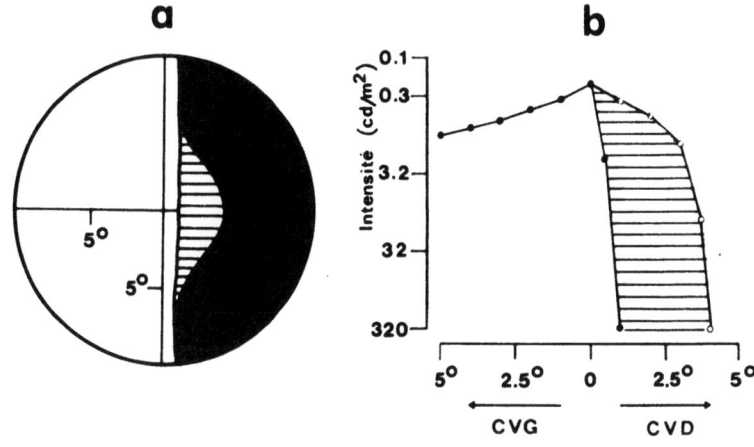
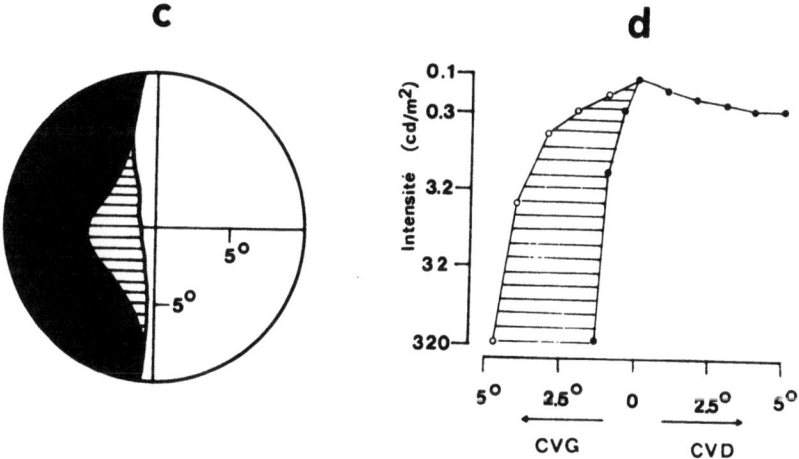

Figure 38. Elargissement du champ visuel par suite de l'entraînement spécifique à la lecture chez deux patients souffrant chacun d'une hémianopsie homonyme complète (en noir), l'un à droite (a) et l'autre à gauche (c). La région récupérée est hachurée. A droite de la figure (b, d), on présente les résultats de la périmétrie statique: profil du seuil de différence lumineuse le long de l'axe horizontal avant (cercles noirs) et après (cercles blancs) l'entraînement. La zone hachurée correspond à celle de a et c. CVG = champ visuel gauche, CVD = champ visuel droit.

Tableau 29. Accroissement de la taille du champ visuel à la suite de l'entraînement spécifique à la lecture et nombre d'essais nécessaires chez 20 patients porteurs d'une atteinte du lobe occipital

Patients	Excentricité[1]		Accroissement[1]	Nombre d'essais[2]
	avant	après		
A) Déficits à gauche				
1	0.5	3.0	2.5	14 (4)
2	0.5	3.5	3.0	30 (8)
3	0.5	3.5	3.0	47 (12)
4	1.0	3.0	2.0	23 (5)
5	1.0	3.5	2.5	25 (8)
6	1.0	5.0	4.0	75 (25)
7	1.5	3.0	1.5	32 (8)
8	1.5	3.5	2.0	30 (10)
9	2.0	4.0	2.0	31 (7)
10	2.5	4.0	1.5	40 (11)
11	2.5	5.0	2.5	32 (6)
12	3.0	4.5	1.5	40 (14)
B) Déficits à droite				
13	0.5	3.5	3.0	15 (3)
14	1.0	3.0	2.0	12 (4)
15	1.0	3.5	2.5	52 (15)
16	1.0	3.5	2.5	58 (14)
17	1.5	3.5	2.0	50 (16)
18	1.5	3.5	2.0	22 (6)
19	2.0	4.0	2.0	34 (9)
20	2.5	4.5	2.0	28 (8)

[1] Degrés d'angle visuel le long de l'axe horizontal.
[2] Nombre de séances d'entraînement entre parenthèses.

nombre d'unités d'apprentissage allait de 12 à 75 (moyenne: 34), soit de 4 à 25 séances d'exercice respectivement (tableau 29).

Outre l'élargissement du champ visuel, l'entraînement systématique par la lecture a également conduit à une normalisation des mouvements oculaires de lecture; ceux-ci sont normalement constitués de petites saccades séparées par des pauses (fixations). Avant l'entraînement, ce pattern était plutôt irrégulier et composé de grandes saccades dirigées vers le côté hémianopsique et d'un grand nombre d'amples mouvements de régression (cfr Gassel et Williams, 1963; Fig. 39a). Après les exercices spécifiques, la structure des mouvements oculaires de lecture était devenue pratiquement normale, encore que les régressions fussent encore présentes (Fig. 39b, c).

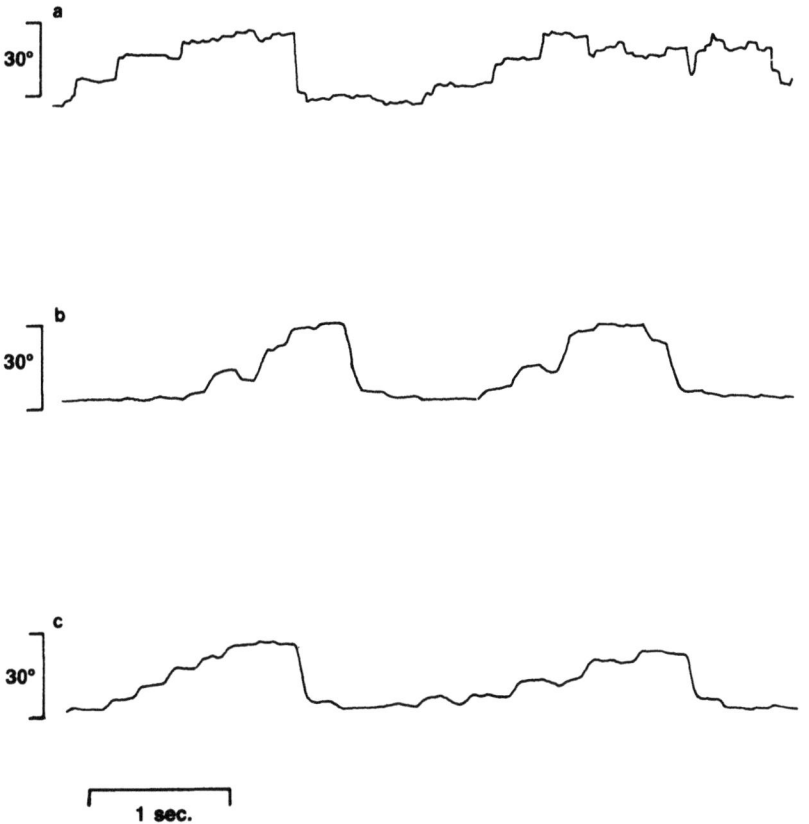

Figure 39. Mouvements oculaires de lecture chez un patient atteint d'une hémianopsie droite (voir le champ à la fig. 38a) avant (a) et après (b) l'entraînement spécifique à la lecture. Sur cet enregistrement électro-oculographique, les déplacements vers le haut et vers le bas correspondent respectivement aux mouvements oculaires vers la droite et vers la gauche. Notons en b la normalisation des mouvements de lecture, lorsqu'on les compare à ceux d'un sujet normal (c). Pour les détails, voir le texte.

La performance de lecture des patients a bénéficié de ce type spécifique d'entraînement par la lecture. Cependant, même après l'apprentissage, la vitesse de lecture était significativement moindre et le nombre d'erreurs significativement plus élevé que chez les sujets normaux d'un âge comparable (test t, $p < 0.001$; Fig. 40). L'amélioration de la lecture, évaluée par la différence entre les performances pré- et post-thérapeutiques, était significative (test t, $p < 0.001$) tant en ce qui concerne la durée que les erreurs. Après les exercices systématiques, ce sont les patients atteints dans le champ visuel gauche

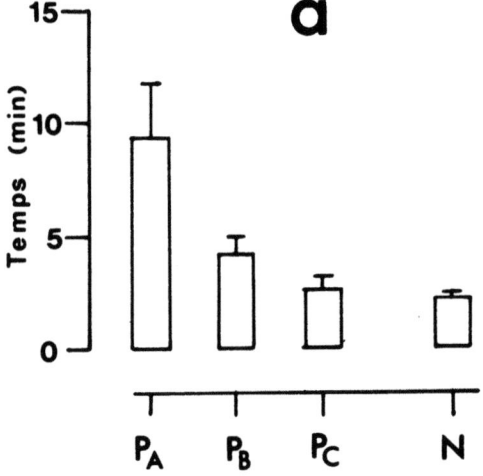

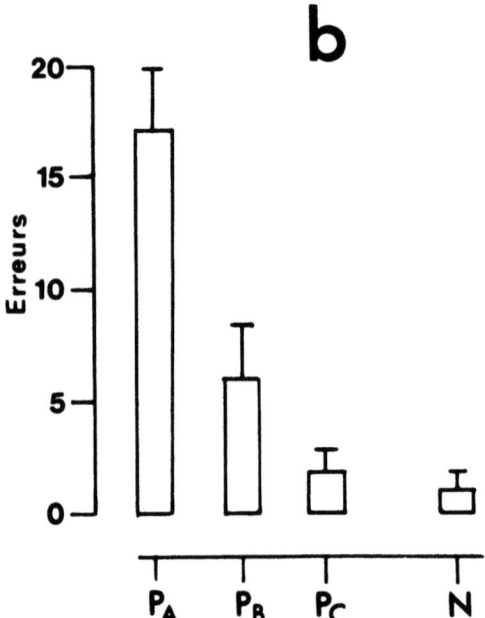

Figure 40. Temps moyen de lecture (a) et nombre d'erreurs (b) chez 10 patients (P) porteurs d'une atteinte homonyme du champ visuel dans la région fovéale (5 à gauche et 5 à droite) avant (P_A), à la fin (P_B) et huit semaines après (P_C) l'entraînement spécifique à la lecture. N = résultats d'un groupe de 10 normaux appariés aux patients quant à l'âge. Les lignes verticales représentent la moitié de l'écart-type. Pour les détails, voir le texte.

qui avaient le plus de problèmes de lecture: ils ne pouvaient pas toujours trouver adéquatement le début de la ligne. Le champ visuel ne s'est pas modifié avec le temps après le traitement; par contre, la performance en lecture s'améliorera significativement avec des exercices additifs à domicile au moyen de journaux ou de livres (test t, $p < 0.001$). Après 8 semaines, les patients ont été retestés: la différence des performances de lecture entre le groupe de contrôle et les patients n'était plus significative, qu'il s'agisse de la vitesse (test t, $p > 0.2$) ou du nombre d'erreurs (test t, $p > 0.1$). Il semble que ni l'âge des patients ni le temps écoulé entre le moment de la lésion et la thérapie n'ont exercé d'influence significative sur l'amélioration du champ visuel consécutive à l'entraînement spécifique par la lecture ($r = 0.24$, NS et $r = -0.13$, NS).

Ce type particulier d'entraînement n'a produit qu'un accroissement du champ visuel de 5° d'excentricité. La poursuite des exercices ne s'est pas accompagnée d'une augmentation de cette amélioration; ceci indique clairement la limitation de cette méthode en ce qui concerne l'excentricité (Tableau 29).

III. Restauration du champ visuel au moyen d'une thérapie spécifique de la localisation saccadique

Mohler et Wurtz (1977) ont obtenu, chez des singes, une amélioration de la détection et localisation (par des saccades oculaires) de cibles lumineuses présentées dans un scotome. L'atteinte du champ visuel résultait d'une lésion expérimentale du cortex strié. La récupération du champ était principalement marquée dans la zone qui avait été l'objet d'un entraînement spécifique. Celui-ci a été appliqué à des patients atteints d'un déficit du champ visuel consécutif à une lésion occipitale; on y a utilisé le périmètre de Tübinger. Les patients devaient, en réponse à un signal auditif, porter le regard en un seul mouvement du point de fixation (au centre du périmètre) vers un endroit de l'hémichamp atteint où des cibles lumineuses apparaissaient pendant une seconde (en un lieu variable). Les sujets étaient informés du méridien le long duquel les lampes allaient être présentées, mais ignoraient la position de celles-ci. En outre, ils ne recevaient aucune information en retour quant aux effets des séances d'exercices, à moins qu'ils ne signalent eux-mêmes un élargissement de leur champ.

Les 10 patients présentés ici étaient âgés de 21 à 64 ans; le temps qui sépare la survenue de la lésion du début de la thérapie allait de 1 à 12 mois. Dans chaque cas, l'atteinte occipitale avait une origine vasculaire (ramollissement ou hémorragie). La figure 41 présente un exemple de l'effet du traitement par localisation saccadique sur l'amélioration à partir d'un scotome. Avant la thérapie, la limite du champ était à 12° d'excentricité sur le méridien horizontal droit. Les cibles ont été présentées à 20, 25, 30 et 35° d'excentricité sur ce méridien. Après 1.320 essais (en 17 séances) on enregistra un accroissement de taille du champ visuel d'une ampleur de 16°. Cette amélioration résultait bien de la thérapie spécifique: l'accroissement fut observé uniquement après les séances d'exercices. La figure 42 présente l'évolution temporelle de la modification de taille du champ droit, en partant du moment de la lésion (infarctus de l'artère cérébrale postérieure gauche). Aucun accroissement ne fut observé lors des mesures effectuées 2, 4, 6 et 10 semaines après l'accident. A 10 semaines, la thérapie fut entreprise: cet entraînement systématique par la localisation entraîna aussitôt un élargissement du champ droit. Toutefois, l'amélioration n'avait lieu que pendant les périodes

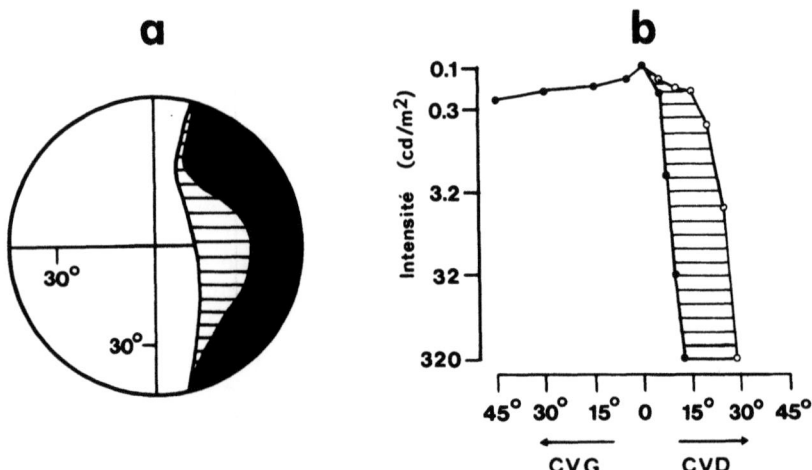

Figure 41. Effet de l'entraînement spécifique à la localisation saccadique sur la récupération du champ visuel chez un patient porteur d'une hémianopsie homonyme droite complète. Le profil du seuil de différences lumineuses est présenté en b, avant (cercles noirs) et après (cercles blancs) l'entraînement. Les surfaces hachurées en a et b indiquent la partie récupérée du champ visuel. CVG = champ visuel gauche; CVD = champ visuel droit.

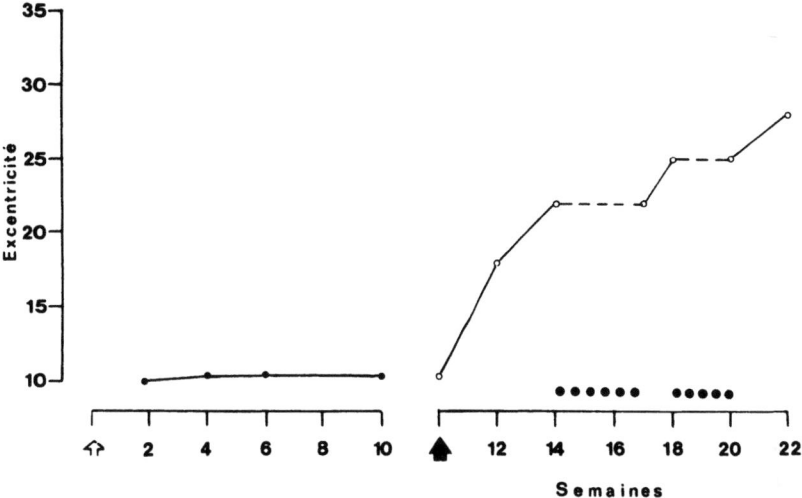

Figure 42. Dépendance de l'accroissement du champ visuel (en degrés d'excentricité le long de l'axe horizontal droit; voir la figure 41 pour l'état du champ visuel) à l'égard de l'entraînement spécifique à la localisation saccadique. Cet entraînement débuta 10 semaines (flèche noire) après la lésion (flèche blanche) et fut interrompu à 2 reprises (points noirs et lignes brisées). Observons que l'accroissement de la taille du champ ne se manifeste que pendant les périodes d'entraînement. Voir le texte pour une description plus détaillée.

d'exercices spécifiques: durant les deux périodes sans exercice, aucun accroissement (spontané) ne fut observé.

Le tableau 30 présente l'effet de la thérapie spécifique au moyen de la localisation saccadique pour les 10 patients. L'ampleur de la récupération (mesurée le long de l'axe horizontal, c'est-à-dire là où portaient les exercices) va de 2 (cas 8 et 10) à 20° (cas 9). A nouveau, ce degré d'amélioration n'est significativement corrélé ni avec l'âge du patient ($r = -0.26$, NS), ni avec l'«âge» de l'hémianopsie ($r = -0.40$, NS): ceci conduit à penser qu'aucun de ces deux facteurs n'a joué de rôle essentiel dans l'évolution.

Dans la zone améliorée, l'acuité visuelle ainsi que la discrimination des couleurs et des formes sont réapparues: ceci atteste que la lésion était principalement localisée dans le cortex strié. La qualité de vision dans la région récupérée n'est pas différente, qualitativement ou quantitativement, de la zone correspondante de l'hémi-champ non atteint (Zihl, 1981). Une étude périmétrique réalisée jusqu'à un an après la fin du traitement n'a pas révélé de modification significative

Tableau 30. Elargissement du champ visuel à la suite de l'entraînement spécifique à la localisation saccadique chez 10 patients hémianopsiques

Patients	H.H.[1]	Accroissement[2]	Essais[3]
1	G	14	1320
2	D	17	1190
3	D	7	980
4	G	2	380
5	G	9	830
6	D	10	810
7	G	12	930
8	G	2	540
9	D	20	1120
10	D	2	640

[1] Hémianopsie homonyme (G) ou droite (D).
[2] En degrés d'angle visuel le long de l'axe horizontal, respectivement gauche et droit.
[3] Nombre de mouvements oculaires saccadiques.

de la taille du champ : ceci témoigne de la stabilité de la zone récupérée. Les patients rapportent eux-mêmes une amélioration séparée de leur vision dans la vie quotidienne, par suite de l'expansion du champ.

IV. Discussion et conclusion

On ne sait pas encore clairement à quel endroit du système nerveux central a pu se réaliser la récupération du champ visuel, ni quels sont les mécanismes neuronaux qui en sont responsables. Il y a quelque raison de croire que le cortex strié pourrait être un lieu où s'est produite la récupération : cette région corticale est en effet le principal point d'arrivée de la voie rétino-géniculée (Schiller et Malpeli, 1977). Toutefois, le facteur déterminant de la récupération observée réside dans le fait qu'on force le patient à utiliser la région perturbée du champ, qui est complètement aveugle si on s'en réfère à l'examen périmétrique. Il semble en outre très probable qu'une perte partielle de la fonction visuelle corticale puisse conduire à un scotome, du moins tel qu'on peut le définir à la périmétrie. Le déficit du champ pourrait donc être initialement plus sévère que celui qui résulterait de la perte totale de la seule fonction corticale. Un prérequis important de la récupération de la région corticale partiellement diminuée (en termes fonctionnels) consiste à concentrer l'attention sur la portion correspondante du champ visuel en présentant des stimuli (respectivement des cibles lumineuses, des lettres et des mots) dans cette région pour provoquer une réponse comportementale (localisation de cibles, compréhension de mots). Il semble que cette récupération dépende fortement de la réduction de l'environnement visuel et de la complexité de la réponse comportementale.

Chapitre 13
Diagnostic et thérapie des troubles perceptuels lors de lésions de l'hémisphère droit

L. DILLER[14]

I. Introduction

1. Le problème en neuropsychologie

Au cours de la dernière décennie, le domaine de la neuropsychologie clinique a bénéficié d'une attention particulière. Ceci est lié à la fois au développement d'une société interdisciplinaire internationale (l'« International Neuropsychological Society »), à l'apparition de trois nouvelles revues professionnelles et scientifiques et à la multiplication de réunions interdisciplinaires et de groupes de travail consacrés à des syndromes particuliers (par exemple les atteintes cérébrales traumatiques). La reconnaissance du statut « vedette » de ce champ de recherches est patente dans la récente attribution du prix Nobel à Roger Sperry, un des pionniers de l'étude des commissurotomisés. Toutefois, même un survol casuel des journaux et du contenu des réunions scientifiques laisse apparaître que très peu de travaux sont directement en rapport avec le domaine de la revalidation. En effet, cette masse d'efforts a visé avant tout l'identification et la compréhension des relations entre le cerveau et le comportement, en vue de connaître les mécanismes du fonctionnement cérébral. L'application clinique de telles études a consisté en l'utilisation des connaissances ainsi acquises pour améliorer le diagnostic des lésions cérébrales, sur base d'épreuves psychologiques. Ce domaine apporte donc très peu d'éléments en rapport direct avec le résultat d'un traitement ou d'une prise en charge. Dans la perspective revalidative, le fond de la question demeure : une fois que la présence d'une lésion cérébrale est établie, que peut-on faire pour aider le patient ?

2. Le problème en enseignement spécialisé

Le néophyte peut chercher des données utiles dans le domaine de l'enseignement spécial (Mann, 1980). En effet, depuis l'ouvrage classique de Itard (« Le garçon sauvage de l'Aveyron ») rédigé à la fin du 18e siècle, on trouve dans cette discipline un corps substantiel de données concernant la prise en charge et l'éducation de personnes présentant des déficiences cognitives. Ce domaine s'est à ce point développé qu'on y observe actuellement une pléthore de théories et de techniques. Toutefois, ces travaux ont eu pour objet principal l'enfant atteint de déficits dans les aptitudes scolaires. Si beaucoup de ces études concernent la revalidation, elles ne soulèvent que malaisément des perspectives quant aux situations extrascolaires et aux effets des troubles cognitifs acquis de l'adulte.

3. Le problème en revalidation

Dans les situations de revalidation, les kinésithérapeutes, orthophonistes et ergothérapeutes se plaignent fréquemment du fait que les patients atteints d'une lésion cérébrale acquise ont des difficultés dans la maîtrise des aptitudes fonctionnelles essentielles aux activités de la vie quotidienne. Ces difficultés résultent des troubles cognitifs entraînés par la lésion cérébrale et on doit comprendre comme suit la plainte des thérapeutes : « Comment pourrais-je amener le patient à faire attention à ce qu'il est en train d'apprendre ? ». La transposition de cette question en termes neuropsychologiques n'est pas immédiate : comme on ne dispose pas d'un corps de données en cette matière, chacun doit commencer au tout début du processus et démarrer à zéro.

Cet article décrit un programme de recherches en cours, élaboré durant ces quinze dernières années et destiné à résoudre certains de ces problèmes.

II. Situation initiale

L'institut de médecine revalidative du Centre médical de l'Université de New York est un hôpital de réhabilitation médicale comportant 150 lits. Il est destiné à prendre en charge des patients souffrant de séquelles, le plus souvent neuromusculaires, de traumatismes ou maladies ayant produit de sévères déficiences fonctionnelles. Au cours des quinze dernières années, on y a traité chaque année en moyenne 225 victimes d'attaques vasculaires. De manière caractéristique, un patient nous est adressé comme hémiplégique (ou hémiparétique), environ 4 à 6 semaines après la survenue de l'accident cérébral vasculaire. L'âge de notre population varie entre 40 et 75 ans, mais autour d'une moyenne de 62. Nos patients représentent 28 % de l'ensemble des admissions, ce qui correspond à la proportion des inscriptions pour revalidation dans l'ensemble des Etats-Unis. Il y a en effet environ 500.000 nouvelles victimes d'attaques par an dans ce pays et on a estimé qu'environ 60 % d'entre elles sont des candidats à une revalidation. On a de plus évalué que les 2.500.000 survivants d'attaques entraînent un coût direct de 4 billions de dollars chaque année en frais médicaux et perte de revenus.

Bien que ces patients nous soient adressés pour hémiplégie, celle-ci ne constitue qu'une partie d'un syndrome complexe qui peut être accompagné de troubles comportementaux comprenant des problèmes de langage, de perception, de pensée, d'émotion et des difficultés dans les relations interpersonnelles. La prise en charge de ces troubles nécessite une équipe de spécialistes provenant de diverses disciplines médicales et paramédicales. L'objectif du programme est d'atteindre la meilleure restauration possible des activités afin de permettre au patient de vivre dans la société avec sa famille et, si possible, de retrouver un emploi. Typiquement, un tel programme est organisé autour de classes de réapprentissage des diverses habiletés. La journée d'un patient peut consister en un passage dans 4 à 6 de ces classes. Le sujet réside habituellement de 6 à 10 semaines dans l'Institut, mais il y a naturellement des exceptions. Environ la moitié des hémiplégiques ont une atteinte cérébrale bilatérale : on sait qu'un sujet avec une hémiplégie unilatérale souffre d'une lésion de l'hémisphère cérébral du côté opposé, mais il est également très vraisemblable qu'il y ait une atteinte cérébrale à la fois du côté opposé et du même côté que l'hémiplégie.

III. « Faire attention » : développement d'un programme d'intervention

Les neuropsychologues ont été concernés par l'identification des troubles perceptuels et linguistiques qui se manifestent lors de tests, tradition fortement enracinée dans les tentatives de mesure des différences interindividuelles. Il n'est pas inutile de rappeler que l'histoire des tests psychométriques découle de circonstances similaires. Voici près d'un siècle, des éducateurs parisiens ont été confrontés aux problèmes d'un système éducatif dans lequel les enfants n'apprenaient pas adéquatement. La solution proposée par un psychologue (Alfred Binet) et un pédiatre (Henri Simon), directeurs d'une commission créée pour examiner la situation, fut l'élaboration d'une méthode de discrimination entre les lecteurs rapides et lents : ils rassemblèrent des épreuves utilisées dans les laboratoires de psychologie expérimentale où on étudiait les différences individuelles et les soumirent à des enfants de différents groupes d'âges. Les auteurs montrèrent que le pourcentage d'enfants aptes à résoudre des problèmes de difficulté croissante augmentait avec l'âge. A partir de cette observation, il n'y avait plus qu'un pas à franchir pour construire la notion d'âge mental, en vue d'enregistrer le développement des habiletés en liaison avec celui de l'âge chronologique. C'est dans cette ligne que fut proposée la logique du test de QI comme un moyen de catégoriser l'apprentissage. Bien que les tests du QI aient subi maintes critiques, ils servent à distinguer les étudiants en termes de prédiction de la réussite scolaire.

Il y a quinze ans, nous avons commencé nos investigations en remarquant qu'un centre de revalidation constituait un excellent laboratoire naturel : des patients cérébrolésés y sont engagés dans l'apprentissage d'habiletés diverses, essentiellement sous un contrôle propice et dans des conditions de répétition. Lorsque nous avons discuté des difficultés rencontrées par certains patients cérébrolésés dans l'apprentissage de ces habiletés, les ergothérapeutes, kinésithérapeutes et orthophonistes nous ont expliqué que ces patients semblaient ne pas faire attention : on observait fréquemment que l'aphasique regardait plutôt le visage du thérapeute que les stimuli, ou que le patient, dans la classe d'apprentissage de la marche, regardait autour de lui au lieu d'écouter les consignes qu'on lui donnait. Nous nous sommes alors demandés ce que signifiait « ne pas faire attention ». Alors que les problèmes de l'attention ont été l'objet de nombreuses études dans l'histoire de la psychologie expérimentale (Diller et Weinberg, 1972), ils ont été relativement négligés en neuropsychologie clinique : par exemple, il n'existe ni batteries standardisées de tests, ni normes, ni taxonomies concernant les troubles attentionnels des patients cérébrolésés.

Nous avons utilisé une logique similaire à celle de Binet et Simon pour les différences individuelles : pour analyser les problèmes attentionnels, nous avons construit des tests qui pouvaient être sensibles aux différences entre les patients en fonction du type de lésion cérébrale. Nous concevions toutefois que l'attention n'était pas un trait unitaire et avons introduit deux distinctions. En premier lieu, l'exploration de l'environnement (c'est-à-dire la recherche d'indices ou d'informations) n'est pas la même chose que l'empan (c'est-à-dire le nombre d'unités d'information, présentées pendant une période donnée, que l'on peut retenir en mémoire) : chercher un numéro de téléphone dans un annuaire est une activité mentale différente de celle qui consiste à se rappeler le numéro; et pourtant, ces deux activités impliquent l'« attention ». Une autre façon d'expliquer cette première distinction serait l'image d'une lumière clignotante balayant l'environnement : le parcours de la lampe est l'exploration (« scan »), tandis que la largeur du faisceau lumineux est l'empan (« span ») (Watchel, 1967). Il n'est pas interdit de penser qu'il puisse y avoir différents modes de rupture dans différents types d'attention en fonction des différentes formes d'atteintes cérébrales. En second lieu, on peut s'attendre à des réponses différentes aux stimuli selon qu'ils sont auditifs ou visuels, en fonction de la latéralisation gauche ou droite de la lésion : il est en effet bien connu que les patients lésés à gauche présentent des déficits plus marqués aux tests verbaux qu'aux tests de performance, tandis que les malades porteurs d'une lésion droite sont déficitaires aux tests de performance plutôt qu'aux épreuves verbales. On peut donc penser que les hémiplégiques droits (lésion gauche) seront perturbés aux épreuves auditives, et les hémiplégiques gauches (lésion droite) aux épreuves visuelles.

Un groupe de 35 hémiplégiques droits et un groupe de 34 hémiplégiques gauches ont subi la batterie simple de 4 épreuves que nous avons construite en combinant la distinction exploration/empan avec la distinction modalité auditive/modalité visuelle :

- *Exploration visuelle :* il s'agit d'une épreuve de barrage au cours de laquelle le sujet est invité à biffer toutes les occurrences d'une cible donnée (par exemple un chiffre), dispersées dans une suite de cibles distractrices. Le test est tel qu'il y a autant de cibles à barrer sur les parties gauche et droite de la page; les cibles sont calibrées de manière à ce que les intervalles entre elles soient constitués de 1, 2, 3 ou plus de cibles distractrices. On peut accroître la complexité de la tâche en augmentant la quantité d'information : on peut, par exemple, demander à la personne de barrer 2 ou plusieurs cibles différentes, ou encore lui administrer un barrage conditionnel dans lequel elle ne doit barrer la cible que si elle est précédée de telle autre cible. On peut quantifier la réponse en nombre de barrages corrects et en temps; il peut également être utile de noter le type d'erreur : omission d'une cible correcte ou barrage d'une cible distractrice; on pourra enfin utilement relever des observations qualitatives telles que le point de départ, la structure générale ou le style de barrage pratiqué par le patient (Fig. 43);

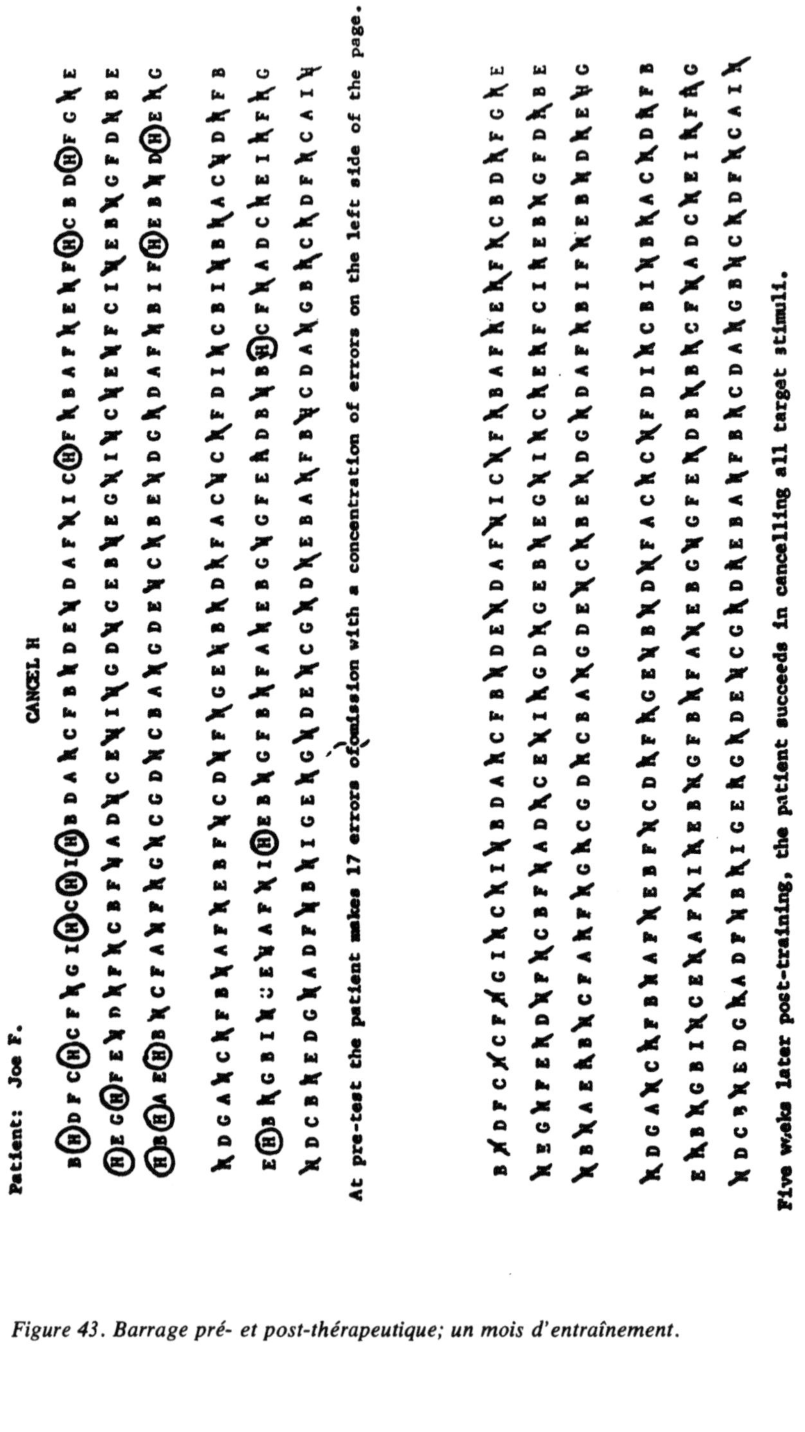

Figure 43. Barrage pré- et post-thérapeutique; un mois d'entraînement.

- *Exploration auditive :* on transpose en modalité auditive les stimuli de l'exploration visuelle en les émettant à haute voix au moyen d'un enregistreur. La tâche du sujet est de lever la main chaque fois qu'il entend la cible. On enregistre le nombre de réponses correctes;

- *Empan visuel :* cette épreuve est l'analogue du test bien connu de l'empan auditif des chiffres, qui fait partie du testing psychométrique standard. On présente une suite de chiffres sur un carton et le sujet est invité à désigner une séquence identique sur une autre carte où sont présentés les chiffres de 1 à 9. Pour l'empan visuel inversé, le sujet doit désigner les chiffres dans l'ordre inverse de celui de la séquence initiale.

- *Empan auditif :* il s'agit du classique empan de chiffres de la batterie de tests d'intelligence pour adultes de Wechsler (WAIS). On quantifie séparément les séries à l'endroit et inversée.

Les résultats obtenus, présentés au tableau 31, sont très intéressants.

Les hémiplégiques droits ont eu des difficultés dans toutes les épreuves où l'information était auditive, ainsi que dans les tests impliquant des séquences d'information, qu'elle soit auditive ou visuelle; ceci

Tableau 31. Performances différentielles aux tâches d'attention chez des hémiplégiques droits (lésion cérébrale gauche; N = 34) et gauches (lésion droite; N = 35). end. = à l'endroit; env. = à l'envers; + = sans trouble; — = difficultés.

	Hémiplégie droite			Hémiplégie gauche		
	Exploration	Empan		Exploration	Empan	
		End.	Env.		End.	Env.
Auditif	—	—	—	+	+	—
Visuel	+	±	—	—	±	±

apparaît non seulement aux scores effectifs mais également lorsqu'on observe la qualité de l'exploration auditive. Par exemple, lorsqu'on lui demande de lever la main chaque fois qu'il entend le chiffre 8, l'hémiplégique droit se fatigue à répéter le nombre 8 pour s'en souvenir, ceci même lorsque de nouveaux chiffres sont présentés; à mesure que l'épreuve se poursuit, la charge d'informations à traiter simultanément tout en retenant les nouveaux stimuli s'accroît : on voit alors le patient cesser la lutte dès qu'il rencontre une difficulté supplémentaire au cours du déroulement de l'épreuve. Il est intéressant de noter qu'aux épreuves d'exploration visuelle les patients répondent très lentement, même si les performances sont bonnes en termes de réponses correctes : les mesures de temps sont davantage corrélées aux autres performances de la batterie que ne le sont les autres mesures. Ceci renforcerait l'idée selon laquelle les hémiplégiques droits (lésion cérébrale gauche) souffrent d'une difficulté de base à soutenir l'attention pour des stimuli caractérisés par le temps. Ceci rendrait compte des difficultés pour les tâches auditives (où la discrimination des stimuli repose fondamentalement sur le temps et non sur l'espace), dans les épreuves d'empan (qui ne sont réalisées que dans l'axe temporel) et dans toute une variété d'activités séquentielles (comme suivre une série de directions). Il se peut en effet, même pour des tâches de perception visuelle comme les problèmes de discrimination entre une figure et le fond, que les hémiplégiques droits échouent parce qu'ils sont incapables de garder à l'esprit les exigences de l'épreuve tout en explorant l'environnement : à la différence d'une épreuve de barrage visuel qui requiert peu d'intégration d'informations, la tâche figure/fond en exige au contraire beaucoup. Par conséquent, les problèmes de discrimination figure/fond peuvent mener à l'échec pour différentes raisons, liées à la localisation de la lésion cérébrale (Mandleberg, 1972; Teuber et Weinstein, 1976).

Les données recueillies auprès des hémiplégiques gauches étaient pratiquement une image en miroir de ce que l'on vient de décrire. Ces patients réalisent correctement l'exploration auditive et certains aspects de l'empan auditif (les chiffres à l'endroit uniquement), mais accomplissent difficilement l'exploration et l'empan visuels. A l'exploration visuelle, les réponses indiquent que certains patients sautent des lignes entières lors de barrages, que d'autres commencent au milieu de la page et paraissent barrer les cibles selon une stratégie aléatoire ou non systématique, que d'autres encore répondent d'une manière non structurée et au hasard. En ce qui concerne le temps, certains sujets semblent accomplir la tâche trop rapidement. Dans certains cas, on a l'impression que l'énergie du patient est uniquement dirigée sur la partie droite de l'espace.

A ce moment de nos investigations, nous avions atteint le niveau de Binet et Simon : l'élaboration d'épreuves sensibles aux différences individuelles. En outre, ces différences pouvaient être décrites en termes de facteurs neuropsychologiques (le site lésionnel). Comme nous nous étions principalement intéressés aux styles d'attention pour discriminer différents types de patients cérébrolésés en vue de les aider, nous avons poursuivi nos analyses en mettant l'accent sur la tâche de barrage visuel.

IV. Développement d'un instrument d'analyse des troubles de l'exploration visuelle

Nous nous sommes demandés si ces réponses observées pour un type donné de stimuli (en l'occurrence des chiffres) seraient également produites d'une part pour d'autres stimuli comme des lettres, des formes géométriques ou des images, d'autre part dans d'autres épreuves nécessitant une exploration visuelle comme l'appariement d'expressions faciales, le complètement d'images, la lecture, l'écriture, la copie de stimuli écrits et le calcul écrit. La réponse à ces deux questions fut affirmative. Ces travaux suggéraient une corrélation entre la performance au barrage visuel et les performances à une variété importante d'épreuves psychométriques à matériel visuel. Les formes de troubles attentionnels pourraient donc constituer des syndromes apparaissant dans une variété de tests et, si tel est le cas, il s'ensuit une question: les sujets lésés à gauche et lésés à droite sont-ils homogènes dans leurs performances à ces épreuves? Autrement dit, on se demandera s'il y a des différences à l'intérieur de chacun de ces groupes.

Pour résoudre cette question, nous avons étudié des échantillons de réponses d'un grand nombre d'hémiplégiques gauches (on discutera des hémiplégiques droits dans la partie suivante). Ces données peuvent être classées en 3 catégories: peu d'erreurs (3 en moyenne), nombre modéré d'erreurs (30 en moyenne) et beaucoup d'erreurs (n=50). Cette classification des patients a été validée par un examen clinique neurologique indépendant, dans lequel des sous-groupes ont été construits sur base de l'épreuve de confrontation visuelle: on a obtenu un accord de 95 % entre les deux méthodes. Le groupe le plus atteint est formé de patients qui omettent les stimuli situés dans la partie gauche de la feuille et/ou qui produisent des réponses à caractère bizarre. En cherchant à caractériser ces réponses par le biais de leurs effets dans la vie quotidienne, nous avons mené deux études proprement dites et avons recueilli une série d'observations plus informelles. Dans la première étude (Weinberg et Diller, 1968), il est apparu que les patients avec déficience grave de l'exploration visuelle niaient l'existence de troubles de la lecture: par exemple, lorsqu'on demandait à un sujet en grande difficulté au test de barrage visuel s'il lisait les journaux, il répondait par l'affirmative; invité alors à lire un journal devant l'examinateur, il refusait en recourant à diverses excuses («Je suis fatigué aujourd'hui»,

« J'ai oublié mes lunettes », « J'ai déjà lu ce texte », etc.). En bref, il se produisait une dénégation de la difficulté visuelle. Dans la seconde étude (Diller et Weinberg, 1970), il est apparu que ces patients avec troubles sévères de l'exploration visuelle étaient plus susceptibles que les autres de subir des accidents multiples durant le programme de revalidation (tomber de leur chaise roulante, heurter des objets). Un autre type de problème soulevé par l'observation clinique concernait des anomalies aux conduites de toilettage (hommes non rasés, femmes maquillées d'une manière inhabituelle), des difficultés à la lecture de l'heure sur une montre, lors d'activités quotidiennes (telles que faire les courses, échanger de l'argent, téléphoner ou regarder un spectacle à la télévision) et dans les conduites alimentaires (par inattention d'un côté du plateau ou du menu). Nous pouvions donc identifier une classe de comportements quotidiens aberrants, en liaison avec les troubles de l'exploration visuelle de l'environnement.

En résumé, cet ensemble d'études dépassait le modèle psychométrique orthodoxe qui établit les différences interindividuelles, conduisait à l'élaboration de distinctions des individus en termes de sévérité du trouble et étayait ces typologies par une série de situations susceptibles de mettre en évidence des déficiences du même ordre. Puisque le traitement thérapeutique nous intéressait également, nous avons réalisé deux approches supplémentaires : la recherche des composants de la réponse qui pourraient nous informer sur les mécanismes du déficit, et la recherche des propriétés du stimulus susceptibles d'induire une réussite ou au contraire un déficit.

Les réponses au barrage visuel révélaient que les erreurs consistaient davantage en des omissions qu'en des commissions (barrage d'une cible distractrice). Elles se produisaient en outre davantage du côté gauche de la feuille que du côté droit. Enfin, beaucoup de patients se comportaient comme s'ils ne savaient par où commencer : les uns débutaient au milieu de la page, certains exploraient de la gauche vers la droite mais d'autres changeaient de direction, certains patients enfin répondaient trop vite comme s'ils étaient attirés par le côté droit ou la fin de l'épreuve.

L'analyse des structures de réponses et d'erreurs nous a amenés à préciser comme suit la distinction initiale en trois niveaux. Le groupe sévèrement déficient, caractérisé par un nombre important d'erreurs, manifestait une zone négligée de 30 à 70 %; de plus, même sur la partie droite de la page, il arrivait à ces sujets de commettre des erreurs. Le groupe à atteinte intermédiaire manifestait une négligence gauche de 0 à

20 %, ainsi que quelques erreurs dispersées. Le groupe à peine perturbé produisait peu d'erreurs et n'importe où sur la feuille.

Y avait-il une relation entre ces différences intergroupes et des facteurs neurologiques ? Le groupe le plus déficient présentait des difficultés importantes à l'épreuve de confrontation visuelle et de nombreuses atteintes du champ visuel. Il n'était toutefois pas possible d'expliquer le trouble par cette seule atteinte du champ : en effet, certains patients du groupe sévèrement déficient avaient un champ visuel complet, et certains sujets du groupe le moins déficient avaient une atteinte du champ. Aucun autre paramètre neurologique (déficits moteurs ou sensoriels) ne permettait de discriminer les groupes.

V. Elaboration d'une approche thérapeutique des difficultés d'exploration visuelle

En ce qui concerne les propriétés du stimulus susceptibles d'affecter les réponses dans les épreuves, nous avons modifié la méthodologie des tests pour différents sous-groupes de patients. Les facteurs qui sont apparus pertinents sont :

- *L'ancrage :* les patients produisaient moins d'erreurs (qu'en condition libre) lorsqu'on les forçait à commencer l'exploration au début de la ligne puis à suivre la direction gauche-droite, ou lorsqu'on les forçait à commencer à la fin et à explorer vers la gauche. Ceci suggère que le fait même de trouver un point de départ posait un problème, en particulier chez les patients les plus atteints ;
- *La modération :* la performance s'améliorait lorsqu'on invitait les sujets à ralentir les réponses, en leur faisant énoncer les stimuli à haute voix ou simplement par une consigne suggérant d'aller lentement ;
- *La densité :* la performance était meilleure si on augmentait la distance entre les cibles (ceci s'accorde avec des études antérieures) ;
- *La quantité d'information :* les erreurs devenaient plus nombreuses dans les conditions de barrage simultané de plusieurs cibles ou de barrage conditionnel.

Ainsi, les modifications méthodologiques (tâches ou consignes) ont apporté des informations utiles quant à ce qu'on pourrait entreprendre pour améliorer la performance. Il subsistait toutefois un problème majeur : les patients avec une exploration déficiente n'étaient pas prêts à reconnaître l'existence du déficit. Il est bien sûr difficile de déterminer si cette négation est consciente ou pas ; toujours est-il qu'un patient n'admettant pas la présence du trouble n'apprend pas adéquatement les habiletés. On peut alors penser que l'échec du développement de thérapies des troubles perceptuels a pu résulter du fait qu'il s'agissait de problèmes « privés » (intérieurs), non évidents pour l'observateur extérieur : à la différence d'un trouble du langage qui est patent dans les conduites interpersonnelles, le comportement perceptuel n'est pas directement accessible et une tierce personne peut ne pas repérer le déficit si le sujet n'est pas prêt à en admettre l'existence. Il est possible que de tels patients soient conscients des difficultés d'exploration mais en minimisent la portée par crainte de « paraître fous ». Une autre raison tout aussi plausible peut être déduite d'un extrait des « Grandes Espérance » de Charles Dickens. Dans ce récit, le jeune héros Pip apprend à lire; il est très fier de cet acquis et tient à s'en vanter à son beau-frère Joe, un forgeron illettré : il écrit une lettre à ce dernier et lui demande de la lire, connaissant parfaitement son analphabétisme. Devant cette lettre, Joe dit qu'il est capable de la lire et la rend à Pip sans l'avoir lue. Lorsque Pip insiste, Joe désigne les lettres J et O et dit y reconnaître son nom; pressé par Pip de lire davantage, Joe prétend en être capable et indique d'autres J et O. Ceci nous illustre, en bref, qu'une personne dont la diversité des réponses est très limitée se conduit comme s'il n'y avait aucune autre expérience possible.

Le problème de la dénégation du trouble a été décomposé dans une perspective thérapeutique : l'échec à une épreuve difficile risque d'atteindre le patient dans sa dignité et sa confiance en soi, de sorte que la confrontation directe du sujet cérébrolésé avec la dénégation peut avoir un effet néfaste sur les performances; la crainte de l'échec est peut-être même une des raisons de la dénégation. Il était donc nécessaire de construire un système qui puisse susciter des erreurs sans amener une réduction de l'image de soi. Nous avons finalement élaboré une méthode qui mettait en évidence les conduites de négligence et y attirait l'attention du patient sans l'embarrasser pour autant.

Appelé « machine à explorer », ce système a été conçu pour rencontrer ces exigences (Fig. 44) et permettait deux types d'épreuve. D'une part, on invitait le patient à suivre du doigt une cible se déplaçant le long du périmètre d'un tableau (exactement comme on vise un canard au stand de tir); le mouvement est relativement global et moins contraignant que dans les tests avec un papier et un crayon. Généralement, le patient pouvait suivre les stimuli dans la partie droite de l'espace mais les perdait lorsqu'ils passaient à gauche.

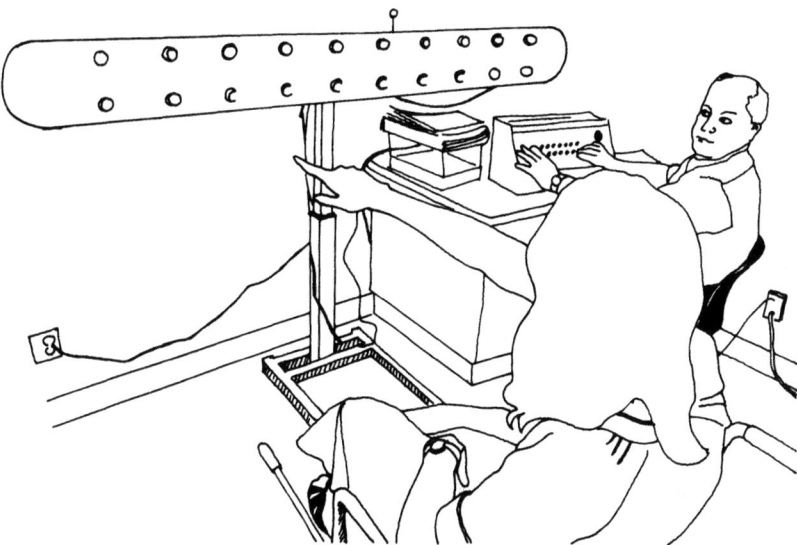

Figure 44. Appareil d'exploration. Notons le disque en haut du tableau, construit pour traverser le champ.

D'autre part, ce tableau était parsemé de diverses lampes colorées disposées en 2 rangées: le patient était amené à pointer du doigt la lampe que l'examinateur allumait au moyen d'une commande à distance. Il est apparu, à ce test, que les patients réagissaient adéquatement aux lampes qui s'allumaient du côté droit l'une après l'autre; lorsqu'on allumait deux lampes à la fois, le patient ne désignait que celle de droite, ce qui s'accorde au principe bien connu de l'extinction lors des stimulations simultanées bilatérales chez les cérébrolésés (Birch et al., 1964, 1965 et 1967). Le traitement a commencé par faire tourner la tête vers la gauche de telle sorte que le stimulus se trouve toujours dans le champ visuel droit du sujet; une fois cette stratégie acquise, on tournait la tête de plus en plus facilement, même si la vitesse du stimulus était augmentée; au bout de quelque temps, le patient faisait des mouvements moins amples de la tête et pouvait suivre les stimuli d'une façon plus coulante. Une fois cette procédure bien automatisée, on demandait au patient de chercher les lampes allumées, avec comme consigne de commencer l'exploration du tableau en ajustant le point de départ sur la cible (qu'il avait alors appris à suivre des yeux). Le patient identifiait alors correctement les deux lampes allumées, lorsqu'on commençait l'exploration systématique par un mouvement de gauche à droite. A la suite de cela, le patient apprenait facilement à généraliser cette habileté aux situations avec papier et crayon. Par exemple, lors de tâches de barrage visuel, le patient était amené à ne pas commencer à barrer tant qu'il n'avait pas vu la marque visuelle indiquant le bord gauche de la feuille; cet indice servait d'ancrage pour le patient et, à mesure que la performance s'améliorait, on estompait peu à peu cette marque. Des études de contrôle ont montré que l'ancrage à gauche pouvait améliorer le travail, y compris chez les patients les plus déficitaires. En plus de cet indiçage, on invitait les sujets à ralentir leurs réponses: une manière efficace de le faire consistait à inviter le patient à dire tout haut les stimuli (modération).

La revalidation de l'exploration vise à adapter les sujets qui explorent anormalement leur environnement à des procédures alternatives qui compensent les déficits consécutifs au trouble. Avant tout, la thérapie conduit le sujet à une activité volontaire, et c'est la pratique répétitive qui rend cette conduite de plus en plus habituelle et automatique. Ces habitudes nouvellement acquises d'exploration peuvent parfois échouer, par exemple lorsqu'elles sont appliquées à de nouvelles situations ou encore dans des épreuves stressantes ou fatigantes. Pour accroître encore l'efficacité, on ajoutera des apprentissages concernant ces tâches spécifiques et sous les conditions dans lesquelles elles seront accomplies.

VI. Trois expériences de revalidation de l'exploration

Ayant appris aux sujets à explorer leur environnement grâce à la «machine à explorer» et les exercices de barrage visuel, nous avons mené une série d'études en vue d'améliorer les habiletés scolaires, l'image du corps et certains aspects des tâches visuelles qui étaient déficients par suite de troubles séquellaires de la perception spatiale. Chacune de ces études a duré 3 ans et concernait un groupe expérimental de 18 à 30 sujets et un groupe contrôle de 17 à 32 sujets, ces deux groupes étant appariés quant à l'ancienneté de l'accident vasculaire cérébral, l'examen neurologique et la sévérité des troubles perceptuels à l'épreuve de barrage visuel (ci-dessus); au total, il y eut 73 sujets expérimentaux et 72 sujets contrôles. Les groupes contrôles ont incidemment reçu une même quantité d'aide thérapeutique que les autres: le programme de revalidation des groupes contrôles consistait le plus souvent en une ergothérapie parfaitement standard (occupationnelle). Tous les sujets ont subi des examens pré- et post-thérapeutiques réalisés par un neurologue clinicien ignorant le groupe d'appartenance du sujet et un psychologue qui le savait mais sans être le thérapeute.

Etude 1: exploration, barrage et lecture

Dans la première recherche, le groupe expérimental bénéficiait d'un entraînement avec la « machine à explorer » et les tâches de barrage visuel par les méthodes décrites plus haut. En outre, ces patients ont reçu un entraînement à la lecture (généralement du niveau de difficulté d'un journal quotidien) utilisant les mêmes principes que l'épreuve de barrage. Par exemple, l'ancrage avait lieu lorsque le thérapeute traçait, à gauche du texte, une ligne qui longeait un paragraphe à lire et chaque ligne du texte était numérotée à gauche et à droite. Le patient avait pour consigne de ne commencer à lire qu'à l'endroit où se trouvait l'indice, ce qui l'incitait à commencer à gauche; la numérotation était utilisée car nous avions remarqué que des patients, après avoir lu correctement une ligne, revenaient souvent au début de cette même ligne et la relisait: apparemment, la mécanique de l'épreuve exigeait tant d'énergie que les patients perdaient de vue les positions spatiales; de plus, ils ne pouvaient en prendre conscience sur base d'une rétention de la signification de ce qu'ils venaient de lire, car une telle compréhension eut utilisé l'énergie nécessaire à la lecture elle-même. Les chiffres permettaient en outre de rappeler au patient la ligne qu'il venait de lire et de l'informer quant à la suivante. Au fur et à mesure de l'entraînement, les chiffres en fin de ligne furent estompés, puis ceux du début et enfin la ligne servant d'ancrage initial.

Le principe de densité fut appliqué aux sujets qui avaient des difficultés avec cette tâche: on utilisa un plus grand format d'imprimerie, semblable à celui des éditions de journaux pour aveugles. Le principe de modération exigea une lecture à haute voix et des rappels de la consigne de « lire lentement ». Une information en retour (feedback) était fournie au patient sous la forme du score obtenu.

La pratique de cet entraînement, associée à une thérapie par l'exploration et le barrage, a duré 20 heures (1 heure par jour pendant 4 semaines) et a amené, dans le groupe expérimental mais pas dans le groupe contrôle, une amélioration spectaculaire dans des variantes de l'épreuve de barrage, le « test d'exécution dans une large zone » (*the Wide Range Achievement Test*: une mesure de l'habileté mécanique de lecture), la copie d'une adresse écrite, le calcul écrit, des appariements de visages et des épreuves de complètement d'images.

Une caractéristique intéressante des résultats fut que les patients sévèrement atteints ont davantage progressé que les sujets peu déficients. Une seconde particularité fut que l'amélioration ne se manifesta pas à certaines épreuves (par exemple, la localisation de la ligne médiane du corps et le barrage de lignes en leur milieu), alors que l'entraînement avait été efficace pour des épreuves impliquant les images. Nous avons postulé la présence d'un second déficit, qui n'avait pas été initialement repéré en tant que trouble distinct. Afin d'étendre le champ d'efficacité du programme thérapeutique à cet autre trouble, nous avons décidé d'élaborer un module d'entraînement spécifique à cette déficience.

Etude 2: conscience du corps et structuration de l'espace

Nous avons avancé l'hypothèse selon laquelle les troubles de la prise de conscience du donné sensoriel et de l'organisation spatiale sont secondaires à la négligence visuelle de l'espace. Par exemple, les déficits du dessin sont fréquemment associés à une extinction (non prise de conscience d'un stimulus lorsqu'un stimulus semblable est appliqué simultanément du côté opposé du corps), à des difficultés de localisation de la ligne médiane du corps et à des troubles d'identification des stimuli dans l'espace corporel et extracorporel. Un programme qui inclurait un entraînement à la prise de conscience des informations sensorielles et à l'organisation spatiale devrait donc améliorer une plus large gamme d'habiletés (Weinberg *et al.*, 1979).

Nous avons appliqué les principes antérieurs (ancrage, modération, densité, information en retour) à deux nouvelles procédures d'entraînement. Pour la première — entraînement à la prise de conscience des données sensorielles — on a construit un mannequin représentant la partie postérieure et supérieure d'un buste humain (fig. 45); il était couvert de 12 lampes disposées en 3 lignes horizontales de 4 lampes. Durant l'entraînement, le patient assis en face du mannequin portait un gilet doté de localisations correspondant à celles de ce mannequin; la tâche du sujet était de localiser sur le mannequin l'endroit de son propre dos qu'avait touché le thérapeute. Lorsque la réponse était correcte, la lampe correspondante clignotait. L'entraînement a porté sur 8 étapes successives de difficulté croissante.

La seconde procédure — entraînement à l'organisation spatiale — a porté sur l'estimation de longueurs, au moyen de 5 baguettes de plexiglas longues de 10 à 30 cm. Assis en face d'un tableau en plexiglas, le patient recevait 2 cylindres de cette même matière; le théra-

Figure 45. Entraînement à la prise de conscience du corps. Le sujet doit toucher sur le mannequin le bouton dont la position correspond à l'endroit du dos qui est touché par l'examinateur. Le clignotement d'une lampe informe le sujet de la correction de sa réponse.

peute disposait une baguette devant le sujet en l'invitant à placer les cylindres sur le tableau pour reproduire la longueur de la baguette. Celle-ci pouvait être présentée en 3 positions différentes : juste devant la ligne médiane, du côté sain ou du côté déficient.

Chacune des deux procédures impliquait que le sujet ait préalablement reçu l'entraînement à l'exploration visuelle. Les résultats se sont avérés plus spectaculaires encore que ceux du programme précédent : il apparut une amélioration non seulement pour les tâches testées lors des études antérieures, mais également dans la performance à des tests qui n'avaient pas bénéficié des autres programmes, tels que le subtest d'assemblage d'objets de l'échelle d'intelligence pour adultes (Wechsler), le barrage de lignes en leur milieu (Heilman et Valenstein, 1978), un test neurologique qui révèle la négligence de l'espace, et une épreuve de localisation de la ligne médiane du corps. Cette dernière épreuve, simple, avait été construite par nous : l'examinateur touche le patient le long de l'omoplate et ce dernier doit signaler le moment où le stimulus est arrivé à hauteur de la colonne vertébrale; les patients porteurs d'une lésion de l'hémisphère droit déplacent subjectivement la colonne vers la droite. Après cet entraînement, la correction de la réponse s'était accrue.

Les résultats laissent penser à un déséquilibre dans la perception et le traitement cognitif des informations kinesthésiques bilatérales, améliorable en renforçant le recours à des indices visuels qui puissent guider l'exploration de l'espace. Cliniquement, il arrive que l'on observe un patient notablement insécurisé lorsqu'il doit prendre en compte des indices situés du côté déficient, ces indices pouvant paraître trompeurs ou équivoques. Avec l'entraînement, le patient commence à se fier aux indices visuels pour diriger son action d'une manière cohérente. Par exemple, lorsqu'on veut faire prendre conscience à un patient du fait qu'il ne rase pas correctement une moitié de son visage, il se met d'abord à toucher les deux côtés et à dire que tout est normal; si on l'invite à regarder dans le miroir, la réaction ne change pas; cependant, une fois qu'on lui a appris à regarder le miroir selon une stratégie systématique (en commençant par la gauche), il prend conscience de l'asymétrie du rasage; à ce moment, si on lui demande de toucher son visage, il palpe les deux côtés et reconnaît l'anomalie. Une approche de ce type peut contribuer notablement à la solution du problème classique de l'image du corps.

Etude 3: données multiples dans l'espace visuel

Dans cette troisième étude, nous avons soulevé la question de la difficulté que peuvent avoir les patients à saisir plusieurs stimuli simultanés: les sujets porteurs d'une lésion cérébrale droite semblent devenus incapables d'appréhender les propriétés d'ensemble (gestaltistes) du matériel, et ceci pourrait découler des troubles de l'exploration. De telles anomalies sont facilement mises en évidence dans des conditions de test, mais il est très difficile d'en trouver des exemples dans les situations de la vie qotidienne. Nous avons considéré que les difficultés de compréhension et de mémorisation de données écrites constituaient des illustrations de ces troubles. Nous avions auparavant observé qu'au cours de réapprentissages de la lecture, les patients perdaient souvent le fil du texte et souffraient de retards dans la compréhension, alors même qu'ils maîtrisaient parfaitement la mécanique de la conduite de lecture (à la suite de la thérapie de l'exploration): leur énergie se fixait sur un pôle d'attention beaucoup trop restreint. On notait ensuite une autre déviation dans l'utilisation de cette énergie: la partie droite de l'espace était privilégiée par rapport à la gauche. Tout ceci conduisait à une déficience des capacités à réagir aux propriétés gestaltistes du perçu ou à une impossibilité d'intégrer la signification du matériel écrit avec la mécanique de base de la conduite de lecture.

Le programme de revalidation a consisté à exercer les patients à apparier des réseaux de figures ou de points de complexité croissante, et à leur apprendre à explorer les stimuli en recourant aux principes des études précédentes (ancrage, modération, densité et retour d'information). Une tâche fut par ailleurs ajoutée dans laquelle le patient devait retrouver, dans un paragraphe, les mots qui avaient été précédemment entourés. Cette épreuve ne présente aucune difficulté pour les sujets sans lésion cérébrale mais devient très difficile dès que le patient est atteint d'une lésion droite, même s'il n'est que modérément déficient. Le patient se construisait lui-même un instrument d'apprentissage en divisant les paragraphes en segments très courts et en utilisant ces derniers pour l'entraînement. La logique de notre raisonnement pour ce programme reposait sur l'idée que le rappel du matériel écrit est facilité si on se représente mentalement la position spatiale du stimulus et l'organisation spatiale générale du matériel sur la page.

L'administration de ce programme de revalidation, couplée aux programmes de base portant sur l'exploration et les habiletés scolaires, fut caractérisée par une amélioration des performances dans des tâches de perception visuelle impliquant l'organisation du perçu (comme, par exemple, les problèmes de discrimination entre une figure et le fond). On observa également une amélioration au test des matrices progressives de Raven, épreuve classiquement considérée comme une mesure de l'intelligence. En réalisant les travaux de son doctorat, un membre de notre groupe (Piasetsky, 1981) montra que les performances aux matrices progressives dépendaient étroitement des déviations perceptives consécutives aux lésions droites et qui se manifestent par une réponse privilégiant la partie droite du matériel visuel; notre programme thérapeutique visait à compenser ces déviations. Un élément additif particulièrement significatif est le fait que cette thérapie, à l'inverse des travaux décrits jusqu'ici, bénéficia plus aux patients peu déficients qu'aux sujets très atteints sur le plan fonctionnel.

VII. Discussion et conclusion: ce que nous avons appris

1. Eléments généraux

Les problèmes liés à une anomalie attentionnelle constituent un « étranglement » dans le domaine de la réadaptation des patients atteints d'un accident vasculaire; ils peuvent cependant être ramenés à l'étude et au traitement des cas de déficiences consécutives aux lésions hémisphériques droites. Une des clefs de ces problèmes est la perturbation dans la façon d'explorer l'environnement. Les conséquences et corrélats de ces déficiences peuvent être repérés tant dans des tests psychologiques que dans des situations de la vie journalière. Les performances des sujets souffrant de troubles de l'exploration peuvent être de gravité très variable, allant du trouble discret jusqu'au déficit sévère. La classification de ces réponses se fera au moyen d'un test de barrage visuel.

Il est apparu un certain nombre de principes thérapeutiques, constituant les bases des programmes de revalidation: l'ancrage, la modération, la densité et le retour d'information. Ces principes ont été utilisés pour apprendre aux sujets à explorer leur environnement, pour améliorer les habiletés scolaires et les troubles de l'image du corps liés au domaine visuel, et pour renforcer l'organisation visuelle du matériel et en accroître ainsi la compréhension. La revalidation de l'exploration et des habiletés scolaires a surtout profité aux patients les plus déficients, les moins atteints bénéficiant surtout de la thérapie axée sur les biais latéraux de l'organisation visuelle.

Les compétences en perception visuelle semblent organisées en niveaux superposés: avant d'apprendre à localiser les mots du début de la ligne, le sujet doit préalablement apprendre à explorer globalement l'environnement, et cette localisation des premiers mots d'une ligne doit être acquise pour pouvoir apprendre à évaluer la situation de stimuli sur le corps ou en dehors de celui-ci. La puissance thérapeutique de la combinaison de plusieurs traitements a été démontrée, en particulier chez les sujets les plus déficients.

2. Les patients qui n'ont pas une lésion unilatérale droite

En ce qui concerne les patients porteurs d'une *lésion gauche*, il semble bien que les troubles de l'attention concernent plutôt les paramètres temporels que les propriétés spatiales; les stratégies thérapeutiques doivent donc être différentes. Il est vrai que, dans certaines tâches de revalidation, les patients lésés à gauche et à droite obtiennent des scores équivalents; néanmoins, les raisons peuvent être différentes et, par conséquent, des traitement différentiels s'imposent. L'approche thérapeutique des sujets lésés à gauche n'a pas été développée aussi intensivement que celle qui concerne les patients atteints à droite; il est clair qu'elle doit impliquer l'élaboration de stratégies destinées à compenser les troubles du traitement des stimuli dans ses dimensions temporelles plutôt que spatiales.

En ce qui concerne les troubles des *autres populations* de sujets cérébrolésés, il faut remarquer que lorsque ces patients ont des problèmes comportementaux semblables à ceux des sujets lésés à droite (bien qu'ils souffrent d'atteintes bilatérales), on peut appliquer les mêmes principes thérapeutiques. Cependant, on doit s'attendre à ce que le traitement soit plus long et à ce que les troubles associés (résultant des lésions) se manifestent. Les patients qui sont à la fois somnolents et atteints des déficits visuels des sujets lésés à droite sont particulièrement problématiques : ils requièrent des efforts spécifiques pour être engagés dans les tâches. Il peut être utile que les activités impliquent du matériel dont le contenu rencontre les intérêts antérieurs du patient. Plutôt que de s'appuyer sur un programme préétabli de stimuli, il est préférable de faire reposer le traitement davantage sur les réponses motrices aux problèmes que sur les réponses verbales, et davantage sur l'induction d'échantillons de comportements.

3. La programmation d'une revalidation

L'élaboration de la logique d'un programme thérapeutique doit respecter un certain nombre d'étapes cruciales obligées pour être crédible. Ces nœuds peuvent servir de guides au futur thérapeute ou au praticien de programmes de revalidation. Remarquons surtout les points suivants.

a) Quel est le problème à résoudre ?

Nous avons illustré une approche de traitement de la négligence spatiale consécutive à la lésion cérébrale droite; on ajoutera deux commentaires. D'une part, au cours du déroulement du programme, nous pouvons établir une distinction significative entre la négligence ouverte (visible, publique) qui a été bien décrite dans la littérature et que l'on rencontre dans le groupe le plus atteint, et la négligence couverte (privée) manifestée par les patients avec des troubles relativement modérés : ces patients donnent une impression évidente de ne pas fonctionner parfaitement, bien que leurs scores aux tests ne soient pas très nettement déficitaires. On peut détecter ces sujets par des épreuves spécifiques qui révèlent les biais de réponse. D'autre part, il est possible que la définition du problème se modifie à mesure que le programme évolue; on peut s'en rendre compte en examinant la séquence de nos trois études, mais aussi dans la pratique clinique actuelle.

b) Un instrument opérationnel

On doit disposer d'une méthode qui permette de traduire le problème en tâches reflétant le phénomène d'une manière adéquate. De plus, elles doivent être attrayantes pour le patient et l'amener de lui-même à des stratégies qui permettent de contourner les résistances. Cette traduction du réseau d'investigation est fortement déterminée par l'outil utilisé pour réaliser l'examen: dans le cas présent, nous avons employé le barrage visuel pour mettre en évidence la négligence. Il est vrai que l'épreuve de barrage est une approche grossière de l'inattention et que l'on doit recourir à des méthodes plus fines d'analyse du problème; elle a cependant l'avantage d'être simple, peu coûteuse et facile à reproduire. L'instrument doit aussi pouvoir être calibré, tant en ce qui concerne les stimuli que les réponses.

1° Les stimuli

Le matériel doit permettre l'analyse par des variantes dans les conditions d'administration, afin de pouvoir développer des situations dans lesquelles la réussite à l'épreuve est facilitée. On doit également disposer d'une variété de degrés de difficulté, afin d'identifier les déficits mineurs aussi bien que les atteintes sévères. Le barrage visuel répond bien à ces critères et nos études ont montré que l'ancrage, la quantité d'information, la modération, la densité et le retour informatif pouvaient chacun être manipulés en vue d'amener à l'échec ou à la réussite.

2° Les réponses

La tâche doit provoquer des réponses visibles qui soient mesurables selon un ou plusieurs paramètres. En ce qui concerne le barrage visuel, on peut mesurer les réponses en termes de correction, de type d'erreurs (omission ou commission), d'emplacement des erreurs et de durée.

c) Les corrélats

La tâche n'a de sens que si on peut démontrer qu'elle est corrélée à trois séries de données: les habiletés psychologiques, les activités de la vie quotidienne, les facteurs neurologiques. Les corrélats psychométriques sont essentiels à la définition de la nature de l'aptitude à revalider: pour définir le mode de généralisation des améliorations, il s'agit d'abord de démontrer un gain dans les tâches entraînées. La mesure des activités quotidiennes s'impose si on veut établir une amélioration des habiletés utilisées dans la vie de tous les jours; c'est par cette particularité que notre approche se distingue des travaux semblables de la recherche expérimentale ou des études cliniques. On doit recourir aux facteurs neurologiques pour définir du mieux possible le patient à traiter : ceci permet de décider ce qui est susceptible d'être amélioré et de repérer les effets de l'évolution spontanée. Par exemple, si le sujet s'améliore dans des symptômes neurologiques sans rapport avec la thérapie, on doit envisager l'hypothèse selon laquelle les « effets thérapeutiques » proviennent de l'évolution spontanée. Dans ces trois mesures (psychométrie, vie journalière, neurologie), les indices doivent être pertinents eu égard au phénomène étudié. Toutefois, on peut même s'employer à construire un ensemble de mesures très spécifiques et sans rapport avec le traitement : si elles sont modifiées lors des observations post-thérapeutiques, elles inciteront à un ré-examen de la problématique. Dans nos études des sujets atteints de lésions droites, nous avons veillé particulièrement à inclure ces trois catégories de mesures.

d) L'entraînement

L'entraînement reposera sur les observations de l'effet comportemental des modifications de stimuli; ceci est utile si ces observations reposent sur des principes établis dans des conditions soigneusement contrôlées. Dans nos études, ces conditions furent établies très prudemment à partir du premier travail sur l'épreuve de barrage visuel. Elles conduisent aux stratégies thérapeutiques.

4. *Remarques complémentaires*

Il est également important de noter que nous n'avons pas analysé les nombreuses observations cliniques ni les données issues des interactions quotidiennes avec les patients. Ces éléments définissent les tactiques thérapeutiques et comprennent la prise en charge de patients qui sont différents quant à l'état émotionnel ou la manière d'accepter un traitement quotidien, qui souhaitent discuter avec le thérapeute de problèmes personnels ou extérieurs au traitement, qui peuvent être pleurnichards ou apathiques, ou recevoir une médication affectant la thérapie, qui sont parfois préoccupés de leur douleur ou de divers problèmes somatiques, qui peuvent être fatigués par suite de difficultés à dormir dans un milieu hospitalier, et toute une série d'autres facteurs encore. Toute administration d'une thérapie destinée à des personnes qui ne viennent pas et ne demandent pas une aide pour un problème spécifique (mais qui ont besoin d'aide) doit être finement mise au point de manière dynamique.

Comme remarque terminale, on doit relever que les programmes discutés ici ne sont pas systématiquement envisagés sous l'angle de la durée des améliorations. Les études initiales suggèrent que les bénéfices sont toujours présents lors du re-test pratiqué 4 à 5 mois après la fin de l'hospitalisation.

Chapitre 14
La revalidation neuro-psychologique des traumatisés crâniens : spécificité, obstacles et malentendus

A. VIOLON

Avant de traiter de revalidation, un consensus est nécessaire sur les dommages à revalider, en l'occurrence sur ce que sont les séquelles des traumatismes crâniens ou, plus adéquatement, crânio-cérébraux. En efet, un traumatisme crânio-cérébral peut entraîner selon son site, sa gravité, mais aussi selon la spécificité de l'individu qui le subit et les circonstances qui l'ont engendré et suivi, des séquelles mentales très diversifiées (Brihaye *et al.*, 1972; Violon et De Mol, 1974; Crahay, 1975; Violon, 1977).

I. Les caractéristiques des traumatisés crânio-cérébraux

1. Le type et le site

Ils peuvent être ouverts ou fermés, donner lieu ou non à des interventions chirurgicales. Il s'agit là de caractères irrevelants pour notre propos (Violon et De Mol, 1974). Les perturbations neuropsychologiques peuvent être spécifiques au site de la lésion cérébrale lorsqu'elle est traumatique aussi bien que lorsqu'elle est tumorale, vasculaire ou infectieuse. A cela s'ajoute, en cas de traumatisme crânio-cérébral, l'occurrence possible de déficits liés à des lésions de contrecoup.

2. La gravité

Qu'est-ce que la gravité d'un traumatisme crânio-cérébral? C'est une question à laquelle il est bien malaisé de répondre. Classiquement il faut s'en tenir, pour l'évaluer, à trois critères séparés ou combinés: la durée du coma, la durée de l'amnésie rétrograde, la durée de l'amnésie antérograde. En théorie, c'est possible; en pratique, la gravité d'un coma et le pronostic vital qui en découle varient indubitablement selon la profondeur de ce coma, qui doit être spécifiée. Quant à l'amnésie antérograde régulièrement utilisée comme critère de gravité par les auteurs anglo-saxons (Kay *et al.*, 1971; Bond, 1976; Oddy et Humphrey, 1980), il a été souligné (Leitholf et Knecht, 1978) combien les renseignements obtenus des patients à cet égard sont sujets à caution. Il en est de même pour l'amnésie rétrograde. On pourrait arguer qu'il doit exister encore d'autres critères de gravité d'un traumatisme cérébral ou crânien. Il ne semble pas, cependant, qu'on en ait trouvés qui soient susceptibles de se prêter à la quantification et à l'étude statistique.

II. Les séquelles des traumatisés crânio-cérébraux

1. *La prise en considération des séquelles mentales*

Dans le passé, les soins apportés aux séquelles physiques ont généralement pris le pas sur le reste. Jusqu'à une période récente, les difficultés mentales, émotionnelles ou comportementales ont été considérées implicitement comme devant récupérer d'elles-mêmes spontanément, ou à tout le moins comme inaccessibles au traitement. Ainsi on était amené à les négliger et à favoriser, par là même, la cristallisation de déficits qu'on ne prenait en considération que trop tard, bien souvent pour la première fois au moment de l'expertise destinée à chiffrer le dommage définitif, c'est-à-dire des années après l'accident.

L'ouverture dans notre pays de centres de Revalidation neuropsychologique, neurologique et neurolinguistique marque la prise en considération positive des séquelles psychiques considérées comme objet d'étude scientifique, de traitement et de rééducation. Ainsi, l'espoir se lève de ne plus rencontrer des invalides sociaux de 30 ou 40 ans, invalides tout simplement parce que, faute de prendre en main leur revalidation psychologique, on les a laissés s'enfermer dans le désinvestissement de la réalité extérieure et dans leur étroite condition de blessés du cerveau, dont ils n'ont pu percevoir seuls qu'il leur était possible de sortir.

a) Le vécu de l'accident et ses suites

Le vécu émotionnel parfois dramatique qui peut accompagner ou suivre un traumatisme est susceptible d'en amplifier les séquelles psychologiques, par l'impact émotionnel qu'il engendre et qui entraîne ses propres répercussions. Les deux observations suivantes illustrent ce processus.

Obs. 1

J.G. est un ouvrier espagnol de 51 ans, examiné 1 an et demi environ après un accident de travail au cours duquel une masse de 5 kg tenue par un autre ouvrier s'est détachée et a percuté la partie antérieure droite du crâne du patient, au-dessus de l'œil. Celui-ci a été étourdi mais n'a pas perdu connaissance. Il a cependant été conduit dans une clinique où il a séjourné pendant 6 semaines. D'emblée, on lui a présenté son cas comme grave, en lui mentionnant qu'il avait eu une fracture du crâne, et en continuant à le désigner comme «la fracture du crâne» lors des tours de salle. Bien que les radiographies eussent démenti ce diagnostic, le patient, faute peut-être d'avoir été mis au courant ou faute d'avoir cru ce qu'on lui disait, est resté persuadé d'avoir souffert d'une fracture du crâne. Il a vécu son cas comme dramatique et a présenté, dès un essai de reprise du travail, des plaintes multiples: céphalées, vertiges, diminution d'acuité visuelle, rétrécissement des champs visuels sine materia, faiblesse, absence de courage, perturbations du sommeil, alors que les examens neurologiques et ophtalmologiques s'avéraient normaux. On peut bien sûr parler de pathologie hystérique, mais il importe de souligner l'importance, chez un être frustre, d'un vécu émotionnel dramatique comme facteur déclenchant de celle-ci.

Obs. 2

G.N. est un juriste d'une quarantaine d'années. Alors qu'il se trouvait à l'étranger pour son employeur, il fait une chute dans les escaliers avec, semble-t-il, une commotion cérébrale. Le neurologue consulté le confine six mois à la maison dans l'inactivité totale et, la plupart du temps, en station allongée. Suite à cela, le patient se fait licencier de son travail, développe un état dépressif, de l'anxiété, ainsi que des difficultés de mémoire et de concentration, troubles qui, à un moment donné, s'amplifient jusqu'à le mener à un état pré-suicidaire. Plus de quatre ans après l'accident qui a entraîné également une séparation d'avec sa femme, il s'avère toujours incapable de mener une vie et une activité professionnelle normales. Bien plus que la chute dans les escaliers qui s'avère n'avoir laissé aucune trace neurologique, le vécu dramatique de l'accident lui-même avec les suites données par le corps médical à celui-ci et les conséquences sociales et familiales qui en ont découlé, apparaissent jouer un rôle déterminant.

b) Le concept de traumatisme émotionnel

Plus qu'un traumatisme crânio-cérébral mineur en lui-même, les événements concomitants ou séquentiels peuvent perturber profondément l'individu, modifier sa perception de lui-même et l'ancrer dans un processus d'invalidation. Le concept de traumatisme émotionnel a été clairement développé par Ley et Titeca (1971). Ces auteurs ont montré qu'un traumatisme strictement émotionnel, sans choc ou blessure crânio-cérébrale, peut entraîner non seulement de l'angoisse et les manifestations physiques qui lui sont associées, mais aussi une série de symptômes qui rappellent ceux observés après un traumatisme crânio-cérébral: faiblesse, fatigue, céphalées, troubles du sommeil, syncopes, hyperémotivité, intolérance au bruit, troubles de la concentration, diminution de la mémoire et éventuellement des perturbations neuro-végétatives associées. Ley et Titeca développent la notion de «diencéphalose émotiogénique» aux conséquences habituellement transitoires mais susceptibles, dans certains cas, de passage à la chronicité.

2. Les séquelles psycho-pathologiques des traumatismes crâniens

Les catégories de séquelles psychiques post-traumatiques sont reprises dans le tableau 32. Il apparaît clair qu'un traumatisme crânio-cérébral peut engendrer, ou à tout le moins déclencher, quasiment toute la gamme des perturbations psychiatriques et neuro-psychologiques avec cependant des probabilités d'apparition très différentes. Nous nous attacherons en particulier au syndrome post-commotionnel et aux perturbations mnésiques qui constituent des obstacles à la fois courants et spécifiques dans la revalidation de traumatisés du cerveau.

Tableau 32. Séquelles psychiques des traumatismes crânio-cérébraux (d'après le «Glossary of neurosurgery», Gurdjian et al., 1979)

Manifestations psychotiques
Manifestations névrotiques
Troubles du comportement
Détérioration mentale

a) Les psychoses post-traumatiques

1. Définition

Dans une étude à ce propos avec Brihaye et De Mol (1979), nous nous sommes heurtés dans la littérature à l'absence, ou à l'hétérogénéité des définitions de cette pathologie, ce qui nous a conduit à forger la suivante: «les psychoses post-traumatiques sont des états délirants acquis, régressifs ou chroniques, qui surviennent après un traumatisme crânien chez des patients non démentifiés, qu'il y ait ou non des symptômes neurologiques».

2. Caractéristiques

Il s'agit d'une manifestation rare, dont l'occurrence est en tout cas inférieure à 10 % des cas mais qui se chiffre, avec une définition stricte comme celle précitée, à environ 4 % des cas, dont la moitié d'états psychotiques aigus, transitoires. Ces psychoses surviennent en général chez des hommes de moins de trente ans dont les antécédents psycho-pathologiques antérieurs au traumatisme sont très lourds. La décompensation se fait habituellement sur un mode paranoïaque ou schizophrénique. On trouve, dans un tiers des cas, une atteinte des lobes temporaux.

b) Les troubles caractériels post-traumatiques

Les caractéristiques des déterminants de ces troubles caractériels apparaissent parallèles à celles mises en évidence pour les psychoses: occurrence rare, prédominance des hommes de moins de 30 ans, implication préférentielle des lobes temporaux et, surtout, présence d'antécédents psycho-pathologiques chargés. On trouvera, dans une étude de De Mol (1981) réalisée dans notre unité, des références détaillées concernant ce thème.

c) Les névroses post-traumatiques

1. Définition

Névrose post-traumatique... bien souvent un terme fourre-tout, auquel on attribue des significations différentes selon les écoles et qui, par là même, se prête malaisément à l'étude scientifique. Il est certes indubitable qu'un traumatisme crânio-cérébral peut entraîner de véritables états névrotiques cristallisés (Crocq et al., 1966; Ley, 1970; Goffin et Crahay, 1972). Quant à savoir s'ils sont à proprement parler post-commotionnels, ou plutôt post-émotionnels, la question reste ouverte.

Dans notre équipe, Masquelier-Bauduin (1972) d'une part, De Mol et al., (1981) d'autre part, ont abordé ce thème. La première étude montre un parallélisme troublant entre les plaintes «névrotiques» (céphalées, irritabilité, asthénie) présentées par des accidentés du travail blessés ailleurs qu'à la tête et ayant subi une hospitalisation et une incapacité de longue durée, et celles présentées par des traumatisés crânio-cérébraux. La seconde montre l'importance de la signification symbolique du symptôme.

2. Le syndrome post-commotionnel: composition et occurrence

De fait, plutôt que de digresser sur la définition des différentes névroses, il apparaît plus opérationnel d'aborder ce thème, comme le font d'ailleurs la plupart des auteurs, à travers ce qu'on a l'habitude d'appeler en français le « syndrome subjectif post-traumatique » et, en anglais, le « post-concussional syndrom » sans que la notion de subjectivité n'y soit donc incluse.

Le tableau 33 reprend en détails les plaintes qui sont habituellement incluses sous cette dénomination et leur fréquence estimée d'après la littérature.

Tableau 33. Le syndrome post-commotionnel (résumé des données de Violon, 1977)

A. *Les troubles fonctionnels somatiques*
Les céphalées : de 45 à 90 % des cas selon les auteurs
Les vertiges : de 41 à 75 % des cas selon les auteurs
L'insomnie : de 25 à 75 % des cas selon les auteurs
L'asthénie-fatigabilité : de 45 à 66 % des cas selon les auteurs
Les troubles sensoriels, auditifs, visuels, gustatifs, olfactifs : de 15 à 45 % des cas selon les auteurs
Les troubles neuro-végétatifs : % non évalué
Les troubles sexuels : de 11 à 20 % des cas selon les auteurs

B. *Les troubles de l'affectivité et du caractère*
Hyperémotivité, anxiété, irritabilité, humeur dépressive, agressivité : de 50 à 73 % des cas selon les auteurs

C. *Les troubles de l'efficience mentale*
Attention, concentration, mémoire : de 27 à 50 % des cas selon les auteurs

3. Etiopathogénie du syndrome post-commotionnel

Nous avons eu l'occasion de discuter de l'étiopathogénie de ce syndrome (Violon, 1977) et des différentes interprétations qui en sont données. Pour certains auteurs, le syndrome post-commotionnel équivaut à de la simulation pour autant que les troubles ressentis ne provoquent aucune perturbation visible ou enregistrable à l'examen dit objectif. Ces troubles sont dès lors considérés comme quantité négligeable, et l'on parle volontiers de sinistrose ou de névrose de rente (Field, 1981). Ley (1956, 1969) s'insurge contre cette prise de position. Rien ne permet en effet d'affirmer que ces plaintes ne dépendent pas de causes organiques; le terme « organique » ne peut cependant, dans cette optique, être considéré comme synonyme de « lésionnel » car les perturbations ressenties peuvent être réversibles.

Dans une étude de 1971, Kay *et al.* soulignent l'importance déterminante, dans la genèse du syndrome post-commotionnel, de certains facteurs psycho-sociaux, notamment l'appartenance à une classe sociale défavorisée, le manque de qualification de l'activité professionnelle et, par ailleurs, les antécédents psychiatriques personnels et la présence de troubles sensoriels susceptibles de constituer le noyau de développement d'un syndrome post-commotionnel. Pour d'autres auteurs, le syndrome post-commotionnel s'explique par des causes essentiellement organiques, un ébranlement des colloïdes cérébraux, des microlésions vasculaires disséminées. Selon de Morsier (1938), le tronc cérébral situé à l'entrecroisement de toutes les ondes de choc propagées à partir du point d'impact serait particulièrement vulnérable. D'autres auteurs enfin insistent sur la fragilité du lobe temporal qui peut, lors d'un choc, être projeté contre les structures ostéo-fibreuses qui le dilacèrent. Par contre, nombre de praticiens restent fidèles à la théorie d'un état névrotique pré-traumatique impliquant l'existence d'antécédents morbides personnels ou héréditaires. Quant à nous, nous pensons que le syndrome post-commotionnel est le résultat d'un déterminisme pluri-factoriel. Nous avons montré en effet dans une étude précédente (Violon et De Mol, 1974) que 6 mois après leur accident, deux tiers des patients se plaignent de fatigue, d'asthénie; plus de la moitié se plaignent d'anxiété et de dépression et la moitié environ de perturbations de la mémoire et de la concentration. Un noyau commun de perturbation semble donc exister à court terme qui chez les uns régresse et chez les autres s'amplifie et se cristallise. De fait, les déterminants potentiels du passage à la chronicité du syndrome post-commotionnel, normalement ressenti dans les suites immédiates d'un traumatisme crânien, semblent être non la gravité du traumatisme lui-même, mais bien essentiellement des variables de manque d'équilibre psychologique et d'adaptation sociale médiocre antérieurement à l'accident, surtout si elles sont conjuguées à des perturbations sensorielles post-traumatiques. Enfin, il est classique de constater que l'apparition du syndrome post-commotionnel est corrélée négativement avec la gravité du traumatisme; ceci peut tenir cependant à ce que, dans les états graves, le syndrome post-commotionnel soit négligé. De fait, dans une étude qui portait sur l'évolution et le pronostic de comas traumatiques prolongés (Brihaye *et al.*, 1972), l'entretien avec les patients révélait, même chez ceux qui paraissaient totalement rétablis, des troubles parfois discrets consistant en un certain degré d'apathie, d'instabilité ou d'irritabilité. Le Rorschach confirmait les données de l'entretien et indiquait une certaine perturbation de la personnalité chez presque tous les patients, même ceux ayant parfaitement récupéré aux épreuves instrumentales.

4. Importance du syndrome post-commotionnel en revalidation

Le syndrome post-commotionnel ne peut-être négligé en raison de l'impact qu'il a sur le devenir de l'individu. Les implications médico-légales que pose sa reconnaissance sont multiples; tout aussi importantes en sont les implications préventives et curatives. Nous avons eu l'occasion d'aborder antérieurement l'importance d'une psychothérapie précoce impliquant la notion de revalidation (Violon, 1976). Dans cette étude, les troubles importants de mémoire et de concentration présentés à la suite d'une commotion cérébrale, régressaient au cours de la psychothérapie parallèlement à la régression de l'anxiété, permettant ainsi une réinsertion professionnelle qui paraissait, de prime abord, impossible. Il s'agissait d'une prise en charge précoce; plus tardive elle eut pu, peut-être, s'avérer inefficace. Compte tenu des connaissances actuelles, il paraît indispensable d'accepter la notion qu'il existe une population de traumatisés crânio-cérébraux à haut risque (de cristallisation du syndrome post-commotionnel) selon les critères précédemment cités et qui devrait faire l'objet, dès le séjour à l'hôpital et plus encore après celui-ci, d'une prise en charge psychologique combinant psychothérapie et revalidation.

3. *Les séquelles intellectuelles des traumatismes crâniens*

a) Prolégomènes

Il ne nous appartient pas d'entrer ici dans le détail de toutes les perturbations du fonctionnement intellectuel que l'on peut observer après un traumatisme crânien. Elles peuvent être spécifiques au site lésionnel et couvrir donc, par là même, tout le domaine de la neuropsychologie, allant d'ailleurs dans une proportion très réduite des cas jusqu'à la démence, réversible ou irrémédiable. La pertubation mnésique constitue par contre un problème central, un handicap spécifique que trouvent sur leur route les traumatisés crâniens en cours d'évolution et les revalidateurs chargés de les y guider. Le problème est d'autant plus aigu que le traumatisme a été grave (Brooks, 1974; Parker and Serrats, 1976).

b) Occurrence et évolution

Dans une étude rétrospective portant sur des traumatismes sévères (Brihaye *et al.*, 1972), tous les traumatisés examinés plusieurs années après l'accident se plaignaient de souffrir de troubles de la mémoire, alors cependant que chez 35 % d'entre eux les tests mnésiques s'avéraient normaux. Dans une population de traumatisés crânio-cérébraux tout venant dont nous avons pu suivre l'évolution (Violon et

De Mol, 1974), on observe, un mois après l'accident ou le réveil du coma, un déficit de l'apprentissage verbal dans 64 % des cas, un déficit de la mémoire visuelle dans 43 % des cas. A ce stade, 29 % seulement des patients étaient conscients d'avoir des troubles mnésiques et s'en plaignaient spontanément. Par contre, six mois après le traumatisme, 50 % des patients étaient conscients d'un déficit de leur mémoire; de fait, le testing à cette époque montrait une capacité d'apprentissage verbale altérée dans 52 % des cas, une mémoire visuelle diminuée dans 20 % des cas.

Dans une étude ultérieure (Violon et al., 1978), nous arrivions à des constats encore plus démonstratifs (Fig. 46). Il s'agissait d'une population de 41 traumatisés graves, qui étaient restés durant une semaine ou plus dans un coma de niveau II ou plus profond encore. La figure 46 montre qu'un mois après le réveil, 75 % des patients présentent un déficit mnésique sévère et qu'aucun n'a une mémoire normale. De 1 à 5 mois après, plus de 50 % des cas gardent de graves

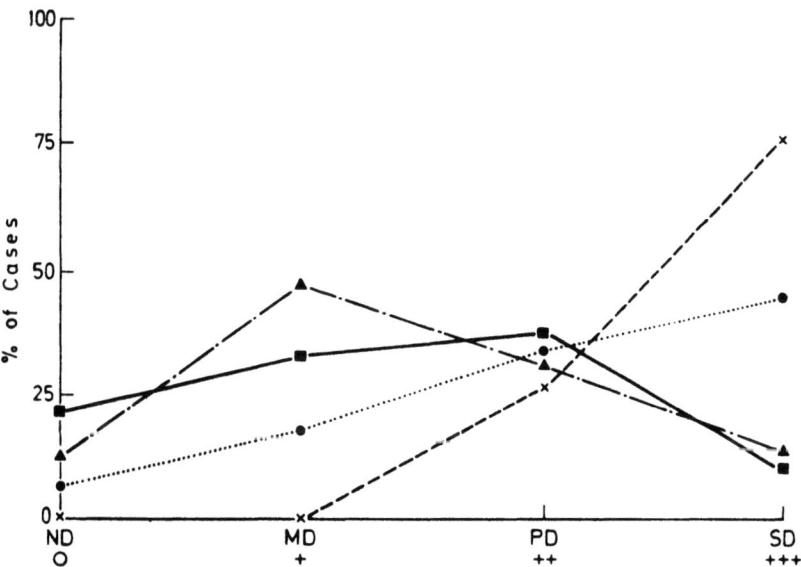

(Avec l'aimable autorisation des auteurs et de l'éditeur, extrait de l'article de A. Violon, J. Demol et J. Brihaye, « Memory Sequelae After Severe Head Injuries », Springer Verlag, Heidelberg, 1978).

Figure 46. Evolution des troubles mnésiques après traumatisme crânien grave. X = 0-1 mois; • = 1-5 mois; ▲ = 6-24 mois; ■ = plus de 24 mois; ND (o) = pas de trouble; MD (+) = troubles légers; PD (++) = troubles nets; SD (+++) = troubles graves.

troubles mnésiques, alors que, chez 6 % des patients à peine, on n'observe aucune altération de la fixation. Dans l'année et demie qui suit, si 46 % des troubles sont devenus modérés, 12 % seulement des cas ont retrouvé une mémoire normale d'après les tests. A ce stade, on ne note de relation ni avec l'âge, ni avec la durée du coma. Deux ans et plus après le traumatisme, seuls 21 % des patients ont une mémoire appréciée comme normale, alors que 47 % des patients gardent des troubles importants, dont 10 % un déficit sévère.

c) Caractéristiques des troubles mnésiques

Il n'y a pas de symétrie entre capacité de fixation (mesurée par la recognition) et capacité d'évocation : celle-ci est particulièrement touchée. Dans l'étude sus-mentionnée, la recognition était à long terme perturbée chez 48 % des cas de longs comas, alors que l'évocation l'était dans 79 % des cas ! Une autre caractéristique doit être soulignée : la capacité de mémoire immédiate, donc de centrer l'attention, est elle aussi susceptible d'altérations marquées (Vigouroux *et al.*, 1972), ce qui peut rendre compte d'une partie du déficit mnésique.

d) Objectivation

Les troubles mnésiques post-traumatiques sont donc très répandus. Leur importance va décroissant avec le temps mais reste prééminente chez un patient sur deux, six mois après le traumatisme.

La sévérité du traumatisme constitue un facteur d'aggravation. Certains tests mettent mieux ce trouble en évidence : le test des 15 mots de Rey qui fait appel à un processus d'apprentissage le démontre mieux que le test de la figure complexe de Rey où la réponse se fait en tout ou rien. Le processus d'évocation est plus en cause que la recognition : ainsi, certaines informations sont mises en mémoire mais ne sont pas disponibles pour le patient, ce qui ouvre la porte au processus de réadaptation. L'attention aussi joue un rôle. Cependant, il faut aller plus loin. Un pourcentage non négligeable de patients se plaignent de troubles mnésiques que nous ne pouvons objectiver, sans doute par manque de finesse des instruments (tests) disponibles. Dans cette optique, nous avons tenté d'utiliser des tests pouvant mesurer une capacité d'apprentissage en mémoire visuelle. Le V.A.P., test visuel d'apprentissage progressif mis au point dans notre équipe (Violon et Seyll, 1981) paraît susceptible de fournir un pendant au test des 15 mots de Rey, dans l'étude de la mémoire en général, et de celle des traumatisés crâniens en particulier.

III. Revalidation psychologique des traumatisés crânio-cérébraux

1. *Les perturbations psychologiques à revalider*

Comme nous l'avons souligné, un traumatisme crânio-cérébral peut entraîner une série de troubles mentaux et comportementaux qui couvre la gamme entière de la psychiatrie et de la neuropsychologie.

2. *Spécificité*

Il y a, chez la plupart des traumatisés crânio-cérébraux, une intrication intime entre troubles de l'efficience, troubles de l'humeur et manifestations post-commotionnelles diverses. Les céphalées entraînent des difficultés de concentration, donc une diminution de la mémorisation; la conscience de celle-ci amène de l'anxiété qui peut être elle-même génératrice de troubles thymiques ou de céphalées, sans oublier les réactions en sens divers, parfois très négatives, de l'entourage. Bien souvent, dès le retour à la maison, s'installe ce cercle vicieux. Par le fait même que le cerveau est touché, la crainte implicite de folie peut prévaloir chez le blessé comme dans son entourage. Mis à l'écart, surprotégé, anxieux lui-même il va, surtout s'il est fort atteint ou psychiquement fragile, adopter des comportements à caractère régressif, visant à attendre du repos, de la désinsertion sociale et professionnelle, une amélioration de sa symptomatologie.

3. *Malentendus*

Nous ne saurions assez insister sur le malentendu que constitue la perception du traumatisme crânio-cérébral comme d'une maladie. Une maladie, en effet, appelle de la part du malade un comportement de passivité : il lui appartient d'être un «patient» au sens propre du terme, de se remettre essentiellement dans les mains de son médecin pour subir les soins que celui-ci lui prescrit. Il en va tout à fait différemment dans le cas d'un traumatisme crânio-cérébral où, par opposition à cette attitude, l'activité joue un rôle primordial. C'est en effet en ayant un comportement actif devant ses troubles, aidé en cela par l'équipe de médecins, psychologues et autres revalidateurs, que le blessé peut espérer les surmonter au mieux. Les déficits doivent être étudiés, définis, expliqués très précocement au traumatisé et faire l'objet d'une prise en charge par lui-même et sa famille, sous la tutelle du milieu médical et psychologique. Il importe de lui faire comprendre très précocement que, malgré sa fatigue, ses difficultés de concentration, ses maux de tête éventuels, il lui est possible d'arriver échelon par échelon à regagner la possession de ses facultés mentales altérées et en particulier de sa mémoire. Sinon, on risque de se retrouver, cas ô combien fréquent, devant des patients attendant que le temps fasse son œuvre et qu'un jour ils se lèvent en n'ayant plus aucun des troubles qui les handicapent.

Le malentendu peut aussi exister dans le chef de certains médecins pour lesquels tout trouble non objectivable par des méthodes qui leur sont familières est nié ou qualifié de surcharge, de sinistrose.

4. Obstacles

Dans cette optique de revalidation active nécessitant en premier lieu la collaboration du patient et de sa famille, auprès desquels on aura dédramatisé le problème sous-jacent de la folie au sens large liée aux atteintes cérébrales, un autre élément doit être pris en ligne de compte. Il s'agit de la notion de responsabilité qui intervient bien souvent dans les cas de traumatisme crânien. Dans une étude rétrospective portant sur 113 traumatisés crânio-cérébraux (Leitholf and Knecht, 1978), 80 % des cas étaient dus à des accidents de la circulation impliquant donc, dans leur grande majorité, des interventions d'assurances. Là encore, une collaboration s'impose qui, généralement, n'est pas prévue. Les blessés cérébraux craignent bien souvent de se remettre trop tôt au travail. Pour eux, c'est là accepter implicitement qu'aux yeux de l'assurance ils soient considérés comme guéris, alors qu'ils ressentent encore des troubles. Cependant cette reprise de travail, éventuellement à temps partiel, peut avoir un effet thérapeutique.

Enfin, deux variables jouent encore un rôle important. D'une part, les conditions sociales actuelles permettent difficilement la réintégration des traumatisés crânio-cérébraux dans la mesure où, dans un marché de travail déjà saturé, la sélection tend à écarter tous ceux qui peuvent présenter des risques plus importants d'absence ou de mauvais rendement. En deuxième lieu, le rôle de l'état antérieur apparaît loin d'être négligeable. Les psychoses et les perturbations psychopathiques du comportement arrivent en général chez des individus déjà perturbés précédemment; la population qui court le plus de risques de se cristalliser sur les difficultés du syndrome post-commotionnel est une population peu instruite et souvent mal adaptée précédemment dans le domaine social ou personnel.

IV. Conclusion

Le traumatisme crânio-cérébral est spécifique dans la mesure où il touche l'individu dans son intégralité, physiquement, émotionnellement, intellectuellement et dans sa fonction sociale. Les malentendus se retrouvent à tous les stades, mais ils consistent surtout en un manque d'explication claire entre les thérapeutes et leurs patients quant à l'évolution des troubles et l'attitude de revalidation active à avoir par rapport à ceux-ci. Les obstacles familiaux, socio-professionnels et en termes d'assurances hérissent la voie du processus de revalidation. La prospective, pour nous idéale, de revalidation neuropsychologique des traumatisés crâniens devrait répondre à plusieurs impératifs : la définition d'une population à haut risque à prendre plus particulièrement en traitement, la revalidation précoce en vue d'empêcher des phénomènes de passivité, régression, et cristallisation des troubles et de tenir compte au mieux de la plasticité cérébrale, l'implication du traumatisé et de sa famille dans un processus thérapeutique progressif, la collaboration des compagnies d'assurances, la disposition d'outils permettant un diagnostic précis des dysfonctionnements intellectuels, la disposition de méthodes scientifiques d'apprentissage ou de réapprentissage et, enfin, l'utilisation de techniques de relaxation ou de sophrologie, susceptibles de permettre une meilleure conscience de soi et de meilleures possibilités de maîtrise psychique et somatique.

Chapitre 15
Rendements et séquelles neuropsychologiques : la remise au travail du patient cérébrolésé

C. BOEHRINGER

I. Introduction

Peu nombreux sont les neuropsychologues qui utilisent dans leur jargon quotidien les concepts de rendement, de productivité, d'aptitudes professionnelles, etc. Faire de ces thèmes le sujet d'un travail (cfr Maier, 1970) reflète non seulement l'intérêt porté à de tels problèmes dans leur rapport avec la neuropsychologie, mais illustre également la prolongation des interventions thérapeutiques et l'évolution des critères d'évaluation de la prise en charge.

1. Une nouvelle limite pour les interventions?

Sans vouloir dresser un modèle général de l'évolution des soins de santé, on peut suggérer quelques tendances actuelles et cerner les changements survenus dans ce secteur en plein développement (Fig. 47). Autrefois, les interventions et les soins administrés se limitaient au seul domaine médical. Les critères de « sortie de l'hôpital » dépendaient exclusivement du pronostic médical, par exemple: « Il n'y a plus de risques d'infection », « l'intervention est réussie », etc. Suite à l'évolution spectaculaire de la médecine et des sciences dites paramédicales, on observe que la « sortie de l'hôpital » résulte à présent d'une décision plus large qui reflète l'approche pluridisciplinaire du diagnostic et des activités de soins. Cette évolution s'est poursuivie et, par voie de conséquence, le corps médical original

	± 1re période	± 2e période	± 3me période
Interventions	Médicales	Médicales Para-médicales	Médicales Para-médicales Sciences parallèles
Evaluation	Unidimensionnelle Médicale	Intersubjective Pluridisciplinaire	De + en + objectivée Multidisciplinaire Sociale
Sanctionné par	« Loi du Talion » Classification des	p. ex. : Taux d'invalidité Taux de perte de handicaps Indemnisation financière Droit au repos	*Proposition :* fonctionalité pour ... Classification de la perte de fonctionalité pour ... provoquée par le handicap Droit à la revalidation adéquate et complète

Figure 47.

s'est vu renforcé d'une part par sa propre diversification en spécialités, d'autre part par la formation d'équipes multidisciplinaires dont font partie actuellement des disciplines aussi variées que l'assistance sociale, la pédagogie, la psychologie, l'ergologie, l'ergonométrie, voire la psychologie industrielle. Progressivement l'ingénieur de systèmes, l'analyste et d'autres spécialistes de l'informatique font partie intégrante de l'ensemble des services de soins.

Une importante conséquence sous-jacente à cette augmentation de la quantité des soins est la prolongation de la période pendant laquelle une intervention thérapeutique est non seulement rendue possible par les progrès accomplis en matière de revalidation, mais aussi estimée justifiée par le but visé. En résumé, les soins administrés pendant l'hospitalisation de la première période se limitent pour ainsi dire aux actes strictement médicaux (trépanation, amputation, garantie de la survie physique, etc.); au cours d'un deuxième épisode, les interventions s'étendent à l'entraînement des actes de la vie journalière pour autant qu'ils fassent partie des nécessités primaires d'une vie autonome (hygiène corporelle, nourriture, communication, ...); dans la troisième période, le fonctionnement global de l'individu en tant que personne mais également en tant qu'élément d'un environnement social, semble être un but qui gagne du terrain. Quelques signes témoignant de cette évolution sont l'intérêt porté à la réinsertion sociale (famille, cercle d'amis, club de loisir) et professionnelle (remise au travail, recyclage, ...) ainsi que l'amélioration des post-cures et la prise en charge des proches.

2. *Critères d'évaluation*

Une conséquence logique de la prolongation des interventions thérapeutiques, telle qu'elle a été évoquée ci-dessus, est une évolution parallèle des critères d'évaluation de la prise en charge. Ils étaient autrefois quasi uniquement unidimensionnels (c'est-à-dire médicaux): les complications secondaires ultérieures à l'intervention chirurgicale n'enlevaient rien à l'appréciation positive et à l'estimation de «réussite» de l'acte. L'approche multidisciplinaire fera plutôt appel à un consensus intersubjectif des thérapeutes concernés. De plus en plus, le «gain fonctionnel» deviendra mesurable et il en ira d'ailleurs de même pour la «perte fonctionnelle». Cette perte, qu'on retrouve dans les «taux d'invalidité», reste toutefois chiffrée en pourcentage selon des critères strictement passifs et pour ainsi dire a-fonctionnels. En d'autres termes, les classifications de handicaps, les taux d'invalidité continuent à évaluer le manque de restauration du dommage corporel en lieu et place d'une estimation des conséquences réelles de ce manque de restauration.

L'étude et les recherches sur ce déficit fonctionnel devraient se trouver au premier plan de la philosophie de la réparation du dommage, et les classifications englober les effets secondaires des séquelles. C'est dans ce contexte qu'il faut envisager le rôle de la réinsertion socio-professionnelle. L'attention sera portée de plus en plus sur les problèmes de réadaptation à la vie journalière et les problèmes secondaires y afférents, en d'autres termes sur l'aspect fonctionnel des troubles. Les critères d'évaluation du dommage subi chercheront dorénavant et davantage à étudier les handicaps que le sujet rencontre dans toutes les activités de sa vie concrète. La restauration fonctionnelle visera à trouver des solutions concrètes et réalistes, à élaborer des programmes d'entraînement, à affiner les interventions thérapeutiques afin de neutraliser la plus grande partie des handicaps qui entravent le refonctionnement adéquat de la victime.

II. Application d'un modèle d'analyse

S'occuper de la réinsertion professionnelle implique entrer en contact avec le monde du travail qui a ses propres lois, ses exigences, ses conditions, son langage et qui relève d'autres disciplines scientifiques comme le droit, l'économie, l'informatique, etc. Mais les notions-clés auxquelles se trouve confronté le thérapeute soucieux de réinsertion professionnelle sont celles de production, de productivité, de rendement. Le rendement, pilier de toute activité économique dans notre modèle de société, figure partout au premier plan des exigences vis-à-vis du travailleur. La notion de «rendement» est au monde professionnel ce qu'est en négatif le concept de «séquelles» dans le domaine de la revalidation. Le thème même du présent travail n'est donc, ni plus ni moins, que l'étude de l'interrelation de ces deux concepts. Pour quelles raisons le cérébrolésé rencontre-t-il, suite à ses séquelles, des problèmes de rendement qui peuvent entraver sa réinsertion professionnelle ? Pour effectuer une telle analyse, basons-nous sur un modèle simple et élastique de la psychologie industrielle :

$$\text{Production} = f(\text{Aptitudes} \times \text{Formation} \times \text{Motivation} - \text{Fatigue} + \text{Adaptation sociale})$$

Cette formule reste valable si on remplace le terme «production» par celui de «rendement», en acceptant de définir le rendement comme « production par unité de temps ». Il s'ensuit que pour optimiser le rendement, trois facteurs doivent être optimisés à leur tour : les aptitudes, la formation, la motivation; au contraire, la fatigue devrait se voir minimalisée; l'adaptation sociale joue quant à elle un rôle positif ou négatif selon sa nature. Examinons à présent l'influence de ces différents facteurs.

$$\text{Rendement} = f (\text{Aptitude})$$

1. Aptitudes intrinsèques

a) Différence d'approche - relation qualitative

Contrairement aux approches les plus habituelles en neuropsychologie où le diagnostic sera axé sur la description, la circonscription et l'analyse des séquelles, l'intervention dans le domaine de la psychologie du travail se fixera comme but de définir l'ensemble des aptitudes résiduelles post-traumatiques. A ce moment précis, il est plus utile de voir ce que le patient est encore capable de faire que de se centrer sur ce qui ne va pas. Ces aptitudes résiduelles sont bien sûr en étroit rapport avec l'ensemble des séquelles post-traumatiques, et ces deux ordres de faits sont à considérer comme les deux faces d'une médaille. Notre pratique quotidienne nous permet de dresser la comparaison entre l'évaluation des capacités résiduelles du patient et l'éventail des séquelles qui influencent ces mêmes capacités. Sans donner une préférence quelconque au test repris ci-dessous (si ce n'est une préférence personnelle), nous allons, en quelques lignes, décrire la G.A.T.B. (General Aptitude Test Battery, 1970). Elle se compose de 12 tests qui sont la condensation d'études préliminaires d'une bonne centaine d'autres sous-tests couramment pratiqués pour évaluer les chances de réussite dans un large éventail de professions. Huit tests sont du style « papier-crayon » (Comparaison de noms, Calcul, Figures à trois dimensions, Vocabulaire, Comparaison d'outils, Raisonnement arithmétique, Comparaison de formes, Traçage de traits), les quatres autres font appel à un appareillage spécifique (Dextérité digitale, Dextérité manuelle). Ces douze tests constituent de bonnes mesures de neuf aptitudes, considérées comme importantes pour quelques 500 professions répertoriées. Le tableau 34 présente l'énumération des aptitudes et leur rapport avec la pathologie corticale.

b) Relation quantitative

Une des questions qu'il est possible de se poser est celle du « chevauchement » des deux testings. En psychologie industrielle, nous nous fions à des tests normalisés, standardisés, validés, etc. On

Tableau 34

Variables en *psychologie du travail* « Aptitudes »	Variables en *neuropsychologie* « Séquelles »
1. Spatiale	P. ex. - Agnosie spatiale - Hémianopsie - Négligence de l'hémi-espace - Confusion gauche-droite ...
2. Verbale	- Aphasie - agraphie - alexie - anarthrie - amnésie verbale - agrammatisme - apraxie bucco-linguo-faciale - formes atténuées : dysarthries diverses
3. Numérique	- Acalculie - anarithmétie - aphasie - troubles spatiaux ...
4. Perception des formes	- Agnosie des formes, troubles de discrimination figure-fond ...
5. Coordination motrice	- Apraxie - asomatognosie - troubles du schéma corporel - troubles de la coordination visuo-motrice - ataxie optique - hémiasomatognosie - paralysie - hémiplégie ...
6. Dextérité digitale	- Apraxie - agnosie digitale - agnosie tactile - akinésie - astéréognosie - hémianopsie - paralysie - hémiplégie ...
7. Dextérité manuelle	- Voir 6.
8. Intelligence (1 + 2 + 3)	- Démence post-traumatique - amnésie - troubles de l'apprentissage ...
9. Sens administratif	

y situe l'intéressé en rapport à la population dite « normale ». En neuropsychologie par contre, face à des patients présentant des troubles importants, les praticiens se voient obligés de créer leurs propres instruments d'investigation, constitués de plusieurs tests qui utilisent le plus souvent comme critère d'évaluation les simples jugements d'échec ou de réussite. Si le patient réussit à 100 pour cent tous les exercices, on émet un jugement du type « sans particularité »; par contre, s'il n'atteint pas 100 pour cent de réussite, on conclut à une déficience spécifique. Ceci nous conduit à des situations où, apparemment, le sujet a complètement récupéré selon les critères neuropsychologiques classiques, alors qu'un essai de reclassement s'avère tout à fait infructueux. C'est ce qui amène de nombreux cliniciens à déplorer que leur intervention thérapeutique ne soit pas, au contraire de leurs attentes, couronnée de succès au niveau de la réinsertion sociale et professionnelle. Nous essayerons d'expliquer ce phénomène, très fréquent d'ailleurs, à l'aide de la courbe suivante (Fig. 48).

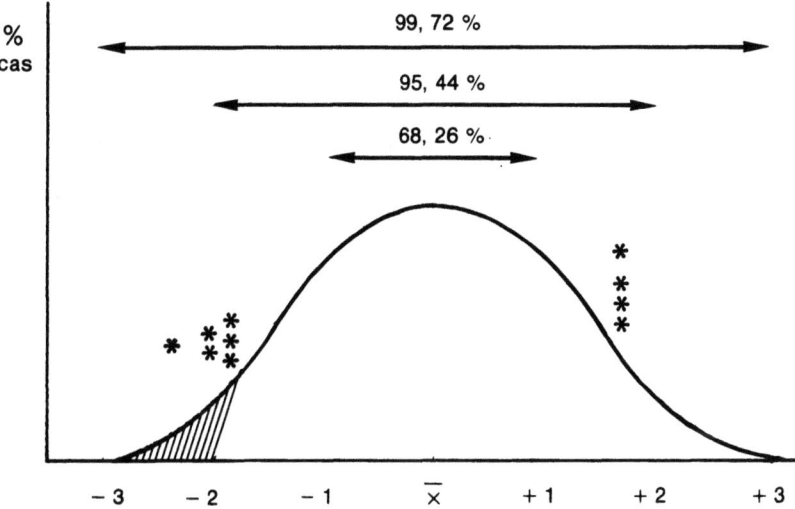

Figure 48.

Dans le testing de type « tout ou rien », on se voit souvent obligé d'évaluer les performances d'une personne qui se situerait au testing graduel de -2σ à -3σ, dans la partie hachurée où la sensibilité d'un test graduel laisse beaucoup à désirer (* sur la figure). Au fur et à mesure de sa récupération, le patient réussira le testing « tout ou rien » à 100 pour cent. C'est à ce moment-là qu'on jugera que le patient ne souffre plus de « x » (par exemple d'acalculie) (** et ***).

Il reste cependant que, dans certains cas, la profession antérieure du patient exige une valeur d'aptitude beaucoup plus élevée. Par exemple, un patient est dit souffrir d'une acalculie (x) si, à l'épreuve de calcul mental simple (5 + 3; 3 × 4; 45 : 9), il obtient des résultats insuffisants. Quelques semaines plus tard, en administrant la même épreuve, l'investigateur remarque qu'il la réussit à 100 pour cent (**, ***). Il conclut que l'acalculie a complètement régressé. Toutefois, si la profession du patient était celle d'employé dans un centre de calcul, on est très loin de pouvoir conclure que le patient est apte, toujours en ce qui concerne ce trouble, à reprendre son ancien métier sans aucun problème. Il est certain que pour un poste de travail semblable, les performances de calcul exigées sont de l'ordre de $+1\sigma$ à $+2\sigma$ (**** sur la figure). Cet exemple se prête bien à la réflexion suivante: *est-ce que l'absence d'un trouble tel qu'identifié par le neuropsychologue offre des garanties suffisantes pour conclure à la restauration d'une fonction?* Bien sûr que non; mais, dans la majorité des cas, un réentraînement progressif permettra une récupération plus complète, qui toutefois risque de ne pas atteindre le niveau pré-traumatique! La dimension temporelle de la récupération ne peut être perdue de vue, et c'est également pour cette raison que la prise en charge doit être poursuivie, même après la pseudo-disparition d'une séquelle. C'est une des raisons d'être de la revalidation prolongée, de la rééducation continue, du réentraînement progressif au travail.

2. *Aptitudes extrinsèques*

Parallèlement à l'analyse du poste de travail, à savoir des aptitudes requises pour l'exécution des « actes techniques » du métier, il convient de ne pas négliger les activités qui entourent le travail et qui, à leur tour, font appel à une série d'aptitudes bien concrètes. Nous pensons par exemple aux déplacements d'information, à la communication par téléphone, etc.

3. *Formation*

Rendement = f (Aptitudes × Formation)

Une bonne formation, éventuellement prolongée pendant l'exercice du métier, est un facteur favorisant le rendement. Si l'on fait l'inventaire des possibilités de formation accessibles (en Belgique) au patient cérébrolésé, on doit reconnaître que quasiment aucune d'entre elles n'est vraiment adaptée à ce type de patient[15]. Bien que l'on puisse considérer la Belgique comme un pays privilégié en ce qui concerne la prise en charge des handicapés et plus spécifiquement en ce qui concerne leur réinsertion socio-professionnelle, quelques remarques restent à formuler concernant les lacunes de l'infrastructure pratique. Il suffit, pour s'en convaincre, de comparer le répertoire de la G.A.T.B.: environ 450 professions (et cette liste est loin d'être exhaustive) à la bonne vingtaine de formations qui sont assurées dans les centres agréés ! Il convient en outre de remarquer que différents centres entraînent aux mêmes métiers !

La deuxième observation a trait à l'implantation des centres, mal programmée du point de vue géographique. Tenant compte du fait que le traumatisme est à classer parmi les handicaps acquis — ce qui signifie que l'accident peut arriver à n'importe quel moment d'une vie souvent déjà bien structurée —, il va de soi que l'éloignement de la famille est un des facteurs limitant fortement les motivations de formation.

Nombreux sont les cas qui demandent un recyclage complet : soit parce que le patient ne récupère pas assez pour réintégrer son ancien poste de travail, soit parce qu'il a été licencié entre-temps, ou pour diverses autres raisons. Le recyclage s'appuie automatiquement sur des facteurs d'apprentissage et de mémorisation d'informations de nature très variée. Or, la plupart des auteurs s'accordent à penser que de toutes les séquelles post-traumatiques, la déficience mnésique est la plus lente à récupérer. Les problèmes d'apprentissage qui en découlent empêchent le plus souvent un bon résultat final du stage professionnel.

4. Motivation

Rendement = f (Aptitudes × Formation × Motivation)

Il est indéniable que la motivation est un facteur très important dans la fluctuation du rendement mais, dans ce contexte de la neuropsychologie, il ne nous appartient pas d'y consacrer une importance primordiale. Il reste cependant que quelques conséquences secondaires du traumatisme ont une influence directe sur cette motivation. Dans cette option, il convient de subdiviser le concept de motivation en deux modalités : la motivation intrinsèque et la motivation extrinsèque.

Quand nous utilisons le concept *motivation intrinsèque*, nous entendons par là les facteurs qui sont inhérents à la tâche même et qui stimulent à faire ce type de travail : tel un carrossier dont la passion est de « bricoler des bagnoles », tel le scientifique qui est absorbé par ses recherches en laboratoire. La *motivation extrinsèque*, par contre, fait appel aux dimensions du travail qui entourent l'activité même : le statut social, la rémunération, les promotions, l'ambiance de travail, etc. Malheureusement, l'analyse des variables motivationnelles conduit plutôt à un bilan négatif, la liste des facteurs « démotivants » étant très importante. On y note l'angoisse de reprise du travail, la peur de la perte du travail, les préjugés de la part de l'employeur, la préférence de la sécurité sociale aux risques d'échecs dans le métier, des sinistroses et revendications, le sursis du moment de reprise du travail pour des raisons de jurisprudence, la perte d'indemnisation, le droit au repos, ... Bref, on se heurte à une série d'objections de la part de l'intéressé qui, admettons-le, sont parfois fondées. Il suffit à cet égard de rappeler que le sujet qui accomplit de réels efforts de réinsertion met dans le même temps en péril la couverture financière à laquelle il a droit. En quelque sorte, le système de protection sociale (les assurances maladie-invalidité) pénalise financièrement les patients les plus motivés. C'est ce que traduit ce commentaire fréquemment entendu: « Si je travaille trop tôt, je toucherai moins des assurances ».

5. *La fatigue*

Rendement = f (Aptitudes × Formation × Motivation − Fatigue)

La fatigue est un des facteurs qui exercent une influence négative sur le taux de rendement. Tous les cliniciens connaissent les problèmes majeurs que pose la fatigabilité, voire l'hyperfatigabilité, du patient cérébrolésé. Ce symptôme fait d'ailleurs quasiment toujours partie des plaintes dites subjectives après un traumatisme crânien et, bien que sa fréquence soit très élevée, force est de constater que ce phénomène n'a pas encore été étudié à fond. Cette fatigue n'est pas seulement un élément néfaste par le fait que le patient manque d'entrain et de ressort, mais aussi parce qu'elle est génératrice d'une série d'effets secondaires dont on sous-estime l'importance et qui peuvent constituer de réels dangers: baisse du rythme de travail, augmentation des erreurs, troubles de l'attention, de la concentration et de la vigilance, fausses manœuvres, ralentissement des réflexes, énervement et excitation réactionnelle. Une fois de plus, ce concept se prête à être subsidivé selon que les causes sont davantage d'ordre physique, ou davantage d'ordre psychologique. A la fatigue *physique* correspondent le plus souvent des plaintes du type: « Je suis fatigué », « Je n'en peux plus », « Je suis crevé », ... A la fatigue *psychologique* correspondent des plaintes du type: « Ennui », « J'en ai marre », « Ras le bol », « J'en ai assez », ... Il s'en faut de beaucoup, cependant, pour que les patients verbalisent clairement la nature de leur fatigue et, dans bien des cas, le thérapeute ne pourra faire cette distinction. Ceci est surtout vrai lorsque l'intéressé lui-même préférera, quel que soit le type de fatigue qu'il ressent, s'exprimer d'une façon assez neutre: « Je suis fatigué ». Cette affirmation du patient paraîtra plausible vu l'état dans lequel il se trouve; de plus, elle cadre parfaitement dans l'idée, ancienne mais bien installée (et héritée généralement d'autres disciplines de la thérapie médicale), selon laquelle la seule thérapeutique efficace est «le repos». Il est un fait que les deux variantes de fatigue ont la même incidence sur le rendement. Il est toutefois important d'être averti de leur existence. La reconnaissance d'une fatigue physique peut être utile au moment de la prescription de médicaments (par exemple, sédatifs) en vue d'éviter un effet renforcé et, de ce fait, de risquer d'augmenter la fréquence des accidents de travail; la reconnaissance d'une fatigue d'ordre psychologique conduira plutôt à discuter avec le patient de ses motivations, de son auto-évaluation, etc.

6. L'adaptation sociale

Rendement = f (Aptitudes × Formation × Motivation
− Fatigue + Adaptation sociale)

Le terme «adaptation sociale» se réfère aux capacités d'adaptation à toutes les dimensions propres à la situation du travail: le respect des horaires, l'ambiance de travail, l'esprit de groupe, la collaboration, l'entente entre collègues, la prise de responsabilités, la subordination aux chefs et/ou la direction des subordonnés, etc. Il s'agit encore d'un facteur qui s'éloigne des inventaires habituels de la neuropsychologie clinique, mais qui fait partie du tableau des séquelles post-traumatiques. Il suffit de s'entretenir avec une victime d'un accident, d'écouter le discours de la famille ou d'amis, de parler avec les collègues de travail pour entendre et réentendre les mêmes propos: «Je ne suis plus comme avant», «Il a tellement changé». Le changement du comportement est quasiment considéré comme une constante. Ceci s'ajoute à tous les problèmes de réinsertion et de ré-acceptation, dans un milieu où l'image prémorbide de la personne ne correspond pas toujours à l'image actuelle: telle personne dynamique et active qui se fait apathique, tel sujet qui inspirait le calme et la discrétion se révèle irritable, agressif, impatient.

III. Conclusion

La recherche menée dans le domaine de la remise au travail du patient cérébrolésé nous a permis de déceler un éventail de difficultés secondaires, habituellement passées sous silence, parce que non encore suffisamment étudiées. Elle nous amène à formuler des problèmes théoriques et méthodologiques spécifiques, à savoir la mise en accord des différentes approches de testing, la portée de certaines notions (comme l'absence de troubles du point de vue neuropsychologique, opposée à la restauration de la fonction du point de vue efficience), la subdivision utile et nécessaire d'autres notions (comme la fatigue physique par opposition à la fatigue psychologique, la motivation), l'accentuation du facteur temporel dans l'évaluation. Elle nous a également permis de proposer un modèle d'explication des échecs de la reprise du travail en analysant et en sériant l'ensemble des difficultés rencontrées au moment de la réinsertion socio-professionnelle. En dernier lieu, elle nous a non seulement donné l'occasion de déceler quelques-unes des failles et des lacunes de la revalidation telle qu'elle existe chez nous de nos jours, mais elle nous a également permis de cerner toute sa raison d'être: garantir l'accès au travail. Et ceci restera vrai tant qu'un des principaux éléments valorisant la personne humaine s'appellera «le travail». Toute revalidation fonctionnelle, si elle se veut adéquate, doit donc aujourd'hui répondre au besoin, exprimé par les patients, d'une réinsertion socio-professionnelle réussie.

ns aussi diverses que la psychologie cognitive, la psychologie de
Conclusion

X. SERON

Au terme de cet ouvrage, il paraît utile de souligner quelques-uns des points forts de la revalidation neuropsychologique, tout autant que ses encore trop criantes faiblesses.

1. Un des points forts de ce champ thérapeutique en pleine expansion est sans conteste l'apparition de plus en plus marquée de *convergences entre les activités de recherches dites «fondamentales» et les travaux cliniques et thérapeutiques dits «appliqués»*. Ces convergences s'observent d'abord aux niveaux neurologique et neurophysiologique où les chercheurs, tout à la fois :
- analysent et tentent d'interpréter les faits de flexibilité et de plasticité cérébrale en essayant, sur base de modèles animaux, d'extrapoler raisonnablement à l'homme (voir Jeannerod, chapitre 1);
- s'efforcent de démêler l'écheveau des variables susceptibles d'intervenir dans le pronostic de la récupération (Thiery *et al.*, chapitre 2);
- s'ingénient enfin à déceler les éventuelles corrélations existant entre divers indices neurophysiologiques dynamiques, comme le débit sanguin cérébral régional (Demeurisse *et al.*, chapitre 3), les potentiels évoqués corticaux ou l'électroencéphalographie.

Mais le niveau psychologique n'est pas en reste et les rééducations sont ajourd'hui, dans leur construction et dans leur conception, influencées aux niveaux méthodologique et théorique par des disciplines aussi diverses que la psychologie cognitive, la psychologie de l'apprentissage, la psycholinguistique, la sociologie, et cet inventaire n'est pas clos. Ce lien entre la recherche et l'activité clinique, même s'il est récent, est facilité par le fait que la neuropsychologie rééducative est, pour l'essentiel, pratiquée dans des centres universitaires ou assimilés, ce qui favorise un voisinage obligé entre chercheurs et cliniciens. Cette unité de lieu renforce concrètement le maintien et l'approfondissement de ce lien qui reste encore ténu à bien des égards et qui ne sera sans doute jamais tout à fait à l'abri des malentendus créés, pour une part par des conditions différentes de travail, pour une autre par une formulation différente des objectifs à atteindre: d'un côté faire progresser un ensemble de recherches, de l'autre aider concrètement les patients qui demandent de l'aide ici et maintenant.

Mais — et c'est un signe positif — la neuropsychologie, en tant qu'activité diagnostique et thérapeutique, quitte aujourd'hui le bercail universitaire pour se répandre dans de nombreuses institutions et sous la forme de pratiques cliniques plus ou moins isolées. Si elle est utile, cette extension n'est pas sans danger et si l'on désire maintenir l'effort théorique à la base du renouveau actuel, il sera indispensable que les diverses sociétés scientifiques de neuropsychologie et les revues couvrant le domaine des pratiques rééducatives restent ouvertes aux cliniciens pour leur permettre de garder un contact solide avec la recherche. Ce contact devrait les aider à cadrer correctement leurs démarches thérapeutiques et à maintenir l'exigence d'un contrôle précis de l'efficacité de leurs méthodes. Dans cette direction, le fait par exemple que la Société de Neuropsychologie de Langue Française (fondée il y a quelques années à peine à Paris) ait explicitement accueilli en son sein les thérapeutes de toute formation engagés dans une activité neuropsychologique, traduit bien ce souci de ne pas couper l'activité de recherche de la pratique clinique. Le point délicat reste peut-être le niveau des différentes formations professionnelles, souvent insuffisant et très variable d'une institution à l'autre. A cet égard, nous aurions sans doute intérêt à emprunter quelques-uns des éléments de la formation des «speech therapists» telle qu'elle existe en Amérique du Nord et qui paraît à la fois plus complète et plus approfondie.

2. En ce qui concerne l'*évolution interne des pratiques rééducatives*, plusieurs faits sont à souligner. En premier, il y a le souci d'approfondissement théorique manifesté dans toutes les contributions à cet ouvrage. Là où, il y a quelques années à peine, on se contentait d'énumérer un ensemble de méthodes jugées adéquates sur base des

seules intuitions de leur promoteur, on voit aujourd'hui se développer des démarches mieux articulées sur le plan théorique et beaucoup plus critiques dans l'évaluation des effets obtenus. Certes, les travaux présentés ont des ambitions et des origines différentes. Certains, issus directement de problématiques théoriques (ce livre : Hatfield, chapitre 9; Beauvois et Derouesné, chapitre 11) renouvellent profondément plusieurs voies d'approches thérapeutiques traditionnelles et traduisent au niveau des faits l'apport conceptuel, pour la rééducation, de modèles théoriques issus de la recherche neuropsychologique. Il s'agit là d'un événement important, non seulement parce que la recherche permet de fonder la logique d'une démarche thérapeutique, mais aussi parce que cette dernière offre en retour à la recherche une occasion supplémentaire de confirmer ou non le bien-fondé de ses représentations théoriques. D'autres travaux, comme ceux de Van Eeckhout et al. (chapitre 7) et de Doms et Bourlard (chapitre 8), traduisent un effort de réflexion interne et propre aux cliniciens s'attelant à la création et à l'adaptation de méthodes nouvelles : plutôt (comme c'était jadis la coutume) que de militer pour le bien ou le mal-fondé de ces méthodes, ces cliniciens les testent sur le terrain, en apprécient l'efficacité, en délimitent les champs d'application et, le cas échéant, en modifient certains aspects. Ces travaux sont l'amorce de démarches qui restent certes empiriques, mais qui sont devenues prudentes et qui acceptent de se soumettre au contrôle des faits. On peut penser que, pendant de nombreuses années encore, les cliniciens confrontés quotidiennement au vécu des patients et à leurs difficultés resteront les principaux agents à l'origine de nouvelles méthodes rééducatives, ceci, que l'état de la réflexion théorique en neuropsychologie soit ou non capable d'expliciter les raisons du succès ou de l'échec d'une méthode.

Un deuxième fait qui frappe est l'élargissement des secteurs pathologiques pris en compte. Les contributions de Zihl (chapitre 12) et Diller (chapitre 13) sont à cet égard significatives. Bien que différents dans leur logique et pratiqués sur des populations non identiques, ces travaux ont en commun le souci de prendre en compte des troubles non langagiers mais dont l'incidence sur l'autonomie dans la vie quotidienne n'est pas négligeable. Ici aussi, on est frappé par le souci de rigueur et les contrôles très stricts mis en place pour évaluer l'effet des thérapies. Cet élargissement thérapeutique, pratiqué depuis de nombreuses années par les neuropsychologues soviétiques, s'étend aujourd'hui à l'ensemble des troubles gnosiques, attentionnels, praxiques, mnésiques et intellectuels. Ce champ est tout neuf, et tout ou presque tout reste à faire !

A côté de ces démarches sélectives dirigées vers la rééducation de troubles spécifiques, on assiste à la naissance de réflexions thérapeutiques plus larges, soucieuses de tenir compte du malade dans sa totalité. C'est le point de vue qui est à la base du travail de Labourel (chapitre 6) et qui nous rappelle qu'à côté des troubles spécifiques du langage, il reste à examiner l'ensemble des conduites de communication verbale et non verbale. C'est aussi, et à un niveau encore plus général, le problème soulevé à la fois par Violon (chapitre 14) et Boehringer (chapitre 15), le premier auteur insistant tout particulièrement sur les retombées psychoaffectives mais aussi sociales des désordres post-traumatiques, le second analysant les problèmes rencontrés par les patients lors des tentatives de réinsertion professionnelle. Avec ces auteurs, c'est l'ensemble des variables communicationnelles et sociologiques qui sont prises en compte. D'un côté, le trouble neuropsychologique est étiqueté, répertorié et analysé à l'intérieur de modèles strictement médicaux ou neuropsychologiques, d'un autre côté ces troubles sont vécus par des patients qui doivent négocier leur handicap et réapprendre à trouver une place dans « le monde des normaux ». A ce propos, le travail de Buttet et Hirsbrunner (chapitre 10) apporte quelques éléments de réponse aux problèmes de l'isolement et de la réinsertion sociale après la thérapie. Mais ces problèmes restent importants et l'éventail des réponses actuelles bien modeste. La difficulté qu'il y a, au terme d'une thérapie individuelle, à se retrouver seul avec une mémoire défaillante ou un langage maladroit dans une société qui souligne les différences, étiquette les déviances et connaît peu la tolérance, ne doit pas être négligée. A cet égard, l'ensemble de l'intervention neuropsychologique doit être repensé et, à côté des thérapies spécifiques, un suivi social, professionnel et psychothérapeutique doit être mis en place. Par ailleurs, on commettrait une erreur grave d'appréciation à vouloir opposer ces différents niveaux d'analyse et d'intervention en privilégiant, par exemple, la démarche du psychologue industriel conscient des exigences professionnelles ou celle des psychothérapeutes sensibilisés au desarroi affectif des patients, et à tenir pour artificiel le travail plus analytique des neuropsychologues cognitivistes. Il n'existe à nos yeux aucune opposition de fait entre ces différentes approches. Le patient cérébrolésé présente tout à la fois un trouble spécifique et y réagit en fonction de sa personnalité antérieure et des contextes familiaux, sociaux, économiques et institutionnels dans lesquels il se retrouve après sa maladie. A cette diversité de besoins et de difficultés, doit correspondre une démarche thérapeutique adaptée et intégrée. Cela nécessite la création d'équipes multidisciplinaires où chacun devra non seulement faire l'apprentissage des vocabulaires et des concepts utilisés au sein des différentes disciplines, mais aussi apprendre à tenir compte, dans sa démarche personnelle, des informations issues des autres points de vue développés. Aujourd'hui, ces rapports interdisciplinaires sont, trop souvent encore, nourris de malentendus ou d'intransigeances réciproques. Le thérapeute soucieux du vécu du patient, de son devenir psychoaffectif, est taxé de rêveur; celui qui limite son intervention aux thérapies strictement instrumentales, de technicien froid et limité dans ses objectifs.

Ces cloisonnements inutiles se vivent sur le terrain, ils sont le reflet d'attitudes anciennes et sont souvent sous-tendus par des convictions irrationnelles. Nous pensons que c'est sur le terrain aussi qu'ils pourront un jour être levés. Au plan théorique, la conjonction des différentes approches est possible et nécessaire. Il reste aux thérapeutes à s'en convaincre, et à chacun d'accepter que son point de vue n'est ni le seul possible, ni nécessairement le plus pertinent.

Notes

[1] On sait en effet, depuis quelques années, que la partie dite «aveugle» du champ visuel des sujets hémianopsiques (dans certaines formes d'hémianopsie en tout cas) n'est probablement pas complètement aveugle, et que l'information visuelle qui y est délivrée peut, jusqu'à un certain niveau, être traitée par l'organisme (voir également Pérenin, 1978; Pérenin et Jeannerod, 1978; Pérenin *et al.*, 1980). Cette potentialité latente, infra-clinique en quelque sorte, peut constituer la base d'un programme thérapeutique et découle vraisemblablement de l'existence d'un double système visuel qui conduit l'information de la rétine au cortex visuel occipital (pour une revue documentée, voir Lennie, 1980).

[2] En ce qui concerne la problématique de ce chapitre, nous suggérons au lecteur les références additives suivantes: Birdwhistell (1970), Cosnier (1977), Dahan et Cosnier (1977), Duffy *et al.* (1975), Ekman et Friesen (1969), Goodglass et Kaplan (1963), Hecaen (1967), Goldblum (1978), Helm (1979), Kimura (1973), Nespoulous (1977a et b), Schlanger et Tennenbaum (1968), Seron *et al.* (1977), Seron (1979b), Signoret et North (1979), Zurif *et al.* (1979).

[3] L'aphasie de Wernicke de type I est, dans la classification de Lecours et Lhermitte (1979), la forme la plus classique de l'aphasie de Wernicke avec, comme triade sémiologique, un débit élocutoire normal ou logorrhéique, des transformations aphasiques de tous types (jargonaphasie) et une altération importante de la compréhension du langage parlé.

[4] Traduction X. SERON.

[5] Par «dyslexique profond» ou «dyslexique de surface», le lecteur comprendra ces expressions elliptiques comme signifiant «patients atteints d'une dyslexie profonde ou de surface», respectivement.

[6] Les mots fonctionnels étant, eux, généralement d'usage très fréquent.

[7] Des inconsistances analogues existent en français: le phonème /o/, par exemple, s'écrit *au* dans (*mauvais*), *eau* dans (*eau, beau*), *ôt* dans (*tôt, ôter*), *aud* dans (*salaud*), *aux* dans (*maux, faux*), *o* dans (*pose, rose*), etc.; inversement, la lettre o ne se prononce pas /o/ dans tous les contextes /o/ dans (*poste, botte, note*), suivie de u elle vaut /y/ dans (*genou, roue*), / $\tilde{\mathrm{o}}$ / dans (*tombe, ronde*), /w/ dans (*oui*), etc.

⁸ De tels patients ne peuvent donc écrire « dans » (il est *dans* l'armoire) mais bien « dent » (il a mal aux *dents*), ou ne peuvent écrire « mais » mais bien « le mois de *mai* », etc.

⁹ Un film d'information (« Vivre son aphasie »), réalisé par le second auteur et présenté lors du Symposium, soulève en particulier les problèmes de réintégration sociale de l'aphasique.

¹⁰ Les dessins sont de Sabadel. Ce caricaturiste, devenu brusquement aphasique et hémiplégique, a été rééduqué à la Salpêtrière par Philippe Van Eeckhout. Il a pu ainsi en particulier récupérer la possibilité de dessiner, en employant sa main gauche, et a raconté sa rééducation en dessins dans un livre, « *L'homme qui ne savait plus parler* », (1980).

¹¹ Pour une présentation détaillée et exhausive de ces syndromes, le lecteur se rapportera à la littérature spécialisée.

¹² Traduction R. BRUYER.

¹³ Ce travail a reçu l'appui de la Deutsche Forschungsgemeinschaft. L'auteur exprime sa reconnaissance aux Dr. C. KRISCHER et R. MEISSEN et à M. J. BERWIX du Centre de Recherche Nucléaire de Jülich, de l'Institut de Neurobiologie et de l'Institut Central d'Electronique pour lui avoir fourni l'appareil d'apprentissage de la lecture et leur assistance technique. C'est avec plaisir que je remercie M. R. BRUYER pour la traduction du manuscrit.

¹⁴ Traduction R. BRUYER.

¹⁵ A titre d'information, trois solutions sont habituellement proposées en Belgique :
a) L'enseignement assimilé à une formation professionnelle.
b) L'apprentissage :
    - contrat d'apprentissage par l'intermédiaire d'un secrétaire d'apprentissage agréé,
    - contrat d'apprentissage spécial pour la réadaptation professionnelle.
c) La formation en Centre :
    - O.N.E.M.
    - Centre agréé par le F.N.R.S.H.

Bibliographie

ALAJOUANINE, T. et LHERMITTE, F., Acquired aphasia in children. *Brain*, 1965, *88*, 653-662.
ALAJOUANINE, T., OMBREDANE, A. et DURAND, M., *Le syndrome de désintégration phonétique dans l'aphasie*, Paris: Masson, 1939.
ALBERT, M.L., SPARKS, R.W. et HELM, N.A., Melodic intonation therapy for aphasia. *Arch. Neurol.*, 1973, *29*, 130-131.
ARTES, R. et HOOPS, R., Problems of aphasic and non-aphasic stroke patients as identified and evaluated by patients'wives, *In* LEBRUN, Y. et HOOPS, R. (Eds), *Recovery in aphasics*, Amsterdam: Swets et Zeitlinger, 1976.
BASSER, L.S., Hemiplegia of early onset and the faculty of speech with special reference to the effects of hemispherectomy. *Brain*, 1962, 85, 427-460.
BASSO, A., Aphasia rehabilitation: a note on methods and three examples, *In* LEBRUN, Y. et HOOPS, R. (Eds.), *The management of aphasia*, Amsterdam: Swets et Zeitlinger, 1978.
BASSO, A., FAGLIONI, P. et VIGNOLO, L.A., Etude contrôlée de la rééducation du langage dans l'aphasie: comparaison entre aphasiques traités et non traités. *Rev. Neurol.*, 1975, *131*, 607-614.
BASSO, A., CAPITANI, E. et VIGNOLO, L.A., Influence of rehabilitation on language skills in aphasic patients. *Arch. Neurol.*, 1979, *36*, 190-196.
BEAUVOIS, M.F., Optic aphasia: a process of interaction between vision and language. *Philos. trans. Royal Soc. London, B.*, 1982, *sous presse*.
BEAUVOIS, M.F. et DEROUESNE, J. Eléments sémantiques et syntaxiques traités en lecture globale. *Congrès Intern. de Psychol.*, Paris, 1976.
BEAUVOIS, M.F. et DEROUESNE, J. Phonological alexia: three dissociations. *J. Neurol. Neurosurg. Psychiatr.*, 1979a, *42*, 1115-1124.
BEAUVOIS M.F. et DEROUESNE, J., Reading without phonology: data from phonological alexia without expressive or receptive aphasia. *Inter. Neuropsychol. Soc.*, Noordwijkerhout, 1979b.

BEAUVOIS, M.F. et DEROUESNE, J. Lexical or orthographic agraphia. *Brain*, 1981a, *104*, 21-49.

BEAUVOIS, M.F. et DEROUESNE, J., *Recherche en neuropsychologie cognitive et rééducation: quels rapports?*, ce volume, chap. 11, 1981b.

BEAUVOIS, M.F. et SAILLANT, B., Double dissociation in colour agnosia after left hemispheric lesion in man. *Eur. Brain Behav. Soc.*, London, 1976.

BEAUVOIS, M.F. et SAILLANT, B., Optic aphasia for colours and colour agnosia: a distinction between visual and visuo-verbal impairments in the processing of colours. *En préparation*.

BEAUVOIS, M.F., DEROUESNE, J. et SAILLANT, B., Syndromes neuropsychologiques en psychologie cognitive; trois exemples: aphasie tactile, alexie phonologique et agraphie lexicale. *Cahiers de Psychologie*, 1980, *23*, 211-245.

BEAUVOIS, M.F., SAILLANT, B., MEININGER, V. et LHERMITTE, F., Bilateral tactile aphasia: a tacto verbal dysfunction. *Brain*, 1978, *101*, 381-401.

BENSON, D.F., Aphasia, alexia and agraphia, *In: Clinical neurology and neurosurgery monographs (vol. 1)*, New York: Churchill Livingstone, 1979.

BEN-YISHAY, Y., DILLER, L., GORDON, W. et GERSTMAN, L., A modular approach to training in cognitive perceptual integration (constructional skills) in brain injured people, *In: Working approaches to remediation on cognitive deficits in brain damaged*, New York: supplement to 6th. annual workshop for rehabilitation professionnals, 1978a.

BEN-YISHAY, Y., GORDON, W., DILLER, L. et GERTSMAN, L., A modular approach to training in eye-hand coordination with dexterity in brain injured people, *In: Working approaches to remediation on cognitive deficits in brain damaged*, New York: supplement to 6th. annual workshop for rehabilitation professionals, 1978b.

BEN-YISHAY, Y., PIASETSKY, E., et DILLER, L., A modular approach to training (verbal) abstract thinking in brain injured people, *In: Working approaches to remediation on cognitive deficits in brain damaged*, New York: supplement to 6th. annual workshop for rehabilitation professionals, 1978c.

BERNDT, R.S. et CARAMAZZA, A., A redefinition of the syndrome of Broca's aphasia: implications for a neuropsychological model of language. *Appl. Psycholing.*, 1980, *1*, 225-278.

BESTAOUI, M. et ROLAND, B., *Application d'une rééducation portant sur les troubles du langage consécutifs à une lésion frontale*, Paris: mémoire pour le certif. de capacité d'orthoph. (Univ. Paris VI), 1977.

BEYN, E.S. et SHOKKOR-TROTSKAYA, M.K., The preventive method of speech rehabilitation in aphasia. *Cortex*, 1966, *2*, 96-108.

BIRCH, H.G., BELMONT, I. et KARP, E., The relation of single stimulus threshold to double simultaneous stimulation. *Cortex*, 1964, *1*, 19-39.

BIRCH, H.G., BELMONT, I. et KARP, E., The prolongation of inhibition in brain damaged patients. *Cortex*, 1965, *2*, 397-409.

BIRCH, H.G., BELMONT, I. et KARP, E., Delayed information processing and extinction following cerebral damage. *Brain*, 1967, *90*, 113-130.

BIRDWHISTELL, R.L., *Kinesics and context*, Philadelphia: Univ. Pennsylv. Press, 1970.

BLAKEMORE, C., GARVEY, L. et VITAL-DURAND, F., The physiological effects of monocular deprivation and their reversal in the monkey's visual cortex. *J. Physiol.*, 1978, *283*, 223-262.

BLAKEMORE, C., GAREY, L. HENDERSON, Z., SWINDALE, N.V. et VITAL-DURAND, F., Visual experience can promote rapid axonal reinnervation in monkey visual cortex. *J. Physiol.*, 1980, *307*, 25-26.

BLOOM, L.M., A rationale for group treatment of aphasic patients. *J. Speech Hear. Dis.*, 1962, *27*, 11-16.
BOND, M.R., Assessment of the psychosocial outcome of severe head injury. *Acta Neurochir.*, 1976, *34*, 57-70.
BRIHAYE, J., VIOLON, A. et CONTEMPRE, B., Evolution et pronostic des comas traumatiques prolongés. *Bol. Assoc. Neurocir.*, 1972, *14*, 47-48.
BRIHAYE, J., VIOLON, A. et DEMOL, J., Post-traumatic psychoses, *In : Actas del 18e congresso latinoamericano de neurocirurgia (vol. 2)*, Buenos Aires: Reprografias J.M.S.A., 1979.
BRIHAYE, J., VIOLON, A. et DEMOL, J., Post-traumatic psychoses. *A paraître*.
BROOKS, N.D., Recognition memory and head injury. *J. Neurol. Neurosurg. Psychiat.*, 1974, *37*, 794-801.
BROOKSHIRE, R., Probability learning by aphasic subjects. *J. Speech. Hear. Dis.*, 1971, *14*, 92-105.
BRUYER, R., Approche operante des atteintes traumatiques de la mémoire : effet de la connaissance des résultats sur la performance. *J. Thér. Comport.*, 1981, *III (1)*, 33-42.
BUTFIELD, E. et ZANGWILL, O.L., Re-education in aphasia: a review of 70 cases. *J. Neurol. Neurosurg. Psychiat.*, 1946, *9*, 75-79.
BUTTERS, N. et CERMAK, L.S., *Alcoholic Korsakoff's syndrome: an information-processing approach to amnesia*, New York: Academic Press, 1980.
BUTTET, J. et AUBERT, C., La thérapie par l'intonation mélodique: apport de la réflexion neuropsychologique à la clinique. *Rev. Méd. Suisse Rom.*, 1980, *100*, 195-199.
BUTTET, J. DELALOYE, A. et HIRSBRUNNER, T., Rééducation des aphasiques et neuropsychologie. *Rev. Méd. Suisse Rom.*, 1980, *100*, 187-193.
CARAMAZZA, A. et ZURIF, E.B., (Eds.), *Language acquisition and language breakdown, parallels and divergencies*, Baltimore: the Johns Hopkins Univ. Press, 1978.
CASTRO-CALDAS, A. et SILVEIRA BOTELHO, M.A., Dichotic listening in recovery of aphasia after stroke. *Brain and Language*, 1980, *10*, 145-151.
CHAMPEVILLE de BOISJOLLY, H. et POUILLEUX, E., *Rééducation d'une alexie consécutive à une lésion du pli courbe*, Paris: mémoire pour le certif. de capacité d'orthoph. (Univ. Paris VI), 1977.
CHARLTON, M. Aphasia in bilingual and polyglot patients. *J. Speech Hear Dis.*, 1964, *29*, 307-311.
COLTHEART, M., Disorders of reading and their implications for models of normal reading. *Visible Language*, 1981, *sous presse*.
COLTHEART, M., PATTERSON, K. et MARSHALL, J.C. (Eds.), *Deep dyslexia*, London: Routledge et Kegan Paul, 1980.
COLTHEART, M. MASTERSON, J., BYNG, S., PRIOR, M. et CRITCHLOW, J., Surface dyslexia, *Texte en préparation*.
COOPER, R., PAPKOSPOULOS, D. et CROWE, H., Rapid changes of cortical oxygen associated with motor and cognitive functions in man, *In* HARPER, A., JENNETT, W., MILLER, J., et ROWAN, J., (*Eds.*), *Blood flow and metabolism in the brain*, New York: Churchill Livingstone, 1975.
COSNIER, J., Communication non verbale et langage. *Psychol. Méd.*, 1977, *9*, 2033-2049.
COURJON, J.H. et JEANNEROD, M., Visual substitution of labyrinthine defects. *Prog. Brain. Res.*, 1979, *50*, 783-792.
COURJON, J.H., JEANNEROD, M., OSSUZIO, I. et SCHMID, R., The role of vision in compensation of vestibulo-ocular reflex after hemilabyrinthectomy in the cat. *Exp. Brain Res.*, 1977, *28*, 235-248.

COWEY, A., Perimetric study of field defects in monkeys after cortical and retinal ablations. *Quart. J. Exp. Psychol*, 1967, *19*, 232-245.

CROCQ, L., LEFEBVRE, P., GIRARD, V. et CLEMENT, J., Hystérie et névrose traumatique, *In: Congrès de psychiatrie et de neurologie de langue française (Lausanne, 1965)*, Paris: Masson, 1966.

CULTON, G.L., Spontaneous recovery from aphasia. *J. Speech Hear. Res.*, 1969, *12*, 825-832.

CULTON, G.L., Reactions to age as a factor in chronic aphasia in stroke patients. *J. Speech Hear. Dis.*, 1971, *36*, 563-564.

DAHAN, G. et COSNIER, J., Sémiologie des quasi-linguistiques français. *Psychol., Méd.* 1977, *9*, 2053-2072.

DARLEY, F., The efficacy of language rehabilitation in aphasia. *J. Speech Hear. Dis.*, 1972, *37*, 3-21.

DARLEY, F.L., Treatment of acquired aphasia, *In* FRIEDLANDER, W.J., (*Ed.*), *Advances in neurology (vol. 7)*, New York: Raven Press, 1975.

DEMEURISSE, G., DEMOL, O., ROBAYE, E., COEKAERTS, M.J., DEBEUKELAER, R. et DEBROUCK, M., Quantitative evaluation of aphasia resulting from a cerebral vascular accident. *Neuropsychologia*, 1979, *17*, 55-65.

DEMEURISSE, G., DEMOL, O., DEROUCK, M., DEBEUKELAER, R., COEKAERTS, M.J., et CAPON, A., Quantitative study of the rate of recovery from aphasia due to ischemic stroke. *Stroke*, 1980, *11*, 455-458.

DEMOL, J., Les troubles du caractère chez les traumatisés crâniens adultes. *Arch. Suisses Neurol. Psychiat., à paraître*.

DEMOL, J. RETIF, J. et AERENS, C., L'hystérie de conversion post-traumatique. *Acta Psychiat. Belg.*, 1981, *81*, 46-56.

DEMORSIER, G., Les « névroses » survenant après les traumatismes crânio-cérébraux. *Arch. Suisses Neuro. Psychiat.*, 1938, *XLI*, 359-381.

DENNIS, M., Language acquisition in a single hemisphere: semantic organization, *In* CAPLAN, D., (*Ed.*), *Biological studies of mental processes*, Cambridge (Mass.), the M.I.T. Press, 1980.

DEROUESNE, J. et BEAUVOIS, M.F., Phonological Processing in reading: data from alexia. *J. Neurol. Neurosurg. Psychiat.*, 1979, *42*, 1125-1132.

DEROUESNE, J., SERON, X. et LHERMITTE, F., Rééducation de patients atteints de lésions frontales. *Rev. Neurol.*, 1975, *131*, 677-689.

DIERINGER, N. et PRECHT, W., Modification of synaptic input following unilateral labyrinthectomy. *Nature*, 1977, *269*, 431-433.

DILLER, L., A model for cognitive retraining in rehabilitation. *Clin. Psychology*, 1976, *29*, 13-15.

DILLER, L. et WEINBERG, J., Differential aspects of attention in brain damaged persons. *Percept. Mot. Skills*, 1972, *35*, 71-81.

DILLER, L. et WEINBERG, J., Hemi-inattention in rehabilitation: the evolution of a rationale remediation program, *In* WEINSTEIN, E.A. et FRIEDLAND, R.P. (*Eds.*) *Advances in neurology*, New York: Raven Press, 1977.

DILLER, L., BEN-YISHAY, Y., GERSTMAN, L.J., GOODKIN, R., GORDON, W. et WEINBERG, J., *Studies in cognition and rehabilitation in hemiplegia*, New York: New York Univ. Med. Center, rehabil. mon. n° 50 (behav. sci., inst. of rehab. med.), 1974.

DUCARNE, B., La rééducation des aphasiques, *Rev. Prat.*, 1965, *15*, 1-11.

DUFFY, R.J., DUFFY, J.R. et PEARSON, K.L., Pantomine recognition in aphasia. *J. Speech Hear. Res.*, 1975, *18*, 115-132.

ECCLES, J.C., Possible synaptic mechanisms subserving learning. *In* KARCZMAR, A.G. et ECCLES, J.C. (*Eds.*), *Brain and human behavior*, Berlin: Springer-Verlag, 1972.

EIDELBERG, E., Redundancy as a possible mechanism for escape or recovery from somatic sensory deficits. *Neurosci. Res. Progr. Bull.*, 1974, *12*, 249-252.

EKMAN, P. et FRIESEN, N.V., The repertoire of non verbal communication. *Semiotica*, 1969, *1*, 49-97.

FAUGIER-GRIMAUD, S., FRENOIS, C. et STEIN, D.G., Effects of posterior parietal lesions on visually guided behavior in monkeys. *Neuropsychologia*, 1978, *16*, 151-168.

FAVERGE, J.M., *Méthodes statistiques en psychologie appliquée (tome 1)*, Paris: Presses Univ. de France, 1975 (7ᵉ éd.).

FEYEREISEN, P. et SERON, X., Non verbal communication and aphasia, a review (part I: comprehension; part II: expression). *Brain and language, sous presse*.

FIELD, H., Post-traumatic syndrome. *J. Roy. Soc. Med.*, 1981, *74*, 630.

GARDNER, H., ZURIF, E.B., BERBY, T. et BAKER, E., Visual communication in aphasia. *Neuropsychologia*, 1976, *14*, 275-292.

GASSEL, M.M. et WILLIAMS, D., Visual functions in patients with homonymous hemianopia; part II: oculomotor mechanisms. *Brain*, 1963, *86*, 1-36.

General Aptitude Test Battery (GATB) B 1002, Washington: United States Department of Labor, Manpower Administration, 1970.

GHEORGHITA, N., Méthode de lecture verticale pour la réhabilitation des aphasiques et des dyslexiques, *In* SLAMACAZACU, I., (Ed.), *Proceedings of the 2nd. session of the roumanian group of applied linguistics*, Bucharest, 1977 (traduit du *roumain*).

GHEORGHITA, N., *La lecture verticale: une méthode de rééducation des troubles lexiques*, textes d'une conférence, Arlon: Fondation Univ. Luxembourgeoise, 1980.

GHEORGHITA, N., Vertical reading: a new method of therapy for reading disturbances in aphasics. *J. Clin. Neuropsychol.*, 1981, *3*, 163-165.

GLASS, A.V., GAZZANIGA, M.S. et PREMACK, P., Artificial language training in global aphasics. *Neuropsychologia*, 1973, *11*, 95-103.

GLONING, K., TRAPPL., R., WOLF-DIETEN, H. et QUATEMBER, R., Prognosis and speech in aphasia, *In* LEBRUN, Y. et HOOPS, R. (*Eds.*), *Recovery in aphasics*, Amsterdam: Swets et Zeitlinger, 1976.

GODFREY, C. et DOUGLAS, E., The recovery process in aphasia, *Can. Med. Ass., J.*, 1959, *80*, 618-624.

GOFFIN, J.P. et CRAHAY, S., Les décompensations névrotiques dans les suites des traumatismes crâniens, *In: Congrès de Psychiatrie et de Neurologie de langue française (Caen, 1971)*, Paris: Masson, 1972.

GOLDBERG, H.K. et SCHIFFMAN, G.B., *Dyslexia: problems of reading disabilities*, New York: Grune et Stratton, 1972.

GOLDBLUM, M.C., Les troubles des gestes d'accompagnement du langage au cours des lésions corticales unilatérales, *In* HECAEN, H. et JEANNEROD, M. (*Eds.*), *Du contrôle moteur à l'organisation du geste*, Paris: Masson, 1978.

GOLDSTEIN, K., *Language and Language disorders*, New York: Grune et Stratton, 1948.

GOODGLASS, H. et KAPLAN E., Disturbances of gesture and pantomine in aphasia. *Brain*, 1963, *86*, 703-720.

GOODGLASS, H. et KAPLAN, E., *The assessment of aphasia and related disorders*, Philadelphia: Lea et Febiger, 1972.

GURDJIAN, E.S., BRIHAYE, J., CHRISTENSEN, J.C., FROWEIN, R.A., LINDGREN, S., LUYENDYK, W., NORLEN, G., OMMAYA, A.K., OPSCU, I., DEVASCONCELLOS MARQUES, A. et VIGOUROUX, R.P., Glossary of neurotraumatology. *Acta Neurochir.*, 1979, suppl. 25.
HATFIELD, F.M., Aphasiebehandlung: Annäherungen und Anschauungen, *In* PEUSER, G. (*Ed.*), *Studien zur Sprachtherapie*, München: W. Fink Verlag, 1979.
HATFIELD, F.M., Comparison of oral and written language in a narrative task carried out by a patient with «Deep dysgraphia». *Communication*, meeting of Arbeitsgemeinschaft für Aphasieforschung und -behandlung, Maastricht, 1980.
HATFIELD, F. et WEDDEL, R., Re-training in writing in severe aphasia, *In* LEBRUN, Y. et HOOPS, R. (*Eds.*), *Recovery in aphasics*, Amsterdam: Swets et Zeitlinger, 1976.
HATFIELD, F.M., HOWARD, D., BARBER, J., JONES, C. et MORTON J., Object Naming in Aphasics. The lack of effect of context or realism. *Neuropsychologia*, 1977, *15*, 717-727.
HATFIELD, F.M. et ELVIN, M.D., Die Behandlung des Agrammatismus bei Aphasikern. *Sprache-Stimme-Gehör*, 1978, *4*, 395-428.
HEBB, D.O., *The organization of behaviour. A neuropsychological theory*, London: Champan et Hall, 1949 (trad.: Psychologie du comportement, Paris: Presses Univ. de France, 1958).
HECAEN, H., Approche sémiotique des troubles du geste. *Langages*, 1967, *5*, 67-83.
HECAEN, H., *Introduction à la neuropsychologie*, Paris: Larousse, 1972.
HECAEN, H., Acquired aphasia in children and the ontogenesis of hemispheric functional specialization. *Brain and Language*, 1976, *3*, 114-134.
HECAEN, H. et PIERCY, M., Paroxysmal dysphasia and the problem of cerebral dominance. *J. Neurol. Neurosurg. Psychiat.*, 1956, *19*, 194-201.
HEILMAN, K. et VALENSTEIN, E., Mechanisms underlying hemispatial neglect. *Arch. Neurol*, 1979, *5*, 166-170.
HELM, N.A., *The gestural behavior of aphasic patients during confrontation naming*, Boston Univ.: doct. dissert., 1979.
HUBEL, D.H. et WIESEL, T.N., Anatomical demonstration of columns in monkey striate cortex. *Nature*, 1969, *221*, 747-781.
HUBEL, D., WIESEL, T.N. et LEVAY, S., Plasticity of ocular dominance columns in monkey striate cortex. *Phil. Trans. Roy. Soc. London*, 1977, *B278*, 377-409.
HYVARINEN, J. et PORANEN, A., Function of the parietal association area 7 as revealed from cellular discharges in alert monkeys. *Brain*, 1974, *97*, 673-692.
JAKOBSON, R., *Essais de linguistique générale*, Paris: Minuit, 1963.
JAVAL, E., *Physiologie de la lecture et de l'écriture*, Paris: Alcan, 1905.
JEANNFROD, M. et HECAEN, H., *Adaptations et restaurations des fonctions nerveuses*. Lyon: Simep, 1979.
JONES, M.K., Imagery as a mnemonic aid after left temporal lobectomy: contrast between material specific and generalized memory disorders. *Neuropsychologia*, 1974, *12*, 21-30.
KAY, D.W.K., KEER, T.A. et LASSMAN, L.P., Brain trauma and the post-concussionnal syndrome. *Lancet*, 1971, *13*, 1052-1055.
KEAN, M.L., The linguistic interpretation of aphasic syndromes: agrammatism in Broca's aphasia, an example. *Cognition*, 1977, *5*, 9-46.
KERTESZ, A., *Aphasia and associated disorders: taxonomy, localization, and recovery*, New York: Grune et Stratton, 1979.
KERTESZ A. et McCABE, P. Recovery patterns and prognosis in aphasia. *Brain*, 1977, *100*, 1-18.

KERTESZ, A., HARLOCH, W. et COATES, R., Computer tomographic localization, lesion-size, and prognosis in aphasia and nonverbal impairment. *Brain and Language*, 1979, *8*, 34-50.
KIMURA, D., Cerebral dominance and the perception of verbal stimuli. *Can J. Psychol.*, 1961, *15*, 166-171.
KIMURA, D., Manual activity during speaking. *Neuropsychologia*, 1973, *11*, 45-50 et 51-55.
KINSBOURNE, M., The minor cerebral hemisphere as a source of aphasic speech. *Arch. Neurol.*, 1971, *25*, 302-306.
KINSELLA, G. et DUFFY, F., The spouse of the aphasic patient, *In* LEBRUN, Y. et HOOPS, R. (*Eds.*), *The management of aphasia*, Amsterdam: Swets et Zeitlinger, 1978.
KNIGHT R.G. et WOOLES, I.M., Experimental investigation of chronic organic amnesia: a review. *Psychol. Bull.*, 1980, *88*, 753-771.
KOHLMEYER, K., Aphasia due to focal disorders of cerebral circulation: some aspects of localization and of spontaneous recovery, *In* LEBRUN, Y. et HOOPS, R. (*Eds.*), *Recovery in aphasics*, Amsterdam: Swets et Zeitlinger, 1976.
KOTTEN, A., Umweg- und Stützfunktion des Schreibens in der Therapie. *Communication*, Arbeitsgemeinschaft für Aphasieforschung und -behandlung, Freiburg i.B., 1977.
KRATZ, K.E., SPEAR D.C. et SMITH, D.C., Post-critical period reversal of effect of monocular deprivation on striate cortex cells in the cat. *J. Neurophysiol.*, 1976, *39*, 501-511.
KREMIN, H., Un cas de dyslexie de surface. *Communication*, Soc. de Neuropsychol. de langue française, Paris, 1979.
KREMIN, H., Surface dysgraphia. *Communication*, meeting of Arbeitsgemeinschaft für Aphasieforschung und -behandlung, Maastricht, 1980.
KUSHNER, H., HUBBARD, D.-J., KNOW, A.W., Effects of punishment on learning by aphasic subjects, *Percept. Mot. Skills*, 1973, *36*, 283-292.
LAPOINTE, L.L., Aphasia therapy: some principles and strategies for treatment, *In* JOHNS, D.F. (*Ed.*), *Clinical management of neurogenic communicative disorders*, Boston: Little, Brown and Co, 1978.
LAUGHLIN, S.A., NAESER, M.A. et GORDON, W.P., Effects of three syllabes durations in the melodic intonation therapy technique. *J. Speech Hear. Res.*, 1979, *22*, 311-320.
LEBRUN, Y. Recovery in polyglot aphasics, *In* LEBRUN, Y. et HOOPS, R. (*Eds.*), *Recovery in aphasics*, Amsterdam: Swets et Zeitlinger, 1976.
LEBRUN, Y. et HOOPS, R. (*Eds.*) *Recovery in aphasics*, Amsterdam: Swets et Zeitlinger, 1976.
LECOURS, A.R. et LHERMITTE, F., Mesure des relations de similarité entre unités linguistiques et modèles de référence pour la description des transformations aphasiques. *Encéphale*, 1970, *59*, 547-574.
LECOURS, A.R. et LHERMITTE, F. (*Eds.*), *L'aphasie*, Paris: Flammarion, 1979.
LECOURS, A.R., CODERRE, L., LAFOND, D., BERGERON, M. et BRYANS, B., La rééducation des aphasiques, *In* LECOURS, A.R. et LHERMITTE, F. (*Eds.*), *L'aphasie*, Paris: Flammarion, 1979.
LEISCHNER A., Uber den Verlauf und die Einteilung der aphasischen Syndrome. *Arch. Psychiatr. Nervenkr.*, 1972, *216*, 219-231.
LEITHOLF, O. et KNECHT, E., Long-term observation of patients with closed head injuries and a 24 H. period of unconsciouness. *Adv. Neurosurg.*, 1978, *5*, 88-90.
LENNEBERG, E.H., *Biological foundations of language*, New York: Wiley, 1967.
LENNIE, P., Parallel visual pathways: a review. *Vision Res.*, 1980, *20*, 561-594.

LEWINSOHN, P.M., DANAHER, B.G., et KIKELS, S., Imagery as mnemonic aid for brain damaged persons. *J. Cons. Clin. Psychol.*, 1977, *5*, 717-723.
LEY, J., L'objectif et le subjectif en médecine légale traumatologique. *Acta Neurol. Psychiat. Belg.*, 1956, *56*, 238-252.
LEY J., Les névroses post-traumatiques; étude médico-légale, approche clinique et pathogénie, *In: Congrès de psychiatrie et de neurologie de langue française (Bruxelles, 1969)*, Paris: Masson, 1970.
LEY, J. et TITECA, J., Le traumatisme émotionnel en médecine des accidents. *Acta Psychiat. Belg.*, 1971, *71*, 237-260.
LEZAK, M.D., Recovery of memory and learning functions following traumatic brain injury. *Cortex*, 1979, *15*, 63-72.
LHERMITTE, F. et BEAUVOIS, M.F., A visual speech disconnexion syndrome. *Brain*, 1973, *98*, 695-704.
LHERMITTE F. et DUCARNE, B., La rééducation des aphasiques. *Rev. Prat.*, 1965, *15*, 2345-2363.
LOMAS, J. et KERTESZ, A., Patterns of spontaneous recovery in aphasic groups: a study of adult stroke patients. *Brain and Language*, 1975, *5*, 388-401.
LURIA, A.R., *Restoration of function after brain injury*, New York: McMillan, 1963.
LURIA, A.R., *Higher cortical functions in man*, London: Tavistock, 1966.
LURIA, A.R., *Traumatic aphasia*, La Haye: Mouton, 1970.
LURIA, A.R., *Basic problems of neurolinguistics*, The Hague: Mouton, 1976.
LURIA, A.R. et TSVETKOVA, L.S., *Les troubles de la résolution des problèmes*, Paris: Gauthier-Villars, 1966.
LURIA, A.R. et TSVETKOVA, L.S., The mechanisms of dynamic aphasia. *Foundation of Language*, 1968, *4*, 296-307.
LURIA, A.R., NAYDIN, V.L., TSVETKOVA, L.S., et VINARKAYA, E.N., Restoration of Higher cortical function following local brain damage, *In* VINKEN, P.J. et BRUYN, G.W. (*Eds.*), *Handbook of clinical neurology (vol. 3)*, Amsterdam: North Holland Co, 1969.
LYNCH, D.S., DAEDWYLER, S.A. et COTMAN, C.W., Post lesion axonal growth produces permanent functional connections. *Science*, 1973, *180*, 1364-1366.
MAIER, N.R.F., *La psychologie dans l'industrie*, Paris: Marabout, 1970.
MANDLEBERG, I.A., Visual matching as a function of stimuli complexity in normal and brain injured persons. *Percept. Mot. Skills*, 1972, *34*, 859-866.
MANN, L., *On the trial of process*, New York: Grune et Stratton, 1979.
MARCEL, T., Surface dyslexia and beginning readings: a revised hypothesis of the pronunciation of print and its impairments, *In* COLTHEART, M., PATTERSON, K. et MARSHALL, J.C. (*Eds.*), *Deep dyslexia*, London: Routledge et Kegan Paul, 1980.
MARINOLLI, D., *Recherche d'une méthode de rééducation pour une forme particulière d'alexie pure*, Paris: mémoire pour le certif. de capacité d'orthoph. (Univ. Paris VI), 1977.
MARSHALL J.C. et NEWCOMBE, F., Patterns of paralexia: a psycholinguistic approach. *J. Psycholing. Res.*, 1973, *2*, 175-179.
MASQUELLIER-BAUDUIN, A., *Etude du syndrome post-commotionnel chez des traumatisés crâniens anciens*. Bruxelles: mémoire de psychologie, Univ. de Bruxelles, 1973.
MAXIMILLIAN V.A., PROHOVNIK, I. et RISBERG, J., Cerebral hemodynamic responses to mental activation in normo- and hypercapnia. *Stroke*, 1980, *11*, 342-347.
MESSERLI, P., TISSOT, A. et RODRIGUEZ, J., Recovery from aphasia: some factors of prognosis, *In* LEBRUN, Y. et HOOPS, R. (*Eds.*), *Recovery in aphasia*, Amsterdam: Swets et Zeitlinger, 1976.

MOLHER, C.W. et WURTZ, R.H., Role of striate cortex and superior colliculus in visual guidance of saccadic eye movements in monkeys. *J. Neurophysiol.*, 1977, *40*, 74-94.
MOHR, J.P., PESSIN, M.S., FINKELSTEIN, S., FUNKENSTEIN, H.H., DUCAN, G.W. et DAVIS, K.R., Broca aphasia: pathologic and clinical aspects. *Neurology*, 1978, *28*, 311-324.
MORTON, J. The logogen model and orthographic structure, *In* FRITH, U. (*Ed.*), *Cognitive process in spelling*, London: Academic Press, 1980.
MORTON J. et PATTERSON, K., A new attempt at an interpretation or, an attempt at a new interpretation, *In* COLTHEART, M., PATTERSON, K. et MARSHALL, J.C. (*Eds.*), *Deep dyslexia*, London: Routledge et Kegan Paul, 1980.
MOSCOVITCH, M., Information processing and the cerebral hemispheres, *In* GAZZANIGA, M.S. (*Ed.*), *Handbook of behavioral neurobiology: 2: neuropsychology*, New York: Plenum Press, 1979.
MOUNTCASTLE, V.B., LYNCH, J.C., GEORGOPOULOS, A., SAKATA, H. et ACUNA, C., Posterior parietal association cortex of monkey: command functions for operations within extra-personnal space. *J. Neurophysiol.*, 1975, *38*, 871-908.
NAESER, M.A., HAYWARD, R.W. et LAUGHLIN, S.A., Quantitative CTscan studies in aphasia. *Brain and Language*, 1981, *12*, 140-164.
NESPOULOUS, J.L., *Etude sémiotique d'un cas de dissociation praxique chez un patient aphasique*, Univ. de Toulouse-le-Mirail, 1977a.
NESPOULOUS, J.L., *Etudes sémiotiques de diverses situations de communication impliquant le discours*, Univ. de Toulouse-le-Mirail, 1977b.
O'BRIEN, M.D. et VEALL, N., Partition cœfficients between various brain tumors and blood for 133Xe. *Phys. Med. Biol*, 1974, *19*, 472-475.
OBRIST, W.D., THOMPSON, H.D., WANG, H.S., et WILKINSON, W.E., Regional cerebral blood flow estimated by 133Xenon inhalation. *Stroke*, 1975, *6*, 245-256.
ODDY, M. et HUMPHREY, M., Social recovery during the year following severe head injury. *J. Neurol. Neurosurg. Psychiat.*, 1980, *43*, 798-802.
OJEMANN, G.A. et WHITAKER, H.A., The bilingual brain. *Arch. Neurol.*, 1978, *35*, 409-412.
PAIVIO, A., Mental imagery in learning and memory. *Psychol. Rev.*, 1969, *76*, 241-263.
PARKER, S.A. et SERRATS, A.F., Memory recovery after traumatic coma. *Acta Neurochir.*, 1976, *34*, 71-77.
PATTEN, B.M., The ancien art of memory. *Arch. Neurol.*, 1972, *26*, 25-31.
PATTERSON, K., Phonemic dyslexia: errors of meaning and the meaning of errors. *Quart. J. Exp. Psychol.*, 1978, *30*, 587-607.
PATTERSON, K., What is right with «deep» dyslexic patients? *Brain and Language*, 1979, *8*, 111-129.
PATTERSON, K., Neuropsychological approaches to the study of reading. *Brit. J. Psychol.*, 1981, *72*, 151-174.
PATTERSON, K., The relation between reading and phonological coding: further neuropsychological observations, *In* ELLIS, A.W. (*Ed.*), *Normality and pathology in cognitive functionning*, London: Academic Press, 1982.
PATTERSON, K., PURELL, C. et MORTON, J., Facilitation of World Retrieval in Aphasia, *In* CODE, C. et MULLER, D.J. (*Eds.*), *Aphasia Therapy*, London: Edward Arnold (sous presse).
PATTERSON, K. et MARCEL, A.J., Aphasia, dyslexia and the phonological coding of written words. *Quart. J. Exp. Psychol.*, 1977, *29*, 307-318.

PATTERSON K.E., et HATFIELD, F.M., A case of surface dysgraphia. *Communication*, Experimental Psychology Society, Cambridge, 1980 (*texte en préparation*).
PEIRCE, C.S., *Etudes sur le signe*, Paris: Seuil, 1978.
PERENIN, M.T., Visual function within the hemianopic field following early cerebral hemidecortication in man; part II: pattern discrimination. *Neuropsychologia*, 1978, *16*, 697-708.
PERENIN, M.T. et JEANNEROD, M., Visual function within the hemianopic field following early cerebral hemidecortication in man; part I: spatial localization. *Neuropsychologia*, 1978, *16*, 1-13.
PERENIN, M.T., RUEL, J. et HECAEN, H., Residual visual capacities in a case of cortical blindness. *Cortex*, 1980, *16*, 605-612.
PETTIT, J.M. et NOLL, J.D., Cerebral dominance in aphasia recovery. *Brain and Language*, 1979, *7*, 191-200.
PIASETSKY, E., *A study of pathological asymmetries in visual spatial attention in unilaterally brain damaged stroke patients*, Doctoral dissert, New York Univ., 1981.
PILLON, B., Troubles visuo-constructifs et méthodes de compensation: résultats de 85 patients atteints de lésions cérébrales. *Neuropsychologia*, 1981, *19*, 375-383.
POPPELREUTER, W., *Die psychischen Schädigungen durch Kopfchuss im Kriege 1914-16*, Leipzig: L. Voss, 1917.
PRINS, R.S., SNOW, C.E. et WAGENAAR, E., Recovery from aphasia: spontaneous speech versus language comprehension. *Brain and Language*, 1978, *6*, 192-211.
RAICHLE, M.E., GRUBB, R.L., MOKHTAR, H.G., EICHLING J.O., et TER-POGOSSIAN, M.M., Correlation between regional cerebral blood flow and oxydative metabolism. *Arch. Neurol*, 1976, *33*, 523-526.
RASMUSSEN, T. et MILNER, B., The role of early left-brain injury in determining lateralization of cerebral speech functions, *In* DIMONT, S. (*Ed.*), *Evolution and lateralization of the brain*, New York: Academy of Sciences, 1977.
RECTEM, D., BRUYER, R., SERON, X. et STROOT-DIERYCK, M., Rééducation programmée et aphasie globale: apprentissage d'un système arbitraire de communication visuelle et transfert au code écrit naturel. *J. Thér. Comport.*, 1980, *II (2)*, 19-32.
REIVICH, M., Blood flow metabolism couple in brain, *In* PLUM, F. (*Ed.*), *Brain dysfunction in metabolic disorders*, New York: Raven Press, 1974.
RICHARDSON, J.T.E., The effects of stimulus attributes upon latency of word recognition. *Brit. J. Psychol.*, 1976, *67*, 315-325.
RICHAUDEAU, F.M. et GAUQUELIN, F., *Une méthode moderne pour apprendre sans peine la lecture rapide*, Paris: Marabout, 1969.
RISBERG, J. et INGVAR, D.M., Patterns of activation in the gray matter of the dominant hemisphere. *Brain*, 1973, *96*, 737-756.
RISBERG, J., ALI, Z., WILSON, E.M., WILLS, E.L. et HALSEY, J.H., Regional cerebral blood flow by 133Xenon inhalation. *Stroke*, 1975, *6*, 142-148.
SABADEL, *L'homme qui ne savait plus parler*, Paris: Nouvelles éditions Baudinière, 1980.
SAMPLES, J.M., et LANES, V.W., Language gains in global aphasia over of three-year period: a case study. *J. Comm. Dis.*, 1980, *13*, 49-57.
SANDS, E., SARNO, M.T. et SHANKWEILER, D., Long-term assessment of language function in aphasia due to stroke. *Arch. Phys. Med. Rehabil.*, 1969, *50*, 202-207.
SARNO, M., The status of research in recovery from aphasia, *In* LEBRUN, Y. et HOOPS, R. (*Eds.*), *Recovery in aphasia*, Amsterdam: Swets et Zeitlinger, 1976.

SARNO, M.T. et LEVITA, E., Natural course of recovery in severe aphasia. *Arch. Phys. Med.*, 1971, *52*, 175-178.
SARNO, M., SILVERMAN, M. et SANDS, E., Speech therapy and language recovery in severe aphasia. *J. Speech Hear. Res.*, 1970, *13*, 607-623.
SCHILLER, P.H. et MALPELI, J., The effect of striate cortex cooling on area 18 cells in the monkey. *Brain Res.*, 1977, *126*, 366-369.
SCHLANGER, B. et TENNEBAUM, D., *Gestural communication with aphasics in a diadic situation*, Denver (Col.), 1968.
SCHUELL, H., The treatment of aphasia, *In* SIES, L.F. (*Ed.*), *Selected lectures and paper of Hildred Schuell*, London: Univ. Park Press, 1974.
SCHUELL, H.M., CARROL, V. et STREET, B.S., Clinical treatment of aphasia. *J. Speech Hear. Dis.*, 1955, *20*, 43-53.
SCHUELL, H., JENKINS, J.J. et JIMENEZ-PABON, E., *Aphasia in adults: diagnosis, prognosis and treatment*, New York: Harper et Row, 1964.
SERON, X., L'aphasie de l'enfant: quelques questions sans réponse. *Enfance*, 1977, *2*, 149-170.
SERON, X., Behavior modification et neuropsychologie rééducative: position du problème. *J. Thér. Comport.*, 1979a, *1*, 5-14.
SERON, X., *Aphasie et neuropsychologie: approches thérapeutiques*, Bruxelles: Mardaga, 1979b.
SERON, X. et TISSOT, R., Essai de rééducation d'une agnosie spatiale unilatérale gauche. *Acta Psychiat. Belg.*, 1973, *73*, 448-457.
SERON, X. LAMBERT, J.L. et VANDERLINDEN, M. *La modification du comportement: théorie pratique, éthique*, Bruxelles: Mardaga, 1977.
SERON, X., VANDERLINDEN, M. et VANDERKAA, M.A., The operant school of aphasia rehabilitation, *In* LEBRUN, V. et HOOPS, R. (*Eds.*), *The management of aphasia*, Amsterdam: Swets, et Zeitlinger, 1978.
SERON, X., DELOCHE, G., MOULARD, G. et ROUSSELL, M., Computer-based therapy for the treatment of aphasic subjects with writting disorders. *J. Speech Hear. Dis.*, 1980, *45*, 45-48.
SERON, X., BRUYER, R., RECTEM, D. et LEPOIVRE, H., *Essais de revalidation des troubles post-traumatiques de la mémoire*, Bruxelles: monographie non publiée, 1981.
SERON, X., DELOCHE, G., BASTARD, V., CHASSIN, G. et HERMAND, N., Word-findings difficulties and learning transfer in aphasic patients. *Cortex*, 1979, *15*, 149-155.
SHALLICE, T., Neurological impairment of cognitive processes. *Brit. Med. Bull.*, 1981a, *37*, 187-192.
SHALLICE, T., Phonological agraphia and the lexical route in writing. *Brain*, 1981b, *104*, 413-429.
SHALLICE, T., Neuropsychological research and the fractionation of memory systems, *In* NILSON, L.G., (*Ed.*), *Perspectives in Memory Research*, Hillsdale, N.J.: Lawrence Erlbaum Associates, 1979.
SHALLICE, T. et BUTTERWORTH, B., Short-term memory impairment and spontaneous speech. *Neuropsychologia*, 1977, *15*, 729-735.
SHALLICE, T. et WARRINGTON, E., Word recognition in a phonemic dyslexic patient. *Quart. J. Exp. Psychol.*, 1975, *27*, 187-199.
SHALLICE, T. et WARRINGTON, E., Single and multiple component central dyslexic syndromes, *In* COLTHEART, M., PATTERSON, K. et MARSHALL, J.C. (*Eds.*), *Deep dyslexia*, London: Routledge et Kegan Paul, 1980.
SHANE, H.C. et DARLEY, F.L., The effect of auditory rythmic stimulation on articulatory accuracy in apraxia of speech. *Cortex*, 1978, *14*, 444-450.

SHILL, M.A., Motivational factors in aphasia therapy: research suggestions. *J. Comm. Dis.*, 1979, *12*, 503-517.

SIGNORET, J.L. et NORTH, P., Les apraxies gestuelles, In: *Rapport de neurologie*, Paris: Masson, 1979.

SINGER, W., ZIHL, J. et POPPEL, E., Subcortical control of visual thresholds in humans: evidence for modality specific and retinotopically organized mechanisms of selective attention. *Exp. Brain Res.*, 1977, *29*, 173-190.

SKINNER, B.F., *Science and human behavior*, New York: Mac Millan, 1953.

SMITH, M. Operant conditionning of syntax in aphasia. *Neuropsychologia*, 1974, *12*, 403-405.

SPARKS, R.W. et HOLLAND, L., Method: melodic intonation therapy for aphasia. *J. Speech Hear. Dis.*, 1976, *41*, 287-297.

SPARKS, R.W., HELM, N. et ALBERT, M., Aphasia rehabilitation resulting from melodic intonation therapy. *Cortex*, 1974, *10*, 303-316.

STAMBACK, M., *Tonus et psychomotricité*, Genève: Delachaux, 1975.

SUBIRANA, A., The prognosis in aphasia in relation to cerebral dominance and handedness. *Brain*, 1958, *81*, 415-425.

TEUBER, H.L. et WEINSTEIN, S., Ability to discover hidden figures after cerebral lesions. *Arch. Neurol. Psychiat.*, 1976, *76*, 369-379.

TSUKAHARA, N., Sprouting and the neural basis of learning. *Trends Neurosci.* 1981, *4*, 234-237.

TSUMOTO, T. et SUDA, K., Evidence for excitatory connections from the deprived eye to the visual cortex in monocularly deprived kittens. *Brain Res.*, 1978, *153*, 150-156.

VANEECKHOUT, P. et ALLICHON, J. Rééducation par la mélodie des sujets atteints d'aphasie. *Rééduc. Orthoph.*, 1978, *16*, 25-32.

VANEECKHOUT, P., MEILLET-HABERER, C. et PILLON, B., Apport de la mélodie et du rythme dans quelques cas de réductions sévères du langage. *Rééduc. Orthoph.*, 1979, *17*, 353-369.

VANEECKHOUT, P., MEILLET-HABERER, C., et PILLON, B., Utilisation de la mélodie et du rythme dans les mutismes et les stéréotypies. *Rééduc. Orthoph.*, 1981, *19*, 109-124.

VIGNOLO, L.A., Evolution of aphasia and language rehabilitation: a retrospective exploratory study. *Cortex*, 1964, *1*, 344-367.

VIGOUROUX, R., BAURAND, C., CHOUX, M. et GUILLEMAIN, P., Etat actuel des aspects séquellaires graves dans les traumatismes crâniens de l'adulte. *Neurochirurgie*, 1972, *18*, (suppl. 2), 1-259.

VIOLON, A., Psychothérapie précoce des syndromes post-traumatiques: à propos d'un cas. *Acta Psychiat. Belg.*, 1976, *76*, 126-137.

VIOLON, A., La notion de syndrome post-commotionnel. *Acta Psychiat. Belg.*, 1977, *17*, 468-477.

VIOLON, A. et DEMOL, J. Etude neuropsychologique de l'évolution à court terme des traumatisés crâniens. *Acta Psychiat. Belg.*, 1974, *74*, 176-232.

VIOLON, A. et SEYLL, S., *Le test visuel d'apprentissage progressif V.A.P.*, Braine-le-Château: A.T.M., 1981.

VIOLON, A., DEMOL, J. et BRIHAYE, J., Memory sequelae after severe head injuries. *Adv. Neurosurg.*, 1978, *5*, 105-107.

WACHTEL, P.L., Conception fo broad and narrow attention. *Psychology Bull.*, 1967, *68*, 417-429.

WALL. P.D. et EGGER, M.D., Formation of new connections in adult rat brains after partial deafferentation. *Nature*, 1971, *232*, 542-545.

WARRINGTON, E.K. et SHALLICE, T., Word-form dyslexia. *Brain*, 1980, *103*, 99-112.
WEIGELIN, E., THIER, H.G., KRISCHER, C. et MEISSEN, R., Erste Erfahrungen mit einem Gerät zur Darbietung digital kodierter Texte auf Fernsehgeräten für Sehbehinderte. *Albr. Graefes Arch. Klin. exp. Ophtal.*, 1979, *209*, 155-166.
WEIGL, E., Neuropsychological studies of the structure and dynamics of semantic fields with the deblocking method, *In* GREIMAS, A., *et al. (Eds.), Sign, Language, Culture.* The Hague: Mouton, 1970.
WEINBERG, J. et DILLER, L., On reading newspapers by hemiplegics denial of visual disability. *Proc. of the 76th convention of the Am. Psychol. Assoc.*, 1968, *3*, 655-656.
WEINBERG, J., DILLER, L., GORDON, W.A., GERSTMAN, L.J., LIEBERMAN, A., LAKIN, P., HODGES, G. et EZRACHI, O., Visual scanning training effect in reading related tasks in acquired right brain damage. *Arch. Phys. Med. Rehabil.*, 1977, *58*, 480-485.
WEINBERG, J., DILLER, L., GORDON, W.A., GERSTMAN, L., LIEBERMAN, A. et SAWICKI, J., Training sensory awareness and spatial organization in people with right brain damage. *Arch. Phys. Med. Rehabil.*, 1979, *60*, 491-493.
WEISENBURG, T. et McBRIDE, K.E., *Aphasia,* New York: Commonwealth Fund, 1935.
WEPMAN, J.M., *Recovery from aphasia,* New York: Ronald Press, 1951.
WEPMAN, J.M., The relationship between self-correction and recovery from aphasia. *J. Speech Hear. Dis.*, 1958, *23*, 302-305.
WILBRAND H., Uber die makulär-hemianopische Lesestörung und die von Monakowsche Projektion der Makula auf die Sehsphäre. *Klin. Monatsbl. Augenheilkd.*, 1907, *45*, 1-39.
WILBRAND, H. et SANGER, A., *Die homonyme Hemianopsie nebst ihren Beziehungen zu den anderen cerebralen Herderscheinungen,* Wiesbaden: Bergmann, 1917.
WILLIAMS, D. et GASSEL, M.M., Visual function in patients with homonymous hemianopia; part I: the visual fields. *Brain*, 1962, *85*, 175-250.
WOODS, B.T. et CAREY, S., Language deficits after apparent clinical recovery from childhood aphasia. *Ann. Neurol.*, 1979, *6*, 405-409.
ZANGWILL, O. et BLAKEMORE, C., Dyslexia: reversal of eye-movements during reading. *Neuropsychologia*, 1972, *10*, 371-373.
ZIHL, J., Recovery of visual functions in patients with cerebral blindness: effect of specific practice with saccadic localization. *Exp. Brain Res.*, 1981, *44*, 159-169.
ZIHL, J. et VON CRAMON, D., Restitution of visual function in patients with cerebral blindness. *J. Neurol. Neurosurg. Psychiat.*, 1979, *42*, 313-322.
ZURIF, E.B. et BRYDEN, M.P., Familial handedness and left-right differences in auditory and visual perception. *Neuropsychologia*, 1969, *7*, 179-188.
ZURIF, E., GARDNER, H. et CICONE, M., The relation between gesture and language in aphasic communication. *Brain and Language*, 1979, *8*, 324-329.

Index des Auteurs

Acuna, C., 271.
Aerens, C., 266.
Alajouanine, T., 38, 120, 263.
Albert, M., 109, 110, 263, 274.
Allichon, J., 109, 274.
Artes, R., 38, 263.
Aubert, C., 157, 265.

Baker, E., 267.
Barber, J., 268.
Basser, L.S., 67, 263.
Basso, A., 36, 63, 115, 263.
Bastard, V., 273.
Baurand, C., 274.
Beauvois, M.F., 72, 135, 138, 148, 154, 163, 168, 171, 172, 173, 176, 177, 257, 263, 264, 266, 270.
Belmont, I., 264.
Benson, D.F., 37, 38, 264.
Ben-Yishay, Y., 86, 264, 266.
Berby, T., 267.
Bergeron, M., 269.
Berndt, R.S., 72, 264.
Berwix, M.J., 261.
Bestaoui, M., 163, 184, 264.
Beyn, E.S., 87, 264.
Birch, H.G., 217, 264.
Binet, A., 208, 212.
Birdwhistell, R.L., 261, 264.
Blakemore, C., 29, 30, 31, 126, 264, 275.
Bloom, L.M., 159, 265.
Boehringer, C., 243, 258.

Bond, M.R., 230, 265.
Bourlard, A., 123, 257.
Brihaye, J., 229, 232, 235, 236, 237, 265, 267, 274.
Brooks, N.D., 236, 265.
Brookshire, R., 79, 265.
Bruyer, R., 64, 77, 79, 87, 157, 261, 265, 272, 273.
Bryans, B., 269.
Bryden, M.P., 37, 275.
Butfield, E., 34, 36, 265.
Butters, N., 86, 265.
Butterworth, B., 180, 273.
Buttet, J., 157, 158, 258, 265.
Byng, S., 265.

Capitani, E., 263.
Capon, A., 45, 266.
Caramazza, A., 66, 72, 264, 265.
Carey, S., 67, 275.
Carrol, V., 273.
Castro-Caldas, A., 35, 265.
Cermak, L.S., 86, 265.
Champeville de Boisjolly-Guilbert, H., 163, 179, 265.
Charlton, M., 39, 265.
Chassin, G., 273.
Choux, M., 274.
Christensen, J.C., 268.
Cicone, M., 275.
Clement, J., 266.
Coates, R., 268.

Code, C., 271.
Coderre, L., 269.
Coekaerts, M.J., 266.
Coltheart, M., 137, 138, 148, 265, 270, 271, 273.
Contempre, B., 265.
Cooper, R., 46, 265.
Cosnier, J., 261, 265, 266.
Cotman, C.W., 270.
Courjeon, J.H., 18, 19, 20, 265.
Cowey, A., 192, 265.
Crahay, S., 229, 233, 267.
Critchlow, J., 265.
Crocq, L., 233, 266.
Crowe, H., 265.
Culton, G.L., 35, 38, 265.

Daedwyler, S.A., 270.
Dahan, G., 261, 265.
Danaher, B.G., 269.
Darley, F., 36, 37, 121, 266, 273.
Davis, K.R., 270.
Debeukelaer, R., 266.
Debrouck, M., 266.
Delaloye, A., 265.
Deloche, G., 109, 273.
Demeurisse, G., 45, 47, 255, 266.
De Mol, J., 229, 232, 233, 235, 237, 265, 266, 274.
de Morsier, G., 235, 266.
Dennis, M., 67, 266.
Derouesné, J., 72, 135, 138, 148, 154, 163, 173, 176, 177, 184, 257, 263, 264, 266.
De Vasconcellos Marques, A., 268.
Dickens, C., 216.
Dieringer, N., 22, 266.
Dietens, E., 33.
Diller, L., 64, 74, 86, 205, 208, 213, 214, 257, 264, 266, 275.
Dimont, S., 272.
Doms, M.C., 123, 257.
Douglass, E., 34, 267.
Ducan, G.W., 270.
Ducarne, B., 68, 115, 171, 266, 270.
Duffy, F., 114, 268.
Duffy, J.R., 266.
Duffy, R.J., 261, 266.
Durand, M., 263.

Eccles, J.C., 21, 267.
Egger, M.D., 26, 274.
Eichling, J.O., 272.
Eidelberg, E., 27, 267.
Ekman, P., 261, 267.
Ellis, A.W., 271.
Elvin, M.D., 149, 268.

Faglioni, P., 263.
Faugier-Grimaud, S., 23, 24, 25, 267.
Faverge, J.M., 47, 57, 267.
Feyereisen, P., 105, 267.
Field, H., 234, 267.
Finkelstein, S., 270.
Frenois, C., 267.
Friedland, R.P., 266.
Friedlander, W.J., 266.
Friesen, N.V., 261, 267.
Frowein, R.A., 268.
Funkenstein, H.H., 270.

Gardner, H., 63, 87, 267, 275.
Garvey, L., 264.
Gassel, M.M., 191, 196, 267, 275.
Gazzaniga, M.S., 267, 270.
Georgopoulos, A., 271.
Gertsman, L., 264, 266, 275.
Gheorgita, N., 125, 126, 129, 134, 267.
Girard, V., 265.
Glass, A.V., 63, 87, 267.
Gloning, K., 35, 36, 37, 38, 87, 267.
Godfrey, C., 34, 159, 267.
Goffin, J.P., 233, 267.
Goldberg, H.K., 126, 267.
Goldblum, M.C., 261, 267.
Goldstein, K., 123, 180, 182, 267.
Goodglass, H., 39, 139, 261, 267.
Goodkin, R., 79, 266.
Gordon, W., 264, 266, 275.
Grubb, R.L., 272.
Guillemain, P., 274.
Gurdjian, E.S., 232, 268.

Halsey, J.H., 272.
Harloch, W., 268.
Harper, A., 265.
Hatfield, M., 72, 73, 87, 135, 138, 141, 148, 149, 155, 187, 257, 268, 272.
Hayward, R.W., 271.
Hebb, D.O., 21, 268.
Hécaen, H., 17, 26, 35, 36, 37, 38, 63, 78, 261, 268, 272.
Heilman, K., 221, 268.
Helm, N., 261, 263, 268, 274.
Henderson, Z., 264.
Hermand, 163, 273.
Hirsbrunner, T., 157, 258, 265.
Holland, L., 63, 109, 112, 274.
Hoops, R., 38, 121, 263, 267, 268, 269, 270, 272, 273.
Howard, D., 268.
Hubbard, D.J., 269.
Hubel, D.H., 27, 28, 268.
Hugo, V., 181.
Humphrey, M., 230, 271.
Hyvarinen, J., 22, 268.

Ingvar, D.M., 46, 272.
Itard, 206.

Jakobson, R., 96, 268.
Javal, E., 126, 268.
Jeannerod, M., 17, 18, 20, 26, 35, 36, 63, 76, 78, 189, 255, 261, 265, 268, 272.
Jenkins, J.J., 273.
Jennett, W., 265.
Jimenez-Pabon, E., 273.
Johns, D.F., 269.
Jones, C., 268.
Jones, M.K., 71, 268.

Kaplan, E., 39, 139, 261, 267.
Karczmar, A.G., 266.
Karp, E., 264.
Kay, D., 230, 234, 268.
Kean, M.L., 121, 268.
Keer, T.A., 268.
Kertesz, A., 34, 35, 36, 38, 45, 63, 268, 269, 270.
Kikels, S., 269.
Kimura, D., 37, 261, 269.
Kinsbourne, M., 35, 269.
Kinsella, G., 114, 269.
Knecht, E., 230, 240, 269.
Knight, R.G., 86, 269.
Know, A.W., 269.
Kohlmeyer, K., 34, 35, 269.
Kotten, A., 155, 269.
Kratz, K.E., 28, 269.
Kremin, H., 137, 138, 269.
Krischer, C., 261, 275.
Kushner, H., 79, 269.

Labourel, D., 93.
Lafond, D., 269.
Lakin, P., 275.
Lambert, J.L., 273.
Lanes, V.W., 111, 119, 272.
Lapointe, L.L., 63, 269.
Lassman, L.P., 268.
Laterre, C., 14.
Laughlin, S.A., 121, 269, 271.
Lebrun, Y., 38, 39, 121, 267, 268, 269, 270, 272, 273.
Lecours, A.R., 34, 72, 115, 119, 132, 159, 171, 261, 269.
Lefebvre, P., 265.
Leischner, A., 36, 269.
Leitholf, O., 230, 240, 269.
Lenneberg, E.H., 38, 67, 269.
Lennie, P., 261, 269.
Lepoivre, H., 74, 77, 273.
Levay, S., 268.
Levita, E., 35, 45, 273.
Lewinsohn, P.M., 71, 269.

Ley, J., 231, 232, 233, 235, 270.
Lezak, M.D., 84, 270.
Lhermitte, F., 34, 38, 68, 72, 115, 132, 159, 168, 171, 261, 263, 264, 266, 269, 270.
Lieberman, A., 275.
Lingren, S., 268.
Lomas, J., 35, 36, 270.
Luria, A.R., 34, 35, 36, 37, 64, 68, 70, 71, 77, 86, 120, 135, 180, 182, 184, 192, 270.
Lynch, D.S., 26, 270, 271.

Magnus, 18.
Maier, N., 243, 270.
Malpeli, J., 202, 273.
Mandleberg, I.A., 212, 270.
Mann, L., 206, 270.
Marcel, T., 137, 140, 155, 270, 271.
Marinolli, D., 163, 174, 270.
Marshall, J.C., 124, 135, 136, 137, 146, 265, 270, 271, 273.
Masterson, D., 265.
Masquelier-Baudoin, A., 233, 270.
Maximilian, V.A., 47, 270.
McBride, K.E., 39, 275.
McCabe, P., 34, 35, 36, 45, 63, 268.
Meillet-Haberer, C., 274.
Meininger, V., 168, 264.
Meissen, R., 261, 275.
Messerli, P., 36, 37, 270.
Miller, J., 265.
Milner, B., 37, 272.
Mohler, C.W., 192, 199, 271.
Mohr, J.P., 34, 36, 271.
Mokhtar, H.G., 272.
Morton, J., 135, 140, 149, 154, 268, 270, 271.
Moscovitch, M., 86, 271.
Moulard, G., 273.
Mountcastle, V.B., 22, 270.
Muller, D.J., 271.

Naeser, M.A., 34, 271.
Naydin, V.L., 270.
Nespoulous, J.L., 261, 271.
Newcombe, F., 124, 135, 136, 146, 270.
Nilson, L.G., 273.
Noll, J.D., 35, 272.
Norlen, G., 268.
North, P., 261, 274.

O'Brien, M.D., 46, 271.
Obrist, W.D., 46, 271.
Oddy, M., 230, 271.
Ojemann, G.A., 39, 271.
Ombredane, A., 263.
Ommaya, A.K., 268.

Opscu, I., 268.
Ossuzio, I., 265.

Paivio, A., 71, 271.
Papkospoulos, D., 265.
Parker, S.A., 236, 271.
Patten, B.M., 71, 271.
Patterson, K., 71, 135, 137, 138, 139, 140, 141, 148, 149, 155, 173, 176, 187, 265, 270, 271, 272, 273.
Pearson, K.L., 266.
Peirce, C.S., 105, 272.
Perenin, M.T., 261, 272.
Pessin, M.S., 270.
Pettit, J.M., 35, 272.
Piasetsky, E., 223, 264, 272.
Piercy, M., 37, 268.
Pillon, B., 87, 109, 272, 274.
Plum, F., 272.
Poilleux, E., 163, 179, 265.
Poppel, E., 274.
Poppelreuter, W., 192, 272.
Poranen, A., 22, 268.
Precht, 22, 266.
Premack, P., 267.
Preobrazhenskaya, 192.
Prins, R.S., 36, 272.
Prior, M., 265.
Prohovnik, I., 270.
Purell, C., 271.

Quatember, R., 267.

Raichle, M.E., 46, 272.
Rasmussen, T., 37, 272.
Rectem, D., 77, 88, 272, 273.
Reivich, M., 46, 272.
Retif, J., 266.
Richardson, J.T., 137, 272.
Risberg, J., 46, 270, 272.
Robaye, E., 266.
Rodriguez, J., 270.
Roland, B., 163, 184, 264.
Roussell, M., 273.
Rowan, J., 265.
Ruel, J., 272.

Sabadel, 261, 272.
Saillant, B., 163, 168, 172, 177, 264.
Sakata, H., 271.
Samples, J.M., 111, 119, 272.
Sands, E., 35, 272.
Sänger, A., 191, 275.
Sarno, M.T., 34, 35, 36, 45, 87, 110, 120, 272, 273.
Sawicki; J., 275.
Schiffman, G.B., 126, 267.
Schiller, P.H., 202, 273.
Schlanger, B., 261, 273.
Schmid, R., 265.
Schuell, H., 35, 67, 120, 273.
Seron, X., 35, 37, 38, 63, 64, 77, 79, 80, 82, 83, 84, 86, 87, 89, 105, 109, 120, 132, 157, 159, 163, 166, 187, 188, 255, 261, 267, 272, 273.
Serrats, A.F., 236, 271.
Seyll, S., 238, 274.
Shallice, T., 135, 137, 138, 173, 176, 180, 187, 273, 275.
Shane, H.C., 121, 273.
Shankweiler, D., 272.
Shill, M.A., 121, 274.
Shokkor-Trotskaya, M.K., 87, 264.
Sies, L.F., 273.
Signoret, J.L., 109, 261, 274.
Silveira Botelho, M.A., 265.
Simon, A., 208, 212.
Singer, W., 82, 274.
Skinner, B.F., 79, 274.
Smith, D.C., 269.
Smith, M., 87, 274.
Snow, C.E., 271.
Sparks, R.W., 63, 109, 110, 111, 112, 263, 274.
Spear, D.C., 269.
Sperry, R.W., 205.
Stein, D.G., 267.
Street, B.S., 273.
Stroot-Dieryck, M., 272.
Stamback, M., 118, 274.
Subirana, A., 37, 274.
Suda, K., 28, 274.
Swindale, N.V., 264.

Tennebaum, D., 261, 273.
Ter-Pogossian, M.M., 272.
Teuber, H.L., 212-274.
Thier, H.G., 275.
Thiery, E., 33, 84, 255.
Thompson, H.D., 271.
Tissot, A., 270.
Tissot, R., 86, 273.
Titeca, J., 231, 232, 270.
Trappl, R., 267.
Tsukahara, N., 32, 274.
Tsumoto, T., 28, 274.
Tsvetkova, L.S., 86, 182, 184, 270.

Valenstein, E., 221, 268.
Vandereecken, H., 33.
Vanderkaa, M.A., 273.
Van der Linden, M., 273.
Van Eeckout, P., 63, 109, 157, 257, 261, 274.
Veall, N., 46, 271.
Verhas, M., 45.

Vignolo, L.A., 35, 36, 38, 63, 87, 110, 263, 274.
Vigouroux, R.P., 238, 268, 274.
Vinarskaya, E.N., 270.
Violon, A., 229, 234, 235, 236, 237, 238, 258, 265, 274.
Vital-Durand, F., 264.
Von Cramon, D., 81, 275.

Wagenaar, E., 272.
Wall, P.D., 26, 274.
Wang, H.S., 271.
Warrington, E.K., 135, 137, 173, 176, 273, 275.
Watchel, P.L., 209, 274.
Waddel, R., 87, 268.
Weigelin, E., 193, 275.
Weigl, E., 120, 275.
Weinberg, J., 64, 86, 208, 213, 214, 220, 266, 275.
Weinstein, E.A., 212, 266.
Weinstein, S., 274.
Weisenburg, T., 39, 275.
Wepman, J.M., 34, 37, 38, 275.
Whitaker, H.A., 39, 271.
Wiesel, T.N., 27, 268.
Wilbrand, H., 191, 275.
Wilkinson, W.E., 271.
Williams, D., 191, 196, 267, 275.
Wills, E.L., 272.
Wilson, E.M., 272.
Wolf-Dieten, H., 267.
Woods, B.T., 67, 275.
Wooles, I.M., 86, 269.
Wurtz, R.H., 192, 199, 271.
Zangwill, O., 34, 36, 126, 265, 275.
Zihl, J., 81, 85, 191, 201, 274, 275.
Zurif, E., 37, 66, 261, 265, 267, 275.

Table des matières

Avant-propos 5
Liste des collaborateurs 7
INTRODUCTION (C. Laterre) 11

PREMIERE PARTIE: Du côté de la neurophysiologie

Chapitre 1: Restauration fonctionnelle après lésion du système nerveux. Aspects neurophysiologiques (M. Jeannerod)
   I. Restauration de la symétrie posturale à la suite d'une lésion périphérique du système vestibulaire 18
   II. Restauration du comportement de préhension à la suite d'une lésion du cortex pariétal chez le singe 22
   III. Influence de la privation d'afférences visuelles sur le développement du cortex chez le singe. Contraintes temporelles pour la plasticité d'un système en cours de maturation 27
   IV. Conclusion 30

Chapitre 2: La récupération spontanée: ampleur et limites (E. Thiery et coll.)
   I. Introduction 33
   II. Littérature 34
   III. Etude personnelle 39
   IV. Conclusions 42

Chapitre 3: Débits sanguins cérébraux et récupération du langage: évolutions et relations (G. Demeurisse et coll.)
   I. Introduction 45
   II. Matériel 46
   III. Méthodes 46
   IV. Résultats 47
   V. En conclusion 60

DEUXIEME PARTIE: Principes de la rééducation en neuropsychologie et en aphasiologie

Chapitre 4: Les choix de stratégies: rétablir, réorganiser ou aménager l'environnement? (X. Seron)
    I. Introduction 63
    II. La stratégie de réinstallation ou de rétablissement pur et simple de la conduite dans sa forme antérieure 65
    III. La stratégie par modification des systèmes afférents et efférents impliqués dans la conduite 68
    IV. La stratégie de réorganisation des processus centraux 69
    V. La stratégie de recours aux prothèses mentales 73
    VI. Conclusions 75

Chapitre 5: Le point de vue méthodologique (R. Bruyer et coll.)
    I. Introduction 77
    II. Les critères méthodologiques 79
    III. Discussion et remarques complémentaires 85

TROISIEME PARTIE: Nouveautés dans la rééducation des aphasiques

Chapitre 6: Communication non verbale et aphasie (D. Labourel)
    I. Introduction 93
    II. Matériel et méthodes d'observation 94
    III. Les fonctions de la mimogestualité 96
    IV. Variables affectant la mimogestualité 103
    V. Quelques éléments de discussion 105
    VI. Conclusion 107

Chapitre 7: Rééducation des réductions sévères de l'expression orale: la « thérapie mélodique et rythmée » (Ph. Vaneeckhout et coll.)
    I. « Melodic intonation therapy » (M.I.T.) 109
    II. La thérapie mélodique et rythmée 111
    III. Démutisation, inhibition des stéréotypies 114
    IV. Résultats et discussion 118

Chapitre 8: La méthode roumaine de lecture verticale dans la thérapie de l'aphasie (M.C. Doms et A. Bourlard)
    I. Introduction 123
    II. Historique et description de la méthode 125
    III. Procédure 128
    IV. Résultats et discussion 130
    V. Conclusion 134

Chapitre 9: Diverses formes de désintégration du langage écrit et implications pour la rééducation (F.M. Hatfield)
    I. Introduction 135
    II. Nécessité d'instruments diagnostiques en liaison avec ces modèles d'agraphies 139
    III. Résultats des tests 142
    IV. La thérapie 148
    V. Résumé 154

Chapitre 10: Rééducation des aphasiques: le travail en groupes (J. Buttet et T. Hirsbrunner)
    I. Position du problème 157
    II. Les groupes 158

QUATRIEME PARTIE: Naissance de la rééducation neuropsychologique

Chapitre 11: Recherche en neuropsychologie cognitive et rééducation: quels rapports? (M.F. Beauvois et J. Derouesné)
I. Introduction 163
II. Quelques syndromes et comment les modifier 168
III. Conclusion 187

Chapitre 12: Récupération du champ visuel chez des patients porteurs d'une lésion occipitale (J. Zihl)
I. Introduction 191
II. Effet d'une thérapie systématique par la lecture sur la récupération du champ visuel chez des hémianopsiques 193
III. Restauration du champ visuel au moyen d'une thérapie spécifique de la localisation saccadique 199
IV. Discussion et conclusion 202

Chapitre 13: Diagnostic et thérapie des troubles perceptuels lors de lésions acquises de l'hémisphère droit (L. Diller)
I. Introduction 205
II. Situation initiale 206
III. «Faire attention»: développement d'un programme d'intervention 207
IV. Développement d'un instrument d'analyse des troubles de l'exploration visuelle 213
V. Elaboration d'une approche thérapeutique des difficultés d'exploration visuelle 215
VI. Trois expériences de revalidation de l'exploration 218
VII. Discussion et conclusion: ce que nous avons appris 224

Chapitre 14: La revalidation neuropsychologique des traumatisés crâniens: spécificités, obstacles et malentendus (A. Violon)
I. Les caractéristiques des traumatisés crânio-cérébraux 229
II. Les séquelles des traumatisés crânio-cérébraux 230
III. Revalidation psychologique des traumatisés crânio-cérébraux 239
IV. Conclusion 241

Chapitre 15: Rendement et séquelles neuropsychologiques: la remise au travail du patient cérébrolésé (Cl. Boehringer)
I. Introduction 243
II. Application d'un modèle d'analyse 246
III. Conclusion 253

CONCLUSION (X. Seron) 255
Notes 261
Bibliographie 263
Index des auteurs 277
Table des matières 283

Printed in Belgium by Solédi - Liège

PSYCHOLOGIE ET SCIENCES HUMAINES
collection publiée sous la direction de MARC RICHELLE

1. Dr Paul Chauchard
   LA MAITRISE DE SOI, *9ᵉ éd.*
5. François Duyckaerts
   LA FORMATION DU LIEN SEXUEL, *9ᵉ éd.*
7. Paul-A. Osterrieth
   FAIRE DES ADULTES, *16ᵉ éd.*
9. Daniel Widlöcher
   L'INTERPRETATION DES DESSINS D'ENFANTS, *9ᵉ éd.*
11. Berthe Reymond-Rivier
    LE DEVELOPPEMENT SOCIAL DE L'ENFANT ET DE L'ADOLESCENT, *9ᵉ éd.*
12. Maurice Dongier
    NEVROSES ET TROUBLES PSYCHOSOMATIQUES, *7ᵉ éd.*
15. Roger Mucchielli
    INTRODUCTION A LA PSYCHOLOGIE STRUCTURALE, *3ᵉ éd.*
16. Claude Köhler
    JEUNES DEFICIENTS MENTAUX, *4ᵉ éd.*
21. Dr P. Geissmann et Dr R. Durand
    LES METHODES DE RELAXATION, *4ᵉ éd.*
22. H. T. Klinkhamer-Steketée
    PSYCHOTHERAPIE PAR LE JEU, *3ᵉ éd.*
23. Louis Corman
    L'EXAMEN PSYCHOLOGIQUE D'UN ENFANT, *3ᵉ éd.*
24. Marc Richelle
    POURQUOI LES PSYCHOLOGUES?, *6ᵉ éd.*
25. Lucien Israel
    LE MEDECIN FACE AU MALADE, *5ᵉ éd.*
26. Francine Robaye-Geelen
    L'ENFANT AU CERVEAU BLESSE, *2ᵉ éd.*
27. B.F. Skinner
    LA REVOLUTION SCIENTIFIQUE DE L'ENSEIGNEMENT, *3ᵉ éd.*
28. Colette Durieu
    LA REEDUCATION DES APHASIQUES
29. J.C. Ruwet
    ETHOLOGIE: BIOLOGIE DU COMPORTEMENT, *3ᵉ éd.*
30. Eugénie De Keyser
    ART ET MESURE DE L'ESPACE
32. Ernest Natalis
    CARREFOURS PSYCHOPEDAGOGIQUES
33. E. Hartmann
    BIOLOGIE DU REVE
34. Georges Bastin
    DICTIONNAIRE DE LA PSYCHOLOGIE SEXUELLE
35. Louis Corman
    PSYCHO-PATHOLOGIE DE LA RIVALITE FRATERNELLE
36. Dr G. Varenne
    L'ABUS DES DROGUES
37. Christian Debuyst, Julienne Joos
    L'ENFANT ET L'ADOLESCENT VOLEURS
38. B.-F. Skinner
    L'ANALYSE EXPERIMENTALE DU COMPORTEMENT, *2ᵉ éd.*
39. D.J. West
    HOMOSEXUALITE
40. R. Droz et M. Rahmy
    LIRE PIAGET, *3ᵉ éd.*
41. José M.R. Delgado
    LE CONDITIONNEMENT DU CERVEAU ET LA LIBERTE DE L'ESPRIT
42. Denis Szabo, Denis Gagné, Alice Parizeau
    L'ADOLESCENT ET LA SOCIETE, *2ᵉ éd.*
43. Pierre Oléron
    LANGAGE ET DEVELOPPEMENT MENTAL, *2ᵉ éd.*
44. Roger Mucchielli
    ANALYSE EXISTENTIELLE ET PSYCHOTHERAPIE PHENOMENO-STRUCTURALE
45. Gertrud L. Wyatt
    LA RELATION MERE-ENFANT ET L'ACQUISITION DU LANGAGE, *2ᵉ éd.*
46. Dr. Etienne De Greeff
    AMOUR ET CRIMES D'AMOUR
47. Louis Corman
    L'EDUCATION ECLAIREE PAR LA PSYCHANALYSE
48. Jean-Claude Benoit et Mario Berta
    L'ACTIVATION PSYCHOTHERAPIQUE
49. T. Ayllon et N. Azrin
    TRAITEMENT COMPORTEMENTAL EN INSTITUTION PSYCHIATRIQUE
50. G. Rucquoy
    LA CONSULTATION CONJUGALE
51. R. Titone
    LE BILINGUISME PRECOCE
52. G. Kellens
    BANQUEROUTE ET BANQUEROUTIERS
53. François Duyckaerts
    CONSCIENCE ET PRISE DE CONSCIENCE

54 Jacques Launay, Jacques Levine et Gilbert Maurey
LE REVE EVEILLE-DIRIGE ET L'INCONSCIENT
55 Alain Lieury
LA MEMOIRE
56 Louis Corman
NARCISSISME ET FRUSTRATION D'AMOUR
57 E. Hartmann
LES FONCTIONS DU SOMMEIL
58 Jean-Marie Paisse
L'UNIVERS SYMBOLIQUE DE L'ENFANT ARRIERE MENTAL
59 Jacques Van Rillaer
L'AGRESSIVITE HUMAINE
60 Georges Mounin
LINGUISTIQUE ET TRADUCTION
61 Jérôme Kagan
COMPRENDRE L'ENFANT
62 Michael S. Gazzaniga
LE CERVEAU DEDOUBLE
63 Paul Cazayus
L'APHASIE
64 X. Seron, J.L. Lambert, M. Van der Linden
LA MODIFICATION DU COMPORTEMENT
65 W. Huber
INTRODUCTION A LA PSYCHOLOGIE DE LA PERSONNALITE, 2e éd.
66 Emile Meurice
PSYCHIATRIE ET VIE SOCIALE
67 J. Château, H. Gratiot-Alphandéry, R. Doron et P. Cazayus
LES GRANDES PSYCHOLOGIES MODERNES
68 P. Sifnéos
PSYCHOTHERAPIE BREVE ET CRISE EMOTIONNELLE
69 Marc Richelle
B.F. SKINNER OU LE PERIL BEHAVIORISTE
70 J.P. Bronckart
THEORIES DU LANGAGE
71 Anika Lemaire
JACQUES LACAN, 2e éd. revue et augmentée
72 J.L. Lambert
INTRODUCTION A L'ARRIERATION MENTALE
73 T.G.R. Bower
DEVELOPPEMENT PSYCHOLOGIQUE DE LA PREMIERE ENFANCE
74 J. Rondal
LANGAGE ET EDUCATION
75 Sheila Kitzinger
PREPARER A L'ACCOUCHEMENT
76 Ovide Fontaine
INTRODUCTION AUX THERAPIES COMPORTEMENTALES
77 Jacques-Philippe Leyens
PSYCHOLOGIE SOCIALE, 2e éd.
78 Jean Rondal
VOTRE ENFANT APPREND A PARLER
79 Michel Legrand
LE TEST DE SZONDI
80 H.J. Eysenck
LA NEVROSE ET VOUS
81 Albert Demaret
ETHOLOGIE ET PSYCHIATRIE
82 Jean-Luc Lambert et Jean A. Rondal
LE MONGOLISME
83 Albert Bandura
L'APPRENTISSAGE SOCIAL
84 Xavier Seron
APHASIE ET NEUROPSYCHOLOGIE
85 Roger Rondeau
LES GROUPES EN CRISE?
86 J. Danset-Léger
L'ENFANT ET LES IMAGES DE LA LITTERATURE ENFANTINE
87 Herbert S. Terrace
NIM, UN CHIMPANZE QUI A APPRIS LE LANGAGE GESTUEL
88 Roger Gilbert
BON POUR ENSEIGNER?
89 Wing, Cooper et Sartorius
GUIDE POUR UN EXAMEN PSYCHIATRIQUE
90 Jean Costermans
PSYCHOLOGIE DU LANGAGE
91 Françoise Macar
LE TEMPS, PERSPECTIVES PSYCHOPHYSIOLOGIQUES
92 Jacques Van Rillaer
LES ILLUSIONS DE LA PSYCHANALYSE
93 Alain Lieury
LES PROCEDES MNEMOTECHNIQUES
94 Georges Thinès
PHENOMENOLOGIE ET SCIENCE DU COMPORTEMENT
95 Rudolph Schaffer
COMPORTEMENT MATERNEL

96 Daniel Stern
    MERE ET ENFANT, LES PREMIERES RELATIONS
 97 R. Kempe & C. Kempe
    L'ENFANCE TORTUREE
 98 Jean-Luc Lambert
    ENSEIGNEMENT SPECIAL ET HANDICAP MENTAL
 99 Jean Morval
    INTRODUCTION A LA PSYCHOLOGIE DE L'ENVIRONNEMENT
100 Pierre Oleron et al.
    SAVOIRS ET SAVOIR-FAIRE PSYCHOLOGIQUES CHEZ L'ENFANT
101 Bernard I. Murstein
    STYLES DE VIE INTIME
102 Rondal/Lambert/Chipman
    PSYCHOLINGUISTIQUE ET HANDICAP MENTAL
103 Brédart/Rondal
    L'ANALYSE DU LANGAGE CHEZ L'ENFANT
104 David Malan
    PSYCHODYNAMIQUE & PSYCHOTHERAPIE INDIVIDUELLE
105 Philippe Muller
    WAGNER PAR SES REVES
106 John Eccles
    LE MYSTERE HUMAIN
107 Xavier Seron
    REEDUQUER LE CERVEAU

Hors collection

Paisse
PSYCHO-PEDAGOGIE DE LA LUCIDITE
Paisse
ESSENCE DU PLATONISME
Anna Michel
L'HISTOIRE DE NIM LE CHIMPANZE QUI PARLE
Collectif
SYSTEME AMDP
Boulangé/Lambert
LES AUTRES, L'EXPRESSION ARTISTIQUE CHEZ LES HANDICAPES MENTAUX

Dossiers

 1 Rey
   LES TROUBLES DE LA MEMOIRE
 5 Kohler
   LES ETATS DEPRESSIFS CHEZ L'ENFANT
 7 De Waele
   LES CAS PROGRAMMES EN CRIMINOLOGIE
 9 Tissot
   L'AGRAMMATISME
10 Bronckart
   FORMES VERBALES CHEZ L'ENFANT

Manuels et Traités

 2 Thinès
   PSYCHOLOGIE DES ANIMAUX
 3 Paulus
   LA FONCTION SYMBOLIQUE ET LE LANGAGE
 4 Richelle
   L'ACQUISITION DU LANGAGE
 5 Paulus
   REFLEXES-EMOTIONS-INSTINCTS
Droz-Richelle
MANUEL DE PSYCHOLOGIE
Hurtig-Rondal
MANUEL DE PSYCHOLOGIE DE L'ENFANT (Tome 1)
Hurtig-Rondal
MANUEL DE PSYCHOLOGIE DE L'ENFANT (Tome 2)
Hurtig-Rondal
MANUEL DE PSYCHOLOGIE DE L'ENFANT (Tome 3)